苏君华 —— 著

让文明得到更好的传承

公共文化服务体系中公共档案馆发展战略

社会科学文献出版社
SOCIAL SCIENCES ACADEMIC PRESS (CHINA)

国家社会科学基金项目"公共文化服务体系中公共档案馆发展战略研究"（编号：12CTQ035）成果

目录 contents

1 导论 ··· 1
   1.1 研究背景 ·· 3
   1.2 国内外研究现状述评 ··· 10

2 范畴与归约：
   文化发展中公共档案馆发展战略的内在意蕴研究 ············· 17
   2.1 概念阐释 ·· 19
   2.2 基本架构阐释 ·· 42

3 理论依据：
   文化发展中公共档案馆发展战略理论基础 ······················· 51
   3.1 社会记忆理论 ·· 53
   3.2 新公共服务理论 ·· 61

4 现状分析：
   文化发展中公共档案馆发展现状研究 ······························ 67
   4.1 调查思路 ·· 69
   4.2 基于社会公众的调查结果分析 ······································ 70
   4.3 基于公共档案馆的调查结果分析 ··································· 89

5 价值取向：
   文化发展中的公共档案馆发展战略基点 ·························· 105
   5.1 价值取向的概念界定及其社会功能阐释 ······················· 107
   5.2 文化发展中公共档案馆发展的价值取向分析 ················ 114
   5.3 文化发展中公共档案馆价值取向的培育途径 ················ 126

6 中国语境：
文化发展中的公共档案馆发展战略环境分析 …… 133
- 6.1 战略环境分析理论及方法梳理 …… 135
- 6.2 公共档案馆战略规划的外部环境分析 …… 143
- 6.3 公共档案馆战略规划的内部环境分析 …… 154

7 面向未来：
文化发展中的公共档案馆发展战略路径选择 …… 167
- 7.1 倡导品牌服务战略 …… 169
- 7.2 资源均等化配置战略 …… 175
- 7.3 建筑形象定位战略 …… 182
- 7.4 公民文化权益实现战略 …… 185
- 7.5 强化社会合作战略 …… 193
- 7.6 构建组织文化战略 …… 203
- 7.7 融入公共文化服务体系战略 …… 211
- 7.8 服务社会文化战略 …… 218
- 7.9 技术支撑文化服务战略 …… 231

8 保障体系：
文化发展中的公共档案馆发展战略实现保证 …… 243
- 8.1 体制保障：政策供给的科学化 …… 245
- 8.2 法理保障：法律制定的系统化 …… 256
- 8.3 制度保障：问责机制的科学化 …… 272
- 8.4 资金保障：经费来源的多元化 …… 290
- 8.5 意识保障：主体地位的明确化 …… 299
- 8.6 人才保障：继续教育的深入化 …… 312

参考文献 …… 316

1 导论

1 导 论

1.1 研究背景

1.1.1 社会背景

自 21 世纪之初开始，我国正在经历一次非常重要的社会转型，计划经济时代遗留下来的一些社会问题严重地阻碍了社会经济的进一步发展，各种管理体制也亟须改革。此时，国家提出要把我国政府打造成服务型政府、民主型政府，服务型政府的打造必然离不开服务型社会的构建，而服务型社会的构建也需要所有服务型公共机构的共同努力与共同发展。另外，从 2003 年开始我国进行了为期三年的文化体制改革的试点工作，该试点改革工作首先从文化产业的发展入手，但试点过程中发现我国公共文化服务领域存在非常突出的社会矛盾及亟须解决的社会问题。再加上 2003 年"非典"的大爆发提示我们，公共卫生服务体系缺失所带来的社会问题是如此严重，或许可以给社会及经济带来毁灭性的打击，而在此之前大家所讨论的医疗体制改革主要是集中在市场化方向上，对公共卫生服务体系的建立基本持忽视的观点与态度。也正是基于这样的社会背景及社会偶然事件的冲击，政府认识到公共服务与市场是两个不同的范畴体系，哪个也不能少，必须双管齐下，齐头并进。为此，政府加强对公共文化服务体系建设的愿望变得理性而现实。

（1）社会转型的加剧。自从改革开放以来，我国社会呈现出了剧烈的转型特征，在这个社会转型过程中，社会各项建设事业取得了显著的成就，人民的生活方式、生活水平有了很大改善与提高，但同时，也带来了一些复杂的社会问题或社会变化。特别是我国在特定历史条件下的社会转型,呈现为一种非常少见的"双转"交织过程,即"从传统社会走向现代社会的过程中,既面临复杂的社会转型任务,同时又面临体制转轨使命,由计划经济体制向市场经济体制转轨","体制转轨和社会转型交织在一起,使社会转型更加复杂"①。在这种社会转型的大背景之下,如何来破解我国档案事业发展实践中所碰到的问题是值得思考的。自从1993年以来,我国就一直实行"局馆合一"的档案机构管理体制,档案事业严格按照计划经济的政治体制来规划与发展,作为档案信息资源管理机构的国家各级公共档案馆与作为档案事业行政管理机构的各级档案局,实行"一套人马,两块牌子"的办公机制与办事方式。在这种管理体制下,大多数局馆都采用局长兼馆长的任职方式,这种管理方式有一定的管理优势,减少了一些管理上的分歧,使管理效率在有些方面有所提高。但是这种"裁判兼运动员"的形式,也在很大程度上制约了公共档案馆公共服务能力、公共服务意识的提升。在这种体制之下,作为档案管理机构的公共档案馆,其工作人员在工作中有意无意地存在一种以"管理者"自居的工作作风与思维惯性,而在无形之中忽视了其"服务"的本质属性。这与我国当前所倡导的"服务型政府"的建设理念是相左的,是不符合当前社会发展趋势的,这种工作的思维惯性也无助于做好公共档案馆的公共服务工作。或许正是看到了"局馆合一"档案管理体制中存在的弊端,2018年的深化党和国家机构改革,对我国实行了将近30年的"局馆合一"的档案管理体制进行了深度改革,使之回归到"政社分设,局馆分离"的状态。这种"政事分开,管办分离"的管理体制,有助于提升公共档案馆的公共文化服务能力。这些年来受"局馆合一"体制的影响,档案行政管理机构和文化事业机构的职能区分、职责履行和责任追究,不符合政事分开的组织原则和管办分开的内在要求。从法律上看,将"局馆合一"的机构定性为事业单位,也容易造成档案局作为行政主体的行政责任和档案馆作为文化事业主体的民事责任不清。这进一步导致公共档案馆的文化事业机构属性定位不

---

① 转引自金波、丁华东、倪代川《数字档案馆生态系统研究》,学习出版社,2014,第13页。

明确、不突出，缺乏文化氛围、服务精神，未能很好地履行公共档案馆的公共文化服务职能。另外，随着我国经济能力的不断提升以及物资资源的不断丰富，社会文化等体现社会软实力的因素开始越来越被社会所重视，社会已经意识到当经济水平发展到一定阶段之后，就必须要有更高层次的社会文化与之相匹配，否则经济的发展就会陷入一种"瓶颈"状态之中，每上一个台阶都会显得非常困难。因此，从整个社会大环境来看，公共档案馆的发展处于一个非常有利于其公共文化属性发挥的良好氛围之中，对于公共档案馆而言这是一个难得的发展机会。但同时，也应该认识到这对于公共档案馆而言，可能也是一个挑战，因为任何机会都是稍纵即逝的，在全社会都积极推动社会公共文化体系建设的形势下，公共档案馆如果不能很好地贡献其应有的社会力量，尽量使其自身的社会存在价值与存在意义得到体现与发挥，在公共文化服务体系之中获得一席之地，就可能面临着被社会公共文化服务体系边缘化的危险与尴尬。因此，在当前社会转型的大背景之下，公共档案馆必须认清其所面临的形势，制定符合其自身优势以及发展方向的战略规划，抓住社会大力倡导公共文化服务体系的大好机会，充分挖掘其历史文化资源，发挥其文化功能，获得更好的发展机会，争取到更多的社会资源，进而不断地增强其社会服务能力并提升其社会影响力与社会地位。

（2）政府政策的推动。我国政府近10年来不断出台关于社会公共文化服务体系建设的文件，级别越来越高，文本表述越来越有战略性、全局性，向社会传递着政府大力发展公共文化服务体系的强烈愿望与理念。总的来看，公共文化服务体系建设问题是十六大以来在科学发展观与和谐社会构建指导思想的贯彻过程中，在政府职能转换和文化体制改革的背景下逐渐清晰起来的，党和国家对公共文化服务体系建设的认识及深化经历了一个逐渐清晰、逐渐丰满的过程。其中重要时间节点主要体现在以下几个纲领性文件的出台及实施上，即2001年《经济、社会及文化权利国际公约》在我国正式生效；2002年九届人大最后一次会议的报告中出现了构建公共文化服务体系这个概念；2005年《中共中央关于制定国民经济和社会发展第十一个五年规划的建议》明确规定公共文化服务体系的建设属于战略规划范畴，并提出要"加大政府对文化事业的投入，逐步形成覆盖全社会的比较完备的公共文化服务体系"；2006年颁布的《国家"十一五"时期文化发展规划纲要》中专门有一章是关于公共文化服务的论述，并且放在了文化产业内容的前面，其重要性、战略性地位被确定下来；2007年的政府工作报告中更是具体提出，"在全社会树立中国特色社会主义的共同理想，广泛开展社会主义荣辱观教育，培育文明道德风尚，尤其要加强青少年思想道德建设。加快发展文化事业和文化产业。推进文化体制改革，完善文化产业政策。繁荣新闻出版、广播影视、文学艺术。进一步发展哲学社会科学。着眼于满足人民群众文化需求，保障人民文化权益，逐步建立覆盖全社会的公共文化服务体系……"；2007年6月16日，胡锦涛主持召开中共中央政治局会议，专门研究公共文化服务体系建设问题，从此，公共文化服务体系建设成为一项重要国策；2011年《公共服务蓝皮书》发布；2012年2月15日《国家"十二五"文化改革发展规划纲要》颁布，当年5月10日《文化部"十二五"时期文化改革发展规划》颁布；2015年12月发布的《中共中央关于制定国民经济和社会发展第十三个五年规划的建议》（以下简称《建议》）把公共文化服务作为七大要点之一，并指出"要推动基本公共文化服务标准化、均等化发展，引导文化资源向城乡基层倾斜，创新公共文化服务方式，保障人民基本文化权益；推动文化产业结构优化升级，发展骨干文化企业和创意文化产业，培育新型文化业态，扩大和引导文化消费"。这些政策性文件强烈地传递了国家构建公共文化服务体系的愿望与决心。

尽管政策尚未明确将公共档案馆纳入公共文化服务体系建设的范畴，但由于档案是重要的历史文化遗产，且《中华人民共和国档案法》明确了公共档案馆的文化事业机构性质，所以公共档案馆开展公共文化服务已是大势所趋。另外，《中共中央关于深化文化体制改革推动社会主义文化大发展大繁荣若干重大问题的决定》的出台，标志着我国正式进入"文化强国"的政府治理理念时期。因此，公共档案馆在制订发展战略的过程中，必须读懂当前这些国家政策所体现的精神与内涵，并以此作为基础来规划公共档案馆在未来公共文化服务体系建设中的发展方向。

1.1.2 实践背景

从实践领域来看，我国公共档案馆管理领域已开始认识到公共档案馆不仅仅作为档案信息资源管理者的角色存在，同时也担任着社会文化传播者以及文化传承者的社会角色。同时，社会其他相关主体也已认识到了公共档案馆作为历史文化资源库的社会存在价值，开始有意识地与公共档案馆进行一些文化型开发与传播工作。因此，公共档案馆的文化存在价值不仅开始在公共档案馆的内部达成共识，从外部对其的认知情况来看，也正在得到承认与认同，并且，其他社会主体也正在有意识地借助公共档案馆的历史文化资源提升其社会影响力。实践领域的相关活动已为公共档案馆参与公共文化服务体系建设提供了相应的实践基础与条件。特别是2014年，中共中央办公厅和国务院办公厅印发了《关于加强和改进新形势下档案工作的意见》（下称《意见》），明确规定："建立健全覆盖人民群众的档案资源体系，重视做好民生档案工作；建立健全方便人民群众的档案利用体系，创新服务形式、强化服务功能、加大开发力度和促进资源共享。"[①] 这是1994年以来中共中央办公厅、国务院办公厅印发的第一个关于档案工作的文件，[②] 如此高规格的制度安排对于档案工作而言绝对是一件非常罕见的事，足以证明党中央、国务院对公共档案馆档案公共服务的关注和重视。由此引发的对什么是档案公共服务、如何创新档案公共服务理念、如何在实践领域拓展和实现档案公共服务功能等问题的探讨已成为公共档案馆实践领域的重要课题与研究方向。

（1）公共档案馆的文化传播意识正在增强。根据调研，某县级档案馆

---

① 中共中央办公厅、国务院办公厅印发《关于加强和改进新形势下档案工作的意见》，2014年5月4日，http://www.saac.gov.cn/zt/2014-05/04/content_44880.htm。
② 杨冬权：《做好新形势下档案工作、建设档案强国的纲领性指导文献——学习〈关于加强和改进新形势下档案工作的意见〉体会》，2014年5月8日，http://www.zsda.gov.cn/plus/view.php?aid=355750。

2013年对外开展查档1690人次，调阅档案12300余卷（件）；2014年查档1860人次，调阅档案15400余卷（件）；2015年查档3120人次，调阅档案30800余卷（件）。某市档案馆2013年查档650人次，调阅档案1722卷；2014年查档563人次，调阅档案2081卷；2015年查档1483人次，调阅档案3781卷。这是我们调研的两个样本，其他样本也差不多，呈现相同的发展趋势。从调研的数据来看，我国各级公共档案馆所开展的公共文化服务工作还不是非常理想，其服务内容、服务方式等都还有很大的改进空间。但是，在调研过程中我们也发现，当前各级公共档案馆的文化传播意识正在不断增强，一方面，他们借助传统的文化传播方式，出版各种历史档案编纂成果来传播历史文化，如由中央档案馆、中国第二历史档案馆、中国电影资料馆和一些省市档案馆合作拍摄的《伟大胜利——中国受降档案》纪录片，深刻回忆了抗日战争中的历史，深受公众喜爱，其他还有《清朝档案揭秘》《日本轰炸乐山纪实》《国难、国耻、国愤、国魂》《满洲实录》《奉天纪事》《解放南昌》等。通过这种传统的编纂出版模式，很多深藏于历史档案中的历史故事、历史文化能够被普通社会公众所了解。另一方面，当前也有一些公共档案馆借助信息技术、网络技术，通过制作一些网络视频进行档案文化的传播，如中央档案馆国家档案局拍摄的网络专题视频《档案天天看——毛泽东档案系列》《共和国脚步》《自从有了共产党》《新四军》等，为公共档案馆历史文化资源的开发与传播找到了一种非常合适的方式，使"死的档案"变成了一种"活的文化"，使公共档案馆的文化存在形象深入社会。这些传播方式极大地宣传了档案文化，引起了社会公众对公共档案馆与档案的兴趣和热情。另外，公共档案馆也在借助一些特殊的节假日开展历史档案文化的宣传，如一年一度的"国际档案日"，借助一些重要的历史事件开展相关的宣传，如《南京大屠杀档案展览》以及《南京大屠杀档案申遗成功》。公共档案馆当前所开展的这些档案文化服务行为，为公共档案馆全面融入公共文化服务体系建设提供了基础与经验，将在很大程度上促进公共档案馆文化使命的完成并促进其朝着正确方向发展。

（2）社会主体正在推动档案文化社会化。在当前的实践领域，除了公共档案馆在开展档案文化服务的社会活动外，其他的相关社会主体也正在积极地推动着档案文化的社会化传播，这为公共档案馆的公共文化服务不仅提供了新的服务方式，也提供了新的服务平台与途径。

首先是电视类社会媒体的推广。如《国宝档案》栏目（CCTV-4亚洲）旨在为中华国宝文物建立档案，讲述了很多鲜为人知的历史故事、历史事件和历史知识，使社会公众有了深入了解我国漫长历史的机会与可能，弘扬了博大精深的中华文化，增强了国人和海外华人的民族自豪感和民族凝聚力。另外一个产生了很大影响的电视节目就是北京卫视的《档案》栏目，该节目以揭秘性的讲述方式进行讲解，选题广泛而深刻，内涵丰富有深度，节目贴近百姓生活，紧跟时代脉搏，展现人生百态，透视社会万象。不仅涉及中外交往的历史事实，也涉及曾经引起国际关注的历史事件，通过解密档案中的历史秘密与历史故事，探寻解读各种历史人物和事件的缘由脉络，使社会公众有机会了解到历史中一个又一个惊人的事件和传奇。这些电视节目不仅在很大程度上推动了档案文化的社会化传播，使沉睡于档案中的历史文化走向了普通社会公众，也给这些节目的制作方带来了巨大的经济效益及社会效益，如《国宝档案》于2014年荣获国家新闻出版广电总局颁发的"中国广播影视大奖——广播电视节目奖"以及"2012-2013年度优秀国产纪录片及创作人才扶植项目优秀栏目"两个国家级奖项，并从2011年起，多次被评为中央电视台"品牌栏目"。《档案》栏目也收获了不少奖项，如荣获"2013两岸四地原创电视社教栏目四小龙"的称号；被评为传媒中国年度影响力电视栏目；同时，北京电视台副总编、卫视中心主任徐滔和《档案》栏目制片人吕军分别获得传媒中国年度贡献人物及传媒中国年度十大电视节目金牌制片人的称号；等等。[①]

[①] 《2013传媒中国百强：北京卫视、原创栏目〈档案〉双双获奖》，2014年5月8日，http:// gb.cri.cn/42071/2013/09/15/6071s4254507.htm。

其次是报刊类社会媒体对档案文化的推动。最近几年来，各种报刊类社会媒体开始积极地参与到公共档案馆文化身份的推广上来，也都取得了非常不错的经济效益与社会效益。如江苏省档案馆与《扬子晚报》合办的报刊专栏《档案穿越》、泉州市档案馆与《东南早报》合办的《泉州档案》专栏、南昌市档案馆与《江西晨报》联合创办的《档案解密》等都取得了非常不错的效果，同时这些栏目也获得了社会的高度认同，如《档案穿越》栏目不仅引起了社会公众对公共档案馆与档案的兴趣和热情，还荣获了江苏省"2012年度全省宣传思想文化工作创新奖提名奖"。①

总之，当前的社会实践领域已开始形成一种良好的档案文化氛围，为公共档案馆公共文化服务的开展打下了坚定的舆论基础并培育了良好的受众，为公共档案馆公共文化服务的战略推进提供了前提与保障。

1.2 国内外研究现状述评

1.2.1 国内研究现状述评

2001年，第九届全国人大常委会正式批准《经济、社会及文化权利国际公约》在我国生效，随后2002年党的"十六大"报告明确提出积极发展公共文化服务体系，2005年的十六届五中全会正式形成了《关于制定"十一五"规划的建议》的政策性文件，紧接着2006年《国家"十一五"时期文化发展规划纲要》以及2007年的《关于加强公共文化服务体系建设的若干意见》等法律法规性文件陆续发布。它们都强调各级政府文化行政部门、文化事业单位、非政府组织等都是公共文化服务体系建设的主体与中坚力量，承担着不可推卸的责任。2014年中共中央办公厅和国务院办公厅印发《关于加强和改进新形势下档案工作的意见》，该《意见》更是把公共文化服务体系建设与公共档案馆的关系推到了一个新的高度，也对

---

① 袁光：《〈档案穿越〉历史文化专版荣获江苏省"2012年度全省宣传思想文化工作创新奖提名奖"》，《中国档案报》2013年2月4日，总第2417期，第1版。

公共档案馆战略规划问题提出了新的要求。而且，我国《档案法》第八条规定："中央和县级以上地方各级各类档案馆，是集中管理档案的文化事业机构……"因此，公共档案馆理所应当是公共文化服务设施和机构的重要成员，承担着构建公共文化服务体系的重任，这既是法律赋予的义务更是法律赋予的权利。因此，公共档案馆不但应该充分认识到它在我国公文服务体系建设中的作用与意义，更应该认识到其肩上承担的责任，并积极地为承担这些责任规划好其发展方向、制度保障、中长期发展目标等发展战略问题，清楚地认识到其在公共文化服务体系建设中的地位、功能，以及为实现这些功能应采取的具体措施。

国内对公共档案馆与文化关系的研究主要集中在以下几个方面：（1）从个体组织的角度来探讨公共档案馆的文化功能，强调公共档案馆自身的文化属性、文化责任等（宗培岭，2008；李筑宁，2003）；（2）从延伸服务的角度来探讨公共档案馆参与社会文化构建，强调公共档案馆具有构建社会文化的能力与条件等（郭红解，2002）；（3）从拓展资源建设的角度来探讨公共档案馆参与非物质文化遗产保护、建构，强调公共档案馆与相关社会文化现象的关联性及强化这种关联的意义与价值等（周林兴等，2006）。而对于公共档案馆如何融入公共文化服务体系当中去，实现其相应的价值并使之产生相互促进的社会效果还缺乏研究。

国内对于公共档案馆战略规划领域的研究可以简单归纳为以下几个方面：（1）"档案战略"的概念呈现出多义性的表述，但大多数是从档案事业视角或档案工作的某个具体方面来理解与表述"战略"的，如"档案强国战略"[1]就是从档案事业总体视角来考虑战略规划研究的，而"档案文化建设战略"[2]、"档案数字化战略"[3]、"档案信息资源共享服务战略"[4]、

---

[1] 张姬雯：《"档案强国"战略实现路径的几点思考》，《档案与建设》2014年第3期。
[2] 詹锐：《如何实施档案文化建设战略》，《浙江档案》2011年第9期。
[3] 黄凤平：《实施档案数字化战略提升云南档案服务能力服务富民强滇云南梦》，《云南档案》2013年第12期。
[4] 王良城：《档案信息资源共享服务机制的战略构建》，《中国档案》2013年第1期。

"档案信息资源开发品牌战略"①、"档案登记备份安全战略"② 等是以具体的某项档案工作作为考量的战略研究,仅仅考虑了档案工作的一个层面,未涉及档案事业全局性问题。(2)在现有研究成果中"战略"与"规划"并未形成一个统一整体,且对"战略"的研究远多于对"规划"的研究。在这些成果中,大多数是对档案工作发展问题的理论探讨,不是从战略规划制订这一实际工作角度来关注的,大多数研究成果主要集中在对全国和地方档案事业发展"五年规划"的宣介或实施这一单一议题上,③④⑤ 而对于如何制订档案事业或公共档案馆战略规划的问题鲜有涉及。(3)关于国家档案馆战略规划的研究成果不多,而且主要是从理论的角度提出档案馆应实施的战略,如档案馆的"亲民"战略⑥、"品牌"战略⑦等,只有个别研究者从公共文化服务体系建设的角度来探讨公共档案馆战略规划框架问题,⑧ 缺乏对具体规划制订和文本的研究以及群体性的研究成果。(4)对国外档案馆战略规划的研究开始获得档案学界部分学者的关注,但研究成果的质量及其关注的焦点还有待提升。当前的相关研究成果主要聚焦于美国、英国、加拿大等国的国家档案馆,内容以规划文本翻译及介绍为主,⑨⑩⑪⑫

---

① 潘玉民:《档案信息资源开发应实施品牌战略》,《北京档案》2006 年第 6 期。
② 台州市档案局:《实施电子文件和数字档案登记备份战略的实践与探索》,《浙江档案》2010 年第 11 期。
③ 浙江省档案局评估调研组:《以高标准引领规划实施——浙江省档案事业发展"十二五"规划实施情况中期评估分析》,《浙江档案》2013 年第 10 期。
④ 王小兰:《十二五期间国家档案资源体系发展战略之我见》,《中国档案》2011 年第 2 期。
⑤ 陈乐人:《〈北京市"十二五"时期档案事业发展规划〉解读》,《北京档案》2011 年第 9 期。
⑥ 冯惠玲:《论档案馆的"亲民"战略》,《档案学研究》2005 年第 1 期。
⑦ 王英玮:《谈档案馆的"品牌"战略问题》,《浙江档案》2010 年第 5 期。
⑧ 周林兴:《公共文化服务体系建设中公共档案馆发展战略研究分析框架》,《档案》2013 年第 3 期。
⑨ 李音:《美国国家档案与文件局 2014 - 2018 财政年度战略计划》,《浙江档案》2014 年第 5 期。
⑩ 丁枫:《美国国家档案与文件署 2007 - 2017 年战略规划》,《中国档案》2007 年第 6 期。
⑪ 丁枫:《美国档案与文件局 2004—2008 年战略规划》,《中国档案》2005 年第 3 期。
⑫ 刘家真:《美国国家档案文件管理局十年档案管理战略计划》,《湖北档案》1997 年第 5 期。

少数研究成果是对多国档案战略规划的综合研究,①② 但研究内容仅仅是罗列不同战略规划的名称和简介,而非对规划文本内容在做具体分析的基础上总结战略规划特点,存在针对性不强、结论比较抽象以及观点表述比较单薄等有待加强的问题。总之,我们既要看到我国还是非常重视对档案事业规划的制订的,如不断颁布的档案事业五年发展规划、档案工作专项规划与行业档案工作规划等,以及最近颁布的《全国档案事业发展"十三五"规划纲要》,③ 也应该看到,这些规划主要呈现以下两个特征,"一是内容面面俱到却笼统宽泛,如规划内容中管理与行政色彩并重,针对主体多元化且约束力不一,统筹兼顾地区不平衡但针对性不够;二是将档案馆工作仅作为规划中众多项任务之一,尚没有专门针对国家档案馆(综合档案馆)的战略规划,这与其在国家档案事业中的地位并不相称"。④ 因此,专门针对公共档案馆发展问题的战略性规划必须被提上日程,并强化研究与探讨。

1.2.2 国外研究现状述评

国外基本是把公共文化服务理念分解在日常的具体事务中,即嵌入日常的服务工作之中,如国外公共档案馆开展得有声有色的展览活动以及第二课堂的爱国主义教育基地等,其实都是在落实公共文化服务体系的理念,他们主要围绕以下问题展开:(1)从研究内容上来看,国外学者认为要想让公共档案馆真正在公共文化服务体系建设中承担起相应的责任并体现其价值,那么它在档案信息资源的规划上应该更多地关注一些与普通百姓、妇女组织等相关的信息资源的收集,如日志、信件等与老百姓生活息息相关的档案信息资源,而不仅仅是国家经济、政治与社会重要人物的记

---

① 章燕华、冯越男:《外国国家档案馆战略规划比较研究及启示》,《浙江档案》2015年第8期。
② 马海群:《国外档案战略规划的发展现状及特点分析》,《档案学通讯》2012年第4期。
③ 国家档案局印发《全国档案事业发展"十三五"规划纲要》,2016年4月7日,http://www.saac.gov.cn/news/2016-04/07/content_136280.htm。
④ 章燕华、冯越男:《外国国家档案馆战略规划比较研究及启示》,《浙江档案》2015年第8期。

录，他们认为由于社会原因这些信息资源往往被排除在官方的历史记录之外；（2）从承担责任的具体形式上来看，国外学者认为公共档案馆承担公共文化服务体系责任的方式可以有很多种，如积极主动地融入中小学生的课外教育中去；为国内外对公共档案馆有利用需求的民众提供优质、高效的服务；（3）从实现手段上来看，强调新技术对公共档案馆融入社会文化的推动，认为要充分运用信息技术，建立网站，开发各种档案信息数据库，开展在线服务。如主要为了满足个人追寻家庭历史和了解美国文化的"在线遗产探寻"工程就是一个典型案例。

在公共档案馆战略规划方面，国外同行已经做了很多方面的工作，如国际档案理事会（International Council on Archives，ICA）在2008年7月26日理事会年度大会上通过的《国际档案理事会2008 – 2018年战略方向》[①] 以及 ICA 执行委员会 2010年1月25日发布的《国际档案理事会2009 – 2010业务规划》；[②] 1997年美国国家档案与文件署（National Archives and Records Administration，NARA）制订的《美国国家档案与文件署1997 – 2007战略规划》十年发展战略规划以及2006年新出台的十年战略规划《美国国家档案与文件署2006 – 2016战略规划》[③] 以及《美国国家档案与文件署2014 – 2018财年战略计划》；[④] 英国国家档案馆（The National Archives，TNA）2007年7月发布了《流动着的信息：国家档案馆愿景》，[⑤] 2011年4月发布《2011 – 2015年业务战略规划》、[⑥] 《21世纪的

---

① ICA Strategic Direction 2008 – 2018. ［2016 – 04 – 07］ http://www.ica.org/3667/reference – documents/ica – strategic – direction – 20082018.html.
② ICA Business Plan 2009 – 2010. ［2016 – 04 – 07］ http://www.ica.org/4096/reference – documents/business – plan – 20082010.html.
③ The Strategic Plan of NARA 1997 – 2007. ［2016 – 04 – 07］ The Strategic Plan of NARA 2006 – 2016：http://www.archives.gov/about/plans – reports/strategic – plan/.
④ U.S. National Archives and Records Administration. Fiscal Year 2014 – 2018 Strategic Plan. ［2015 – 01 – 26］. http://www.archives.gov/about/plans – reports/strategic – plan/.
⑤ Living Information：The Vision of The National Archives（马海群：《英国国家档案馆信息公开项目对我国档案信息公开与服务的启示》，《档案学研究》2010年第2期。
⑥ For the Record. For Good. – Our Business Plan for 2011 – 15. ［2015 – 01 – 26］. http://www.nationalarchives.gov.uk/how – we – are – run/our – plans.htm.

档案馆》① 以及《21世纪档案馆行动：2012－2015》②；澳大利亚国家档案馆（National Archives of Australia，NAA）于2009年9月制订了《2009－2012年整体规划》③ 以及《澳大利亚国家档案馆整体计划：2014－2015至2018－2019》④；加拿大图书馆与档案馆（Library and Archives Canada）先后制定了《2007－2010年LAC业务规划》、《2008－2011年LAC业务规划》⑤、《加拿大国家图书档案馆业务计划2013－2016》⑥ 以及《加拿大国家图书档案馆计划和优先事项报告2015－2016》⑦。

综上所述，尽管学界对于公共档案馆与文化的关系进行了一定的研究，但多是站在公共档案馆组织文化的角度来开展论述，而不是把公共档案馆放到社会文化体系范畴之内从整体社会文化建构的角度来开展研究的，更少见从战略规划的高度来探讨公共档案馆在公共文化服务体系建设中的未来发展问题。这也正是本课题提出的原因与价值所在，因为，构建和谐的公共文化服务体系是任何一个国家或民族都希望达到的目标，公共档案馆作为公共文化机构理所应当地要规划好发展方向、发展目标，并具备制度保证、法律保障以及具体实现措施等，本课题希望在这些方面进行一些有益的探讨。

---

① National Archives of UK. Archives for the 21st Century 2009. ［2015－01－26］. http://www.nationalarchives.gov.uk/archives－sector/archives－21－century.htm.
② National Archives of UK. Archives for the 21st Century in action: refreshed 2012－15. ［2015－01－26］. http://www.nationalarchives.gov.uk/archives－sector/archives－21－century.htm.
③ Corporate Plan 2009－2012. ［2015－01－26］. http://www.naa.gov.au/Images/Corporate Plan2009－10to2011－12_tcm2－28444.pdf.
④ National Archives of Australia. Corporate Plan 2014－15 to 2018－19. ［2015－01－26］ http://www.naa.gov.au/about－us/organisation/accountability/corporate－plan/index.aspx.
⑤ Library and Archives Canada. Business Plan 2007－2010. ［2015－01－26］. Library and Archives Canada BusinessPlan 2008－2011. http://www.collectionscanada.gc.ca/about－us/012－300－e.html.
⑥ Library and Archives Canada. Business Plan 2013－2016. ［2015－01－26］. http://www.bac－lac.gc.ca/eng/about－us/business－plans/Pages/business－plan－2013－2016.aspx.
⑦ Library and Archives Canada. Report on Plans and Priorities（RPP）2015－2016. ［2015－01－26］. http://www.bac－lac.gc.ca/eng/about－us/report－plans－priorities/rpp－2015－2016/Pages/rpp－2015－16.aspx.

2

范畴与归约：

文化发展中公共档案馆发展战略的内在意蕴研究

《中华人民共和国档案法》第八条明确规定："中央和县级以上地方各级各类档案馆，是集中管理档案的文化事业机构，负责接收、收集、整理、保管和提供利用各分管范围内的档案。"《中共中央关于深化文化体制改革推动社会主义文化大发展大繁荣若干重大问题的决定》提出，到2020年我国要"文化事业全面繁荣，覆盖全社会的公共文化服务体系基本建立，努力实现基本公共文化服务均等化"。另外，在我国档案学界，对公共档案馆的文化属性也已形成了一种共识，认为其所提供的公共产品或准公共产品是公共文化产品，其所提供的公共服务是一种公共文化服务。[①] 公共档案馆于法于理都属于国家公共文化服务体系的范畴，其所积累与提供的资源是公共文化资源，其所提供的服务是公共文化服务，其所提供的服务产品是公共文化产品。因此，公共档案馆在当前我国公共文化服务体系建设的社会背景之下必须认清自身所处的社会环境以及社会所赋予的使命，制定好自身在未来的发展战略与规划。

2.1 概念阐释

2.1.1 公共产品与公共文化产品

（1）公共产品。学界对公共产品的探讨始于对公共性问题的讨论，有学者认为是大卫·休谟1739年在《人性论》中最早对该问题进行的研究，而另有学者认为是英国学者霍布斯在1651年出版的《利维坦》一书中最先提

[①] 何振、易臣何、杨文：《档案公共服务的理念创新与功能拓展》，《档案学研究》2015年第3期。

出了公共性问题。① 但是对于公共产品的概念界定最早起源于美国经济学家保罗·萨缪尔森,他在1954年发表的《公共支出的纯理论》一文中提出:"集体消费品是指这样一种产品,每个人对这种产品的消费,不能减少任何他人也对该产品的消费。"② 这一界定被学界广泛接受,并被认为是关于该概念的经典定义。③ 随后有不少学者在此基础之上进行了一些修正,并提出了一些不同的界定,如詹姆斯·布坎南在《民主过程中的财政》一书中提出:"任何由集团或社会团体决定,为了任何原因,通过集体组织提供的物品或劳务,都被定义为公共的。"④ 巴泽尔则从产权的角度对公共产品进行了定义,认为任何物品并非通过自身属性的差异被区分为公共品与私人品的,而是人们根据界定物品产权能否带来净收益以及净收益大小来选择是否界定清晰某一物品产权的。⑤ 虽然有些概念获得了广泛的接受与赞同,但是尚未形成一种权威,可以说学界至今还未就该概念达成共识。总体来看,对公共物品的概念界定主要分成两大流派,一是以奥斯特罗姆夫妇等为代表的经济学家对萨氏定义的扩充和发展,从公共产品的经济属性角度对其进行定义,补充了不可分割性、共同性以及生产的相关性等特征,二是以布坎南为代表的公共选择学派从政治属性对公共产品的定义,认为公共产品本质上是一种制度安排。

国内学者更多地接受了从制度层面来对公共产品进行界定的思路,认为其不是一个产业概念,而是一个制度概念。如张洪武认为:"公共产品是一切不是通过市场机制、而是通过政治程序配置决策的共同消费的产品。公共产品不仅是经济问题,不仅是供应中的绩效问题,而且更重要的是政治选择问题。"⑥ 崔卫华则认为:"公共物品是指由政府直接或间接介

---

① 张馨:《公共产品论之发展沿革》,《财政研究》1995年第3期。
② Samuelson P A. Theory of Public Expenditure. *The Review of Economics Statistics*, 1954, 36 (4): 387 – 389.
③ 李阳:《公共产品概念和本质研究综述》,《生产力研究》2010年第4期。
④ James M. Buchanan. An Economic Theory of Clubs. *Economica* 32 (February 1965): 1 – 14.
⑤ 〔美〕Y. 巴泽尔:《产权的经济分析》,费方域、段毅才译,上海三联书店,上海人民出版社,1997。
⑥ 张洪武:《公共产品的界定标准及制度安排》,《中共福建省委党校学报》2008年第3期。

入其供需的物品。"① 龙娟等人则认为公共产品的概念在界定时必须以公共问题为导向，做到以满足公共需求为目标，以集体选择和共同消费为基本特征，即"公共产品是人们在一定的时间和空间内为了解决某种'公共问题'，通过集体选择并且被共同消费的一类物品和服务"。②

学界在进行公共产品分类时，依据其是否具有非排他性和非竞争性等特征，将公共产品分为纯公共产品与准公共产品。纯公共产品是指那些严格满足非排他性和非竞争性的产品，在社会日常生活中能够同时严格满足这两个条件的产品不多，国防和电视节目可以算是两个最为典型的代表。准公共产品是指那些在消费上只满足非排他性和非竞争性两个条件之一的产品，它们或者是在消费上具有非竞争性和排他性的俱乐部型公共产品，或者是在消费上具有竞争性和非排他性的共同资源型公共产品。公共档案馆所提供的档案服务在一定意义上讲既具有共享性又具有排他性，既具有非对抗性又具有竞争性等因素，导致它既具有利他的公益性，同时又具有利己的私人性特征。就如有的学者所言，公共档案馆所提供的档案服务所体现的准公共产品特征主要体现在以下几个层面，"具有准公共产品的无形性；具有准公共产品的可物化性；具有准公共产品生产与消费同步性的特征"③。而与公共产品相对应的一个概念就是私人产品，即在消费上既具有排他性，又具有竞争性的产品。

（2）公共文化产品。依据公共产品的特征——排他性、竞争性、非排他性及非竞争性，可将文化产品划分为纯公共文化产品、准公共文化产品和私人文化产品。纯公共文化产品主要是指具有完全非排他性、非竞争性的文化产品，如公共广播、公共电视节目等；准公共文化产品主要是指具有排他性与非竞争性或具有竞争性与非排他性特征的文化产品，如开放性的文物古迹、开放性的旅游景区以及公共图书馆、博物馆、文化馆、纪念

---

① 崔卫华：《城市公共物品的界定与政府职能的转变》，《城市》2003年第4期。
② 龙娟、何斌：《对公共产品概念的重新界定》，《西安建筑科技大学学报》（社会科学版）2010年第6期。
③ 陈永生、傅薇：《简论档案提供利用的准公共产品性质》，《档案与建设》2004年第8期。

馆以及公共档案馆等；私人文化产品主要是指那些具有竞争性与排他性特征的文化产品，如各类图书资源、CD/DVD 唱片等。

不管是纯公共文化产品还是准公共文化产品，由于市场收益过低，甚至在有的情况下是一种纯粹的无利润模式，所产生的仅仅是社会效益，因而非政府组织对这类产品缺乏开发的积极性，在开发和运营上常常会出现市场和私人供给不足的问题，所以一般情况下政府会对供应者进行一定数量的补偿或者直接主导供给。如公共图书馆、博物馆以及公共档案馆这类公益性文化机构，如果不是依赖政府的安排与主导，完全依赖市场机构的运作肯定是维持不下去的。而且，其馆藏资源的有限性与社会公众需求的无限性之间的矛盾，在一定程度上一定范围内往往会形成一种"资源稀缺"的状况，使这些场馆的管理方不得不采取一些相应的措施来进行调节。

因此，所谓公共文化产品"主要指用于保障国家文化主权和社会稳定、展现国家文化形象、保护文化遗存、传承文化精神的文化产品和服务"。① 政府在进行制度性安排时，必须充分认识到公共文化产品与准公共文化产品的不同属性，在进行文化建设的过程中尽量满足广大人民群众的文化需求，维护广大人民群众的基本文化权益，建立和完善使全体公民共同享有、全社会普遍受益的公共文化产品和服务体系。

对公共产品及公共文化产品概念的厘清，对于公共档案馆在当前公共文化服务体系建设的社会大背景之下科学地完成其社会使命并实现其社会理想有着十分重要的意义与价值。首先，明确公共产品及公共文化产品的范围能更好地明确政府在公共产品及公共文化产品供给中的责任担当。因为，在计划经济时代，我国公共产品及公共文化产品的内涵及其制度安排都体现了计划经济时代的精神，在当前市场经济大背景之下，公共产品及公共文化产品的内涵被赋予了全新的意义，我们必须准确地把握这种内涵的变化。其次，只有确定了公共产品及公共文化产品的内涵，才能为相应

---

① 闫平：《文化产品和服务的公共性与公益性文化事业建设》，《山东社会科学》2008 年第 12 期。

的制度安排指明方向。众所周知，公共档案馆作为文化事业机构，是社会记忆的集中地，拥有丰富的历史文化资源，与社会公众的生活密切联系。因此，必须打破计划经济时代的思维方式，创新公共产品及公共文化产品的供给制度，满足人们的多元化需求。最后，确定公共产品及公共文化产品的内涵，有助于档案学理论体系内涵的丰富与提升，因为公共产品及公共文化产品理论涉及与档案学科相关的众多学科，如政治学、社会学等，在公平、公正以及正义等方面都涉及很多，因此，对于公共产品、公共文化产品及相关制度的研究必然会促进档案学理论在这个领域的丰富与完善。

2.1.2 公共服务与公共文化服务

（1）公共服务。在1998年3月6日的九届全国人大一次会议上，时任国务院秘书长的罗干在《关于国务院机构改革方案的说明》中指出："要把政府职能切实转变到宏观调控、社会管理和公共服务方面来……"这是"公共服务"一词第一次出现在中国政府的官方文件中。然后，2002年3月15日九届全国人大五次会议审议通过的《政府工作报告》又一次提到，要将政府的职能调整到"经济调节、市场监管、社会管理和公共服务"上，并在此基础之上提出了要建设"服务型政府"的目标。特别是自2004年美国学者登哈特（Denhart）夫妇的著作《新公共服务》一书被翻译成中文后，"公共服务"成为学界及实践界的一个热门词语，在官方文件中出现的次数越来越多。但是社会公众对其的认识还存在一定的差异，并且，大多数人还处于似懂非懂的阶段。

首先，从国外学者的研究来看，较早对公共服务进行研究的学者是法国学者莱昂·狄骥，[①] 他从公法的角度提出"任何因其与社会团结的实现与促进不可分割、而必须由政府来加以规范和控制的活动就是一项公共服务，只要它具有除非通过政府干预，否则便不能得到保障的特征"。而汉

---

① 〔法〕莱昂·狄骥：《公法的变迁：法律与国家》，郑戈译，辽宁出版社，1999，第53页。

斯·范登·德尔、本·范·韦尔瑟芬①等人则从物品属性的角度对公共服务进行了定义，认为公共服务是有着共同需求的消费者群体而且难以将这种服务分割到每个消费者的具有共用性质的服务产品。埃利诺·奥斯特罗姆②则提出公共服务是以服务形式存在的公益物品，具有三个方面的性质：一是公共服务的不排他性与共用性，二是公共服务的不可分性，三是公共服务的不可衡量性。Paul A. Grout 和 Margaret Stevens③等人则认为公共服务是"为大量公民提供的服务，其中存在显著的市场失灵，使政府有理由参与——不论是生产、融资还是监管"。

其次，从国内学者的研究情况来看，不同的学者也表达了不同的看法，如靳永翥④认为公共服务是指"政府及其公共部门运用公共权力，通过多种机制和方式的灵活运用，以回应社会公众差异性需求的活动过程"。马庆钰⑤则认为"公共服务是政府在纯粹公共物品、混合性公共物品以及带有生产的弱竞争性和消费的弱选择性物品的生产与供给中的职责"。卢映川、万鹏飞⑥认为，公共服务是指政府为促进发展和维护公民权益，运用法定权力和公共资源，面向全体公民或某一类社会群体，组织协调或直接提供以共同享有为特征的产品和服务的活动。陈昌盛、蔡跃洲⑦认为，"所谓公共服务，通常指建立在一定社会共识基础上，一国全体公民不论其种族、收入和地位差异如何，都应公平、普遍享有的服务"。张序⑧认为公共服务是指"公共部门为了直接满足公民基本的、具体的公共需求，生产、提

---

① 〔荷〕汉斯·范登·德尔、本·范·韦尔瑟芬：《民主与福利经济学》，陈刚等译，中国社会科学出版社，1999。
② 〔美〕埃莉诺·奥斯特罗姆：《公共事务的治理之道》，余逊达、陈旭东译，上海译文出版社，2000。
③ Paul A. Grout, Margaret Stevens. The Assessment: Financing and Managing Public Services [J]. *Oxford Review of Economic Policy*, 2003 (2): 215 – 234.
④ 靳永翥：《公共服务及相关概念辨析》，《中共贵州省委党校学报》2007 年第 1 期。
⑤ 马庆钰：《关于"公共服务"的解读》，《中国行政管理》2005 年第 2 期，第 45~48 页。
⑥ 卢映川、万鹏飞：《创新公共服务的组织与管理》，人民出版社，2007，第 3 页。
⑦ 陈昌盛、蔡跃洲：《中国政府公共服务：体制变迁与地区综合评估》，中国社会科学出版社，2007。
⑧ 张序：《与"公共服务"相关概念的辨析》，《管理学刊》2010 年第 2 期。

供和管理公共产品及特殊私人产品的活动"。并且认为公共服务是相关社会主体运用公共权力或公共资源来维护社会公平的一种提供公共产品的社会活动。杨团[1]认为"公共服务主要是指政府为了满足社会公众需求,利用公共权力或公共资源,向全体社会公众或特殊群体提供均等的产品或服务"。

关于何谓公共服务的研究虽然已经取得了不少的成果,但是到目前为止还没有形成一定的权威概念,还有待学界的不断探讨。

(2) 公共文化服务。从上述内容可以看到,公共服务是一个范围十分广泛的概念,涉及底线生存服务、公众发展服务、基本环境服务以及基本安全服务等方面。而对社会公众的文化服务只不过是公共服务范畴中一小部分内容而已,那么如何来界定其边界呢?国内学术界近些年来从不同角度对其进行了诸多理论探讨。

首先,从公共文化产品的角度来探讨公共文化服务。如周晓丽、毛寿龙等人[2]从公益性特征的角度认为公共文化服务是"基于社会效益,不以营利为目的,为社会提供非竞争性、非排他性的公共文化产品的资源配置活动。公共文化服务是一种具有很强的积极外部效应的公共服务,是一种公益性服务"。陈威[3]认为公共文化服务就是由公共部门或准公共部门共同生产或提供,以满足社会成员的基本文化需求为目的,着眼于提高全体公众的文化素质和文化生活水平的公共产品。曹爱军、杨平[4]认为公共文化服务是满足社会的公共文化需求,向公众提供公共文化产品与服务的行为及其相关制度与系统的总称。周武旺[5]认为公共文化服务是指为满足国民基本公共文化需求,由政府及文化主管部门为国民提供公共文化产品或服务的全部制度的总称。牛华、安俊美[6]则认为公共文化服务是指由公共部

---

[1] 杨团:《推进社区公共服务的经验研究——导入新制度因素的两种方式》,《管理世界》2001年第4期。
[2] 周晓丽、毛寿龙:《论我国公共文化服务及其模式选择》,《江苏社会科学》2008年第1期。
[3] 陈威:《公共文化服务体系研究》,深圳报业集团出版社,2006,第16页。
[4] 曹爱军、杨平:《公共文化服务的理论与实》,科学出版社,2011,第23页。
[5] 周武旺:《公共文化服务均等化问题研究》,湘潭大学硕士学位论文,2012,第18页。
[6] 牛华、安俊美:《我国公共文化服务的内涵及其社会价值探析》,《北方经济》2009年第8期。

门或准公共部门共同生产或提供公共产品和服务的行为。

其次,从公共文化权益角度来探讨公共文化服务。如王磊[①]认为"公共文化服务是由政府主导、社会组织参与,为满足人民基本的文化需求和文化权益,从社会公益性出发,向人民提供公共文化产品和服务的一种政府公共服务职能"。王霞[②]认为公共文化服务是以保障大众基本文化需求,满足大众的多层次、多样化、整体性的公共利益为目的的文化机构和服务的总称。蒋永福[③]则认为公共文化服务是以满足社会成员的基本文化需求为目的,着眼于提高全体公众的文化素质和文化生活水平,营造社会文化环境提供公众享有文化享受机会的文化环境与条件的公共产品和服务行为的总称。

最后,从政策与管理角度来探讨公共文化服务。近些年来,众多政府文件不同程度地提到了公共文化服务,并从不同的角度对其内涵进行了相应的界定,使其所涉及的理念、目标与实施策略不断明晰。如《中共中央关于制定国民经济和社会发展第十一个五年规划的建议》(2005年)明确提到"国家支持与保障文化公益事业";《国家"十一五"时期文化发展规划纲要》(2006年)提到"要从现阶段经济社会发展水平出发,以实现和保障公民基本文化权益、满足广大人民群众基本文化需求为目标,坚持公共服务普遍均等原则,兼顾城乡之间、地区之间的协调发展,统筹规划,合理安排,形成实用、便捷、高效的公共文化服务网络"。中共中央十七大报告(2007年)也提出"坚持把发展公益性文化事业作为保障人民基本文化权益的主要途径,加大投入力度,加强社会和乡村文化设施建设"。十七届六中全会《关于深化文化体制改革推动社会主义文化大发展大繁荣若干重大问题的决定》(2011年)提出"以公共财政为支撑,以公益性文化单位为骨干,以全体人民为服务对象,……完善覆盖城乡、结构

---

① 王磊:《当前我国公共文化服务的理论基础、概念界定与价值取向》,《河南教育学院学报》(哲学社会科学版)2014年第1期。
② 王霞:《论公共文化服务体系的构建》,《南阳师范学院学报》2007年第11期。
③ 蒋永福:《文化权利、公共文化服务体系与公共图书馆事业》,《国家图书馆学刊》2007年第4期。

合理、功能健全、实用高效的公共文化服务体系，努力实现基本公共文化服务均等化，制定公共文化服务指标体系和绩效考核办法"。《国家"十二五"时期文化改革发展规划纲要》（2012年）提出要按照公益性、基本性、均等性、便利性的要求，以公共财政为支撑，以公益性文化单位为骨干，以全体人民为服务对象，以保障人民群众看电视、听广播、读书看报、进行公共文化鉴赏、参与公共文化活动等基本文化权益为主要内容，完善覆盖城乡、结构合理、功能健全、实用高效的公共文化服务体系。《文化部"十二五"时期公共文化服务体系建设实施纲要》（2013年）提出："公共文化服务体系是以公共财政为支撑，以公益性文化单位为骨干，以全体人民为服务对象，现阶段以保障人民群众看电视、听广播、读书看报、进行公共文化鉴赏、参与公共文化活动等基本文化权益为主要内容，向社会提供的公共文化设施、产品、服务及制度体系的总称。"其建设基本思想是"政府主导、坚持公益""保障基本、促进公平""统筹城乡、突出基层""创新机制、强化服务"。

因此，公共文化服务相对来讲比较容易理解，即与公共文化相关的公共服务就是公共文化服务。另外，与公共文化服务关系非常密切的一个词就是公共文化服务体系，从上述内容中可以看到国家在政府文件中对这两个概念没有进行过多的区分。申维辰[1]认为公共文化服务体系主要包括先进文化理论研究体系、文艺精品创作体系、文化知识传授服务体系、文化传播服务体系、文化娱乐服务体系、文化传承服务体系、农村文化服务体系等。齐勇峰、王家新[2]则认为公共文化服务体系应包含：文化理论和文化价值体系的创新机制、公共文化设施和文化生态环境、公共文化服务事业的混合微观主体、法律政策支持体系和监管体制等。王磊[3]则认为公共文化服务体系是政府公共服务体系的重要组成部分，是一国政府为满足人民

---

[1] 申维辰：《构建公共文化服务体系发展社会主义先进文化》，《光明日报》2005年12月30日。

[2] 齐勇峰、王家新：《构建公共文化服务体系的探索》，社会科学文献出版社，2006年。

[3] 王磊：《当前我国公共文化服务的理论基础、概念界定与价值取向》，《河南教育学院学报》（哲学社会科学版）2014年第1期。

的基本文化需求和文化权益,所提供的公共文化产品和服务的系统的总称。并且认为在目前阶段下,我国公共文化服务体系主要是在政府的主导下,以国有事业单位为骨干,在非政府、非营利性社会组织的参与下,以文化馆(站)、公共图书馆和博物馆等一系列基础文化设施场所为核心,以相关文化政策和法律法规为保障,以政府公共财政为支撑,向广大人民群众无偿提供基本文化服务的网络系统。

从当前来看,对公共服务、公共文化服务以及公共文化服务体系等概念的探讨都还存在一定的争议,还没有一个权威的概念界定,但是只要与社会公众的需求有关,都强调政府通过一定的制度安排来维护社会的公平与公正,向全体社会公众提供均等的产品与服务,就可以被认为是公共服务,而公共服务中与文化关系密切的就属于公共文化服务的范畴。从公共文化服务体系所体现的内涵看,公共档案馆作为一个政府安排的公共服务部门,就自然地与公共服务存在千丝万缕的联系。因此,公共档案馆必须认识到这种时代所赋予的历史使命与社会责任,主动地、积极地去承担其应该履行的社会义务,成为合格的社会公共服务提供者。

2.1.3 战略规划与公共档案馆战略规划

(1)战略规划。规划是一个组织对其未来及通向未来的路径进行设计的过程。① 而战略规划则是指该组织确定其发展方向或战略以及运用各种资源去实现这一战略而做出决策的一个过程,这个过程规定机构的使命,制订指导机构设定目标和实施战略的方针,确定实现机构使命的长期目标和短期目标,然后根据确定的目标决定行动的方向,并完成组织的使命和愿景。② 战略规划不仅对组织、机构能够起到引领作用,对于其更好地把握未来也具有积极的指导价值,而且,对于规范其行为、增加其活力以及

---

① 于良芝:《战略规划作为公共图书馆管理的工具:应用、价值及其与我国公共图书馆的相关性》,《图书馆建设》2008年第4期。
② 吴建中:《战略思考——图书馆管理的10个热门话题》,上海科学技术文献出版社,2005,第21页。

强化其自身的正面宣传与呈现其组织文化价值都具有十分重要的工具意义。

战略规划起源于20世纪50年代,但是在当时由于受到外部条件的限制,相关理论并没有在实践中起到太大的作用。直到20世纪90年代战略规划才以战略管理的角色重新焕发出新的生命力,并从此得到学界与实践界的关注与重视。随着社会的发展,各种规划被广泛运用到政治、经济、科技以及教育等领域与部门,公共档案馆作为公益性的非营利性组织机构,由于社会经济形势发展而面临的发展压力以及信息技术发展所带来的挑战,必须努力让自身的社会服务能力、服务水平、服务理念、服务价值及其所存在的社会意义等得到社会的广泛认同。因此,公共档案馆必须对自身的发展有一个长期的规划,使自身的社会功能不断得到实现并为社会所认同。

(2) 公共档案馆战略规划。公共档案馆作为国家档案信息资源的集中保存地,承担着保存对国家、社会与公众具有重要价值的档案信息资源并向社会公众提供利用的社会责任与历史使命,在现代国家治理体系中具有不可取代的重要社会地位。在当前政府治理不断谋求变革创新以及社会公众对档案信息资源需求日益多元化的社会环境下,如何制定适应技术新环境、迎接新挑战、满足社会公众新需求的公共档案馆战略规划就显得尤其重要与迫切。那么如何界定公共档案馆战略规划呢?笔者认为要通过分析公共档案馆现状、所面临的环境、发展趋势,在调查相关专家、用户与馆员意见的基础之上,制订公共档案馆的社会使命、未来愿景、价值体系、发展目标及行动方案,并形成一个由一系列目标及相关行动等组成的有目的、有前瞻性、动态、科学的活动体系。

公共档案馆必须制订具有前瞻性的战略规划主要是出于应对其所面临的外部环境的考虑:①当前有限的财政投入要求公共档案馆在日常运行中不得出现浪费现象,应把资金运用到最需改进的工作环节中;②随着信息技术的发展与运用,各种各样的数字档案信息资源不断增多,公共档案馆要保证其长期的可读、可用与可靠性;③社会公众基于网络在线来利用数字档案信息资源的诉求正在不断增加，公共档案馆要满足社会公众的利用需求；④随着社交媒体的不断发展，公共档案馆应加强宣传与推广工作，积极争取社会公众参与到档案的构建与利用中来并实现档案价值的最大化；⑤社会合作与协调日益紧密，公共档案馆应与其他社会机构、团体进行更加有效的合作。这些都是公共档案馆必须考虑与面对的问题，而这些问题绝不是一个临时的策略所能应对的，必须要有一个全盘的发展思路，要有一个长期的战略规划。

从当前美国、英国、澳大利亚、加拿大等发达国家所发布的档案馆战略规划来看，其都把以下六个方面作为重点规划内容，即"数字（电子）文件管理、改进和提升服务、档案数字化、档案保管设施与能力、员工队伍建设、档案馆与其他机构合作"。① 因此，我国在制订公共档案馆战略规划时，应该研究透这些发达国家所实施的档案馆战略规划，改变"闭门造车"的战略制定方式，并且尽可能地尝试与不同的社会机构、社会群体展开合作，使我们所制订的公共档案馆战略规划具有科学的适用性以及强大的生命力。

2.1.4 公共档案馆的概念及其属性

随着商业与工业的不断发展，资本主义生产关系得到了不断的发展与壮大，打破了封建割据、闭关自守的状态。特别是18世纪以来，现代国家逐渐产生，以西欧国家为代表的政府快速发展，行政机器日益发达，行政事务变得日益复杂，在这个过程中政府累积了大量的文书资料，这也为现代档案馆提供了管理对象。

1789年7月14日，法国大革命开启了档案行政制度的新纪元，对于公共档案馆的发展具有里程碑的意义。从此以后，法国与其他一些欧洲国家开始认识到应保存与维护民众的档案，并且也认识到民众有利用政府档案的权利，而且政府应该为民众利用档案提供便利。

---

① 章燕华：《外国国家档案馆战略规划比较研究及启示》，《浙江档案》2015年第8期。

1790年9月12日,法国国民议会颁布国家档案馆条例,该条例规定将国民议会档案馆改名为国家档案馆,①并于1794年6月25日正式成立法国国家档案馆,使之成为该国国家档案典藏所,并重申过去的政权与当代政府的档案属于公共资料。"这是世界历史上第一座国家档案馆,它的任务是保管法兰西的文件——那些足以显示其成就、炫耀其光荣的文件。"②

法国国家档案馆的成立在欧洲甚至在全世界都产生了巨大的影响力,很多国家纷纷仿效,如英国于1838年依据《公共档案法》在伦敦成立了公共档案馆,巴西于1938年在里约热内卢成立了国家档案馆,挪威于1840年在奥斯陆成立了国家档案馆,意大利于1871年在罗马成立了国家档案馆,阿根廷于1884年在布谊诺斯艾利斯成立了国家档案馆。随着后来相关法律法规的不断制定与实施,档案馆的性质及功能都发生了巨大的转变,特别是英国国家档案馆正式以"公共档案馆"来命名,更是开辟了档案馆建设的新时代。

(1) 公共档案馆概念界定。在国内,关于"公共档案馆"这一概念学者们提出了多种不同的观点。

杜长安认为:"国外的档案馆和我国的档案馆,是两种不同类型的档案馆。国外的档案馆,是面向社会的'公共档案馆',而我国的档案馆,主要的服务对象是党政机关,而不是社会大众,还不具备'公共'性质。"③

赵建功认为:"某档案馆是否划归公共档案馆应该从以下几个方面考虑:①是否以普通公众为服务对象,是否具有为普通公众提供平等服务的义务;②是否有提供相应服务的法律保障;③是否有满足公众需求的资源保障。从以上条件看,在我国最有资格充任公共档案馆的是综合档案馆。"④

宗培岭认为:"公共档案馆是指馆藏档案作为社会的公共资源能全面、准确地反映社会的基本历史面貌,应该开放的信息能借助各种媒介畅通地

---

① 韩玉梅、黄霄羽:《外国档案管理》,中国人民大学出版社,1998,第255页。
② 〔美〕谢伦伯格:《现代档案——原则与技术》,黄坤坊等译,中国档案出版社,1983,第9页。
③ 杜长安:《打造真正的"公共档案馆"》,《上海档案》2001年第5期。
④ 赵建功:《公共档案馆刍议》,《山西档案》2003年第4期。

传递，并能广泛为社会、公众利用的文化机构。"[1]

李国庆则认为："公共档案馆作为定性的概念，最早来源于英国。之所以称之为公共档案馆是因为它区别于政府机关档案馆、大学档案馆、私人企业档案馆等；其建馆宗旨是面向社会、面向公众；其收藏内容主要是政府机构及相关组织在公务活动中形成的公共档案；其服务对象是全体人民。……凡是由国家设立，主要收藏公共档案，为社会公众提供服务的档案馆，都被称为公共档案馆。我国各级国家档案馆应该是不同层面的公共档案馆，只是还没有充分发挥出应有的社会功能，也没有在相关法规上予以确认。"[2]

何振认为凡是以保存具有国家和社会意义的档案为己任并提供档案为社会和公众服务的档案机构就可以被认为是公共档案馆，以保存本部门档案并主要为其自身服务的档案机构就是非公共档案馆，并在此基础上提出我国目前各级国家档案馆以及中央专业馆可被归入公共档案馆范畴。[3]

冯惠玲认为："公共档案馆包括国家档案馆和专业档案馆。"[4]

刘国能认为："综合档案馆是一个量的概念，而公共档案馆有质的内涵。"[5]

韩玉梅、黄霄羽认为："公共档案馆，是指归属权属于国家所有的档案馆，其馆藏档案是公共财产，经费由国家预算或地方预算拨给。"[6]

薛匡勇认为："凡是以保存具有国家和社会意义的档案为己任，并以提供档案为社会和公众服务的档案机构，都可以被认为是公共档案馆。"[7]

---

[1] 宗培岭：《公共档案馆你从哪里来——写在上海市档案馆新馆开馆之际》，《浙江档案》2004 年第 1 期。
[2] 李国庆：《公共档案馆社会功能的定位及其实现途径》，载《新时期公共档案馆建设》，中央文献出版社，2004，第 79~80 页。
[3] 何振：《档案馆学新探》，中国档案出版社，2003，第 100 页。
[4] 冯惠玲、张辑哲：《档案学概论》，中国人民大学出版社，2001，第 70~73 页。
[5] 刘国能：《"以人为本"在档案馆的落实——上海市公共档案馆建设感议》，《新上海档案》2005 年第 1 期。
[6] 韩玉梅、黄霄羽：《外国档案管理》，中国人民大学出版社，1998，第 47 页。
[7] 薛匡勇：《档案馆论》，第二军医大学出版社，2002，第 67 页。

2 范畴与归约：
文化发展中公共档案馆发展战略的内在意蕴研究

上海市档案局认为："凡是由国家设立，主要收藏公共档案，为社会公众提供服务的档案馆，都被称为'公共档案馆'。"[1]"公共档案馆，从档案馆的环境建设到资源储备，从现代技术应用到信息开发水平，都要符合国家档案馆公共性的现代服务理念，即以人为本，在提升档案馆管理的开放度、资源的共享度和接待的满意度上见实效。"[2]

因此，可以认为公共档案馆是指由国家设立的，收藏所有社会主体形成的档案信息资源并满足社会所有主体的公共利用需求的档案保管机构，从当前来看主要是指国家所设立的各级综合档案馆与专门档案馆。

除了学术界开展了大量的有关公共档案馆的研究外，我国实践层面也加强了对公共档案馆问题的认知与探索，如《深圳经济特区档案与文件收集利用条例》规定："本条例所称的公共档案馆包括市、区档案馆和专门档案馆。"另外，在我国实践部门将公共档案馆作为一项事业来推进的，上海市档案馆率先做出了示范，采取了一系列重大举措促进公共档案馆建设，吸引了档案界及社会公众的注意。

（2）公共档案馆属性界定。公共档案馆不仅是一种机构，同时也代表一种制度。这种制度要保障社会成员获取档案信息的机会平等，保障公民求知的权利与获取信息的自由，要从档案信息利用的角度维护社会的公正，它代表的是一种社会用以调节信息分配以实现社会信息保障的制度。这一观点，尚未被业界所认同，其表现就是至今人们还是主要从机构角度认识和研究公共档案馆工作与现象，而没有从制度视角去追问公共档案馆的本质问题。从制度视角认识和分析某一社会现象，起源于经济学领域，目前已形成了一个制度经济学流派，其中代表人物是美国的凡勃伦（Thorstein Veblon）和康芒斯（John R. Commons）。前者认为"今天的制度，也就是当前公认的生活方式"；[3] 后者认为"制度就是各种各样的社会组

---

[1] 上海市档案局：《新时期公共档案馆建设》，中央文献出版社，2004，第98页。
[2] 上海市档案局：《新时期公共档案馆建设》，中央文献出版社，2004，第105页。
[3] 〔美〕凡勃伦：《有闲阶级论——关于制度的经济研究》，蔡受白译，商务印书馆，1983，第10页。

织"。① 依照凡勃伦的观点可以认为公共档案馆是人类追求原始信息生活方式的社会保障制度；依照康芒斯的观点可以认为公共档案馆就是实现人们的原始信息获取权的社会保障制度。

公共档案馆代表的信息公平制度，对于现代民主社会是必不可少的。它是基于民主政治而产生的，同时也是为民主社会而服务的。公共档案馆服务从表面上看是公共档案馆的服务行为，但从制度上说这是政府为社会提供公共产品。采用公共政策分析的研究框架，剖析公共档案馆制度安排的优劣利弊，分析其服务供给不足的政策制度根源，探讨现实中供给的改进与完善，提高供给的有效性，对于公共档案馆事业的发展，对于人民群众科研、文化需求的满足，具有极其重要的理论与实践意义。

提倡建设公共档案馆其实质并不是要在现有的档案馆体系以外重新再构建一个公共档案馆体系，而是要从公共服务的层面深刻认识公共档案馆的真正内涵，将为公众利益、为社会服务放在档案馆一切工作的首位，把打开大门为普通公民服务看成档案馆建设的出发点和归宿。其应该在服务理念、服务机制、社会化功能上有一个根本的转变，真正将国家综合档案馆办成公共档案馆，充分实现其社会功能，体现其作为一个公益性文化机构的存在价值。

2.1.5 公共档案馆的正当性及意义建构

科学发展观逐渐引领我国社会各领域走向新的高度，公共档案馆的发展也迎来了新的春天，科学发展观的语境进一步强化了公共档案馆存在的正当性。

（1）正当性分析

我国各级档案馆一直使用的都是综合档案馆的名称，从成立之初就缺乏独立的品格。它们在体制上与机关有着千丝万缕的联系；在工作理念上表现出对机关的强烈依附；在服务上秉承为机关工作服务、为领导决策服

---

① 谭希培、高帆：《超越现存——制度创新论》，湖南大学出版社，2002，第230页。

务的宗旨。特别是我国实行的"局馆合一"的做法，实际上混淆了两种完全不同的机构的性质、职能、任务及工作对象，也使档案馆文化事业机构的定位发生偏差，容易形成档案馆也是高高在"上"的"管理者"的误区，以至于淡化了档案馆本应有的服务意识和效益观念，弱化了档案馆本应有的社会公益性功能和作为"文化使者"的身份。① 因此，有学者发出了这样的感叹："公共档案馆，你到哪里去"②、"公共档案馆，你从哪里来"③、"公共档案馆：我们离你还有多远"④、"公共档案馆是否真的公共"。这种渗透了权势关系与意识形态倾向的"真实"的确无法体现公共档案馆存在的合理性，但没有体现真实并不是说它就没有真实，其存在的合理性是不容怀疑的，不管它的名称是综合档案馆还是公共档案馆，其本质是公共的，其服务是公益的。因此，公共政策应该把档案馆事业作为公益事业来对待，将提供档案馆服务作为政府的公共责任，充分认识到档案馆服务的公共产品属性，而不管它是叫公共档案馆还是叫综合档案馆。当前对公共档案馆认同的具体表现主要体现在以下几个方面。

①法律层面的认同。在国外，法律层面对公共档案馆的认同不管在形式上还是在实质上都已远远走在我国前面，如早在1790年，法国国民议会就颁布《国家档案馆条例》，通过法律明确了国家档案馆是一个独立机构，不从属于政府任何一个部门，并确定了国家档案馆的"公共"属性。⑤ 但在我国，不管是《档案馆工作通则》还是《档案法》都没有用公共档案馆这个叫法，都是沿用了综合档案馆的叫法，而且规定综合档案馆是文化事业机构，没有提及公益性或公共性的问题。不过值得庆幸的是我国一些地方法律法规中已有破冰之举。2002年5月，深圳市颁布《深圳经济特区档案与文件收集利用条例》，首次在法规性文件中使用了"公共档案馆"的概念，该条例称"公共档案馆包括市、区档案馆和专门档案馆"，这是国

---

① 罗军：《还档案馆"文化事业机构"本来面目》，《档案学通讯》2007年第1期。
② 潘玉民：《公共档案馆，你到哪里去》，《浙江档案》2005年第6期。
③ 宗培岭：《公共档案馆，你从哪里来》，《浙江档案》2004年第1期。
④ 于学蕴：《公共档案馆：我们离你还有多远》，《中国档案》2007年第1期。
⑤ 王改娇：《我国国家档案馆公共性的先天不足》，《山西档案》2008年第1期。

内对"公共档案馆"的第一个官方界定。说明其开始在部分地区得到相关立法部门的认可,有理由相信这种自下而上的力量最终将会波及国家层面。

②实践层面的认同。在实践领域,早在1999年,《上海城市发展总体规划(1999－2002)中长期城市建设行动计划》就把档案馆与图书馆、博物馆等公共文化单位放在面对公众的重要位置列入群众性文化设施建设之中,并为其各自提供数亿元资金进行建设。2006年4月8日,在人民大会堂举办的"中国最值得外国人去的50个地方"的评选活动中,上海市档案馆凭借外滩新馆公共服务的优势,成功获得此次评选的银奖。① 再如,深圳档案馆位于繁华的闹市区,给利用者带来了很大的利用便利。实践部门在提升服务水平的同时,也在不断地丰富馆藏,积极改变过去馆藏单一、主要收集权力机关档案的价值取向,开始关注社会的方方面面,增加民生档案的收集,如家谱档案、个人档案等,使其公共属性得以全方位完善。

③理论层面的认同。在理论界,近几年很多学者开始关注公共档案馆的问题,笔者通过CNKI数据库以"公共档案馆"为关键词进行检索,共检索到647篇学术论文,② 从概念、内涵等不同角度来论述公共档案馆存在的价值与必要性。宗培岭③认为与其将公共档案馆作为文化事业机构还不如界定其为公益性事业机构;罗军④认为应该从公益性的角度去探讨如何建设档案馆,而不是实行"局馆合一"这种两不像的管理模式。除了这些论文外,我国各种档案学论著也开始大量使用公共档案馆的称谓,如冯惠玲和张辑哲主编的《档案学概论》、刘南山著的《跨越:新世纪初上海档案工作的创新实践》、薛匡勇著的《档案馆论》等。这些成果都开始用公共档案馆来取代原来综合档案馆的名称。另外,周林兴出版了我国第一

---

① 周璐:《众人拾柴火焰高——浅论公共档案馆的建设》,《湖北档案》2009年第7期。
② 检索日期:2016年5月15日。
③ 宗培岭:《文化事业机构抑或公益事业机构》,《浙江档案》2008年第6期。
④ 罗军:《还档案馆"文化事业机构"本来面目》,《档案学通讯》2007年第1期。

部有关公共档案馆研究的专著《公共档案馆管理》。名称的变化反映了学术界对公共档案馆公共属性的认同与接受，相关著作的不断出现，也说明该问题正在引起理论研究者的重视与关注。

(2) 意义的建构

①公共档案馆服务内涵的意义建构。长期以来档案馆"收收发发、借借还还"这种非专业服务内涵的意义建构导致的后果就是使社会产生了对公共档案馆存在意义的认知偏差，认为档案行业是一个不需要任何专业知识与专业技能的行业。更为严重的是这种非专业化公共档案馆服务内涵意义的建构状况随着非专业化从业人员与非专业化管理人员的不断进入有不断被强化的趋势。不过，随着科学发展观的提出，社会全面发展已成为当前社会的话语主流，正在各个层面取代长期致力于建构经济发展优先性的单一话语。建构真正真实意义上的公共档案馆服务内涵与叙事方式已经被学术界与实践界所接受并实践着，如国家档案局2006年在全国档案工作的主要任务中提出：充分发挥档案馆的基本功能和社会功能，把档案馆真正建成档案安全保管基地、爱国主义教育基地、已公开现行文件集中向社会提供利用的中心以及档案信息服务中心"四位一体"的综合体。① 2009年在上海召开的全国档案馆工作会议上，国家档案局局长杨冬权在工作报告中又重新对新型国家档案馆做了明确的功能定位，即国家档案馆应该是爱国主义教育基地、档案安全保管基地、档案利用服务中心、政府信息公开中心以及电子文件管理中心"五位一体"的综合体。②

②公共档案馆馆员职业责任的意义建构。档案工作者要积极参与到促进社会信任、政府开放、社会和谐和社会公平中去，坚持公正、诚实、超脱和透明的职业准则，并以此来服务社会。档案工作者可以采取积极的措施来对抗档案记录"真实"的偏差：如通过档案让领导对其行为负责，并

---

① 刘有全、安聪娥、霍慧敏：《档案馆"四位一体"功能定位与构建》，《陕西档案》2008年第1期。
② 徐建国：《国家档案馆"五位一体"功能定位诠释》，2014年5月8日，http://old.12371.gov.cn/n102327c723.aspx。

对领导的日常工作进行合理的反映与监督；通过拒绝政治压力，支持开放式政府，为我国民主法治建设贡献自己的力量，体现自己的社会存在；通过档案记录支持纠正社会不公，维护社会正义与公平；在强化对强势群体关注的过程中也不弱化对弱势群体的重视，通过收集弱势群体、边缘群体及其他非权力阶层的档案来反映社会的全部面貌。总之，档案工作者对社会有很重要的贡献，由于有了保存的档案：一些人可以得到退休金；一些人发现了家族的联系；公职官员在违反公共信任前可能会三思而后行。

③公共档案馆与民主政治的意义建构。2018年档案管理体制改革前，"局馆合一"的管理体制，让"行政""文化"合一，让档案局、档案馆孪生。这种对体制改革的片面理解以及对档案局行政职能、档案馆公益性文化事业定位的错位认识，说明弱势的档案馆也难掩对行政权力的崇拜，想把自身的发展寄托在行政权力的庇护之下。殊不知，档案馆事业要发展不能靠天，也不能靠地，更不能依靠行政权力的庇护，而必须依靠其自身的发展规律来办事，即要充分认识到社会在不断发展，档案已不是统治阶级的私有财产和统治工具，档案馆也不再是权力的象征、神秘的场所。从制度的视角来看，档案馆已成为保障公众档案信息获取权利的一种制度产品，它是作为一种合理的、合法的和正义的制度而存在。只有把档案馆置于民主、真实以及公正的一边，它才能作为社会主义民主国家的一个重要组成部分。它代表的是一种制度、一种文化，它是公众基本权利实现的制度保障，它发展的程度对我国民主政治的进程是一个重要的衡量指标。

④公共档案馆资源保障体制的意义建构。一要通过修改完善档案法律法规，强化政府机关移交档案的义务和法律责任，同时在收集民间档案、企业档案中应确保公共档案馆的主导地位；二要通过改革，形成更科学合理的档案资源管理体制，布局合理的档案管理机构，要从严控制专业档案馆和部门档案馆的设置，减少条块分割带来的人为的体制障碍，县区级已有的专业档案馆和部门档案馆应逐步与相应级别的公共档案馆整合。档案究竟是永久保存、长期保存还是销毁，公共档案馆应该拥有完全的决定

权,这种权力不应该被掌握在机关档案部门的手中或掌握在上一级行政管理部门的手中,否则势必会造成有些原本应该向公共档案馆移交的需要永久保存的档案被划为长期或短期保存,而被永久地留在原机关,有些在公共档案馆中本应该被销毁的档案,却由于上级行政机构不愿或不敢承担责任而无法实施销毁计划。

2.1.6 公共档案馆与公共文化服务建设的关系

(1) 公共档案馆对公共文化服务建设的影响

①构建完整的公共文化服务。公共文化服务体系建设是推动我国社会主义文化大发展、大繁荣的内在要求,也是保障公众文化权利的基本方式。公共文化服务体系建设是一项复杂的社会系统工程,需要政府及社会各界力量的普遍参与。公共档案馆作为公益性社会文化事业机构,积极融入公共文化服务体系建设是其义不容辞的责任。一方面,公共档案馆作为文化事业机构,汇集着具有重要文化内容与历史内涵的档案,是社会文化的宝库与集聚地;另一方面,档案作为一种最真实、最可靠、最具权威性与凭证性的原生信息资源,对历史文化的积累、沉淀所起到的作用是其他任何信息记录物都无法比拟的。因此,公共档案馆在文化建设中扮演着不可或缺的重要角色,公共档案馆积极参与公共文化服务体系建设不仅体现了其应有的文化自觉,还有利于构建完整的公共文化服务。

②保障社会公众的文化权益。公共档案馆与公共文化服务在内涵上具有一致性。一方面,公共档案馆内在的文化属性决定了其作为政府提供文化空间的公共场所有责任为公众提供公共文化服务,保障公众文化权益。另一方面,公共档案馆作为法定的文化事业机构,有义务为公共文化服务建设贡献自己的力量。公共档案馆作为保障公民文化权利的一种制度安排,[①] 在保障公民文化权利方面具有不可推卸的责任,是公众文化权益保障的中坚力

---

① 周林兴:《公共档案馆与制度公正——关于公共档案馆的制度视角研究》,《北京档案》2005年第8期,第24~26页。

量。但限于历史、现实等诸多原因,档案的文化价值未能得到充分体现,档案馆未能完全履行保障公民文化权利的重任。公共档案馆自觉参与公共文化服务建设,可以唤醒公共档案馆自身肩负的神圣使命,为实现社会公众文化权益做出应有的贡献。

③促进社会主义文化的发展与繁荣。档案作为一种重要的文化资源,它的文化性不仅体现在它保存了丰富的历史文化遗产,还体现在它具有文化继承、文化教育、文化借鉴的功能。① 中国五千年连绵不断的文化都以档案的形式记录下来,为中华文化的发展与繁荣提供了不可或缺的物质基础。在社会文化大繁荣、大发展的过程中,公共档案馆亦扮演了不可或缺的重要角色。一方面,公共档案馆是进行社会教育的重要场所,同时也是宣传爱国主义教育的重要课堂,在唱响社会主义文化主旋律,扬正气、促和谐方面有着天然的优势。另一方面,公共档案馆所保存的历史文化资料比其他文化机构所保存的更加真实、完整,它对历史文化"积累、启蒙与沉淀的作用"② 是其他任何文化机构都无法取代的,理应成为先进文化建设的中坚力量。总之,公共档案馆自觉参与公共文化服务建设,承担社会先进文化建设的重任,对于提高全民族思想道德水平与科学文化水平、促进社会主义文化的发展与繁荣具有重要意义。

(2) 公共文化服务建设对公共档案馆发展的价值分析

①增强公共档案馆的社会影响。公共档案馆社会影响力的高低很大程度上取决于社会公众对档案信息服务的满意程度。然而由于历史等原因,长期以来我国各级公共档案馆作为政府附属机构更倾向于为政府部门服务,缺少为公众服务的意识,导致社会对公共档案馆价值的认知产生了很大的偏差,认为公共档案馆是一种纯粹的政府行政机构。这也使公共档案馆在整个文化体系中处于边缘化境地,不利于档案事业整体的发展。当前,我国图书馆、博物馆主动适应社会文化的需求,积极参与公共文化服

---

① 陈钧浩:《档案文化事业的可持续发展及在现代化建设中的意义》,《东方企业文化》2012年第22期。
② 周林兴:《论档案馆的文化自觉》,《山西档案》2010年第6期。

务建设,在社会上引起的反响巨大,得到政府、社会、媒体的广泛好评。在公共文化服务建设浪潮中,公共档案馆应该抓住契机积极参与,主动作为,有助于赢得社会对其文化服务的认可与支持。这种认可与支持不断积累,必然会重塑公共档案馆的公共文化服务形象,提升公共档案馆的社会影响力。

②拓宽公共档案馆的服务功能。随着我国经济实力的不断提高,人们由对物质需求的满足转化为对精神文化的追求,特别是对人自由全面发展的追求,使现有的文化产品难以满足公众多元化的文化需求。公共档案馆自觉参与公共文化服务建设,将有助于改善档案馆服务的质量,提供更多的优秀档案文化产品,更好地发挥公共档案馆作为档案安全保管基地、爱国主义教育基地、档案利用服务中心、现行文件利用中心和电子文件管理中心"五位一体"的功能,更好地满足社会公众的多元文化需求,与此同时,公共档案馆积极参与公共文化服务建设还有助于拓宽档案文化的社会影响力,拓展公共档案馆的文化生存空间,使公共档案馆在广阔的社会文化领域中占有一席之地。

③明确公共档案馆的发展方向。公共档案馆在文化领域的长期缺位,身份模糊,无疑会缩小公共档案馆的文化生存空间,不利于档案事业的整体发展。在公共文化服务建设如火如荼的开展过程中,公共档案馆参与公共文化服务建设不仅可以提高公共档案馆公共文化服务的能力与水平,提升档案服务的公平性、便捷性与效率,还有助于进一步明确公共档案馆自身的发展方向,提升公共档案馆文化发展的动力。公共文化服务的核心理念是"以人为本",公共档案馆自觉投身公共文化服务建设,必须贯彻以人为本的发展理念。公共档案馆坚持以人为本的发展理念主要包括以下三个方面,一是要保障公众文化权益;二是要满足公众文化熏陶需求;三是要构建先进社会文化。这是新时期公共档案馆发展所要承担的重任,也是公共档案馆未来的发展方向。

④促进公共档案馆的属性回归。公共档案馆的开放有助于文化的发展,换句话说,公共档案馆的存在即是一种文化的存在,文化性是公共档

案馆的基本属性之一,[①] 所以其理应在文化领域发挥相应的作用。然而,目前公共档案馆乃至档案事业在整个文化体系中仍处于"边缘化"境地,档案馆的"文化性"还没有得到充分的认可,究其原因在于公共档案馆未能正确认识档案的文化价值,使档案工作长期游离于社会文化生活之外。将公共档案馆发展置身于公共文化服务建设环境中,有助于进一步强化公共档案馆对其自身文化属性的认识,使公共档案馆在文化领域中做出名副其实的贡献,回归到其文化服务机构的本职功能上来。

2.2 基本架构阐释

以公共文化服务体系建设作为切入点来研究公共档案馆发展战略问题,其结构或基本架构必然是以公共档案馆的文化属性为基点,即如何在公共文化服务体系建设的社会大背景之下来规划公共档案馆的发展方向、发展理念、基本思路及实施策略等,使公共档案馆的文化属性得到最大限度的发挥与实现,为公共文化服务体系的建设贡献其应有的力量。

2.2.1 公共档案馆发展战略的指导思想

公共文化服务体系建设中公共档案馆发展战略的指导思想就是要促使公共档案馆未来的发展符合公共文化服务体系建设的社会需求,实现其从以资政服务为主导向全面服务于社会各个领域、不同主体转变,特别是要强化其社会文化功能的发挥,履行社会给予的社会文化使命。一方面,要求其做好自身文化功能的规划,不断提升其文化服务能力与文化服务水平,另一方面,也要求公共档案馆必须改变自己内敛的性格特征以及带有一定官僚习气的工作作风,找准自己的社会定位,尽快融入社会公共文化服务体系建设中去,成为社会公共文化服务体系的重要建设力量。

[①] 陈忠海、陈洁:《1990-2011年我国档案馆文化建设研究述评》,《档案学通讯》2012年第4期。

2.2.2 公共档案馆发展战略规划的基本目标

公共文化服务体系建设中公共档案馆发展战略研究的基本目标就是要本着全面考虑、科学规划的宗旨，客观、合理地采用开放性的公共档案馆发展战略规划理念，使公共档案馆在未来的发展中展示其最为本质的文化价值。档案作为社会主体活动的基本记录，反映了社会主体的行为、活动与思想，这些档案的字里行间蕴藏着其形成者的文化存在，它们是社会组织文化或社会个体文化的承载者。这种文化存在既然来自社会，就应该回归社会，即把这种组织文化或个体文化向社会文化转换。而要实现这种转换，就必须让公共档案馆在未来的战略规划中做好这一转换的规划安排，借助公共文化服务体系建设的大好机会，使自己融入社会公共文化服务中去，不仅实现其所藏组织文化或个体文化向社会文化的转换，也使自己在这种转换之中实现社会文化影响力的提升。

2.2.3 公共档案馆发展战略规划的主要任务

当前，我国正处于社会转型的关键时期，社会对公共文化服务正在表现出一种超出常规的渴求，而且，从现实来看，当前社会发展中的诸多矛盾也的确需要文化的力量去协调、去化解。而公共档案馆作为公益性的文化服务机构，被社会赋予了相应的社会使命与社会责任。公共档案馆发展战略规划的主要任务是：一是使公共档案馆以正当的、合理的社会文化机构身份真正融入社会公共文化服务中去，成为社会公共文化服务的参与者、建设者与贡献者；二是为公共档案馆的发展设计出一套科学的发展战略，使公共档案馆在未来的发展中沿着该战略所设计的路径前进。使公共档案馆不仅自身得到应有的发展，不断提升其社会影响力与知名度，向社会文化中心点靠近，更为主要的是完成社会赋予的促进社会文化发展的历史任务及其作为社会历史文化传承人的历史使命，促进社会文化向更高层次的目标发展，使社会文化向立体文化发展，以满足来自不同阶层、不同领域的社会主体对文化的诉求。

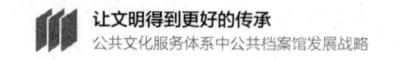

2.2.4 公共档案馆发展战略规划的主要观点

(1)根据谁司职、谁决策、谁负责的原则施行问责。同体问责和异体问责相结合,拓宽公众参与问责的渠道,充分发挥行政体制外部问责主体的监督、问责作用;从单纯追究"有过"向既追究"有过"又追究"无为"转变;健全问责程序,完善实施环节,明确问责追究,强化制度执行的针对性,确保问责实施效果,达到促进公共档案馆科学发展的目的,保证其发展战略稳步推进。

(2)根据有利于公共文化服务体系建设的原则细分责任。针对公共档案馆责任的承担要进行责任细分,每项责任都要有具体的承担者,且不能重复交叉,一项论责任要各方分担、论利益却与其他部门无涉的工作,极易造成"九龙治水"的局面,要坚持责任落实到部门、部门落实到岗位、岗位落实到个人的责任细分原则,只有这样才有利于公共档案馆的科学发展。

(3)利于公共文化服务体系建设的档案信息服务应该坚持多元化的策略。其基本思路是在公共文化服务体系的构建中公共档案馆制度设计的重点应该是围绕基本政策目标、选择基本政策工具进行,坚持以融入公共文化服务体系为最终目标;积极开展利用现代化技术的服务渠道与途径,在强化普及性文化服务的同时,鼓励有条件的公共档案馆开展个性化的文化服务。

(4)促进公共文化服务体系建设的责任承担应该基于双向的视角。基于公众的视角,可以从培养公众利用档案信息的意识、提高公众利用档案信息资源的能力以及培育公众去公共档案馆自觉接受历史文化熏陶的习惯入手;基于公共档案馆的视角,可以从改善公共档案馆的服务水平、服务态度等方面入手,从拓展服务方式、改善服务条件以及加大档案信息资源的开放力度等方面来进行合理的路径设计,达到公共档案馆在承担责任的过程中促进公共文化服务体系建设的目的。

(5)促进公共文化服务体系建设的责任承担要坚持目的性价值取向与

工具性价值取向相结合的原则。目的性价值取向就是要坚持公平、规范与准确的档案信息资源服务宗旨，即能照顾到弱势群体的利益诉求，利于和谐文化的建设；服务应该在法律法规的范围内进行，利于有序文化的建设；提供的档案信息资源应该具有真实性与可靠性，利于公信力文化的建设。工具性价值取向就是要坚持经济、高效与便捷的服务宗旨，即保证利用者以最小的代价获取到档案信息资源，符合公共性文化服务准则；保证利用者能在第一时间获得所需要的档案信息资源，符合效能性公共文化服务准则；保证利用者方便地获得档案信息资源，符合以利用者为本的人本文化准则。

2.2.5 公共档案馆发展战略规划的重点难点

公共档案馆在公共文化服务体系建设中，应加强价值体系的建设并使之成为全体工作人员的自觉性行为，为了实现这些目标还要进行各种路径选择并对这些路径选择进行详细分析，分析其操作的可行性、科学性与合理性。

（1）构建公共文化服务体系建设中公共档案馆的价值体系。价值体系的构建，不仅涉及公共档案馆内部的文化品位、行为理念，工作人员的行为方式、职业道德等，涉及社会整体价值观念、价值情怀等众多因素，也必然涉及社会政治取向以及文化结构等因素。因此，在公共文化服务体系建设中去考量公共档案馆发展战略规划的价值取向问题，必然会涉及众多的内外部因素，并且这些因素还有可能相互影响。所以，必须构建一套科学的价值体系，形成合理的价值取向，并以此价值取向来指导公共档案馆发展战略规划的制订与实施，确保公共档案馆在公共文化服务体系建设中发挥其应有的文化力量，体现其独特的文化存在，这是公共档案馆发展战略规划的一个重点所在。

（2）在公共文化服务体系建设大背景之下来考量公共档案馆发展战略是一个系统工程，不仅涉及公共档案馆的管理规范、管理流程、管理形式、资源建设以及服务方式、服务手段等，也会涉及与文化行业的协调及政策争取等问题。因为在当前环境下，文化机构以及文化政策、制度等与公共档案馆行业都未能有效地整合与共享。特别是文化政策至今未能覆盖到公共档案馆领域，或者可以说基本把公共档案馆行业给"忽视"或"屏蔽"掉了。因此，打破这种隔阂，打通它们之间的联系将是另外一个重点所在。

（3）在当前的政治体制下，公共档案馆虽然是作为一项公共服务制度设计的，但其同时又被赋予了一种"管理者"的身份与象征性地位，即在人事安排中执行"参公"的人事制度安排，这导致对公共档案馆的考核存在一种认知"错觉"。因此，在这种畸形的制度安排下来进行问责机制的研究，是否能达到预设的效果还有待超常规的智慧考虑，同时这种非常态化的制度安排给其文化意义的构建所带来的阻碍也还需要进一步的思考。而且，其存在的诸多可变因素，也将给"具体验证"操作带来变数。因此，如何进行问责制度的设计与安排以及如何去验证这种问责的有效性将是难点所在。

2.2.6 公共档案馆的功能定位

公共档案馆作为公益性文化服务机构，具有传承、启蒙与沉淀文化的作用，它的存在"本质上是一种文化的存在"，因为"它的产生本身就意味着一种新文化的萌生与发展，它汇集了具有重要文化内容的档案，珍藏着国家与民族的历史，反映了人类科学文化发展的历程，是社会文化的宝库与集聚地"。[①] 它是公众实现公共文化权益、获得文化熏陶以及构建社会先进文化的重要场所，在公共文化服务体系构建过程中发挥着重要作用。因此，为了体现公共档案馆在公共文化服务体系建设中的文化存在意义，使其更好地协调与社会的关系，自觉地提供公共文化服务，保障公民文化权益，有必要对其功能定位进行科学的反思与追问。

（1）公共文化服务体系建设中公共档案馆功能定位的必要性

①制定公共档案馆科学工作方案的前提。我国各级各类公共档案馆已达到3800多个，是一个非常庞大的系统群体，要想朝着科学的方向发展，并实现可持续发展，就必须有科学且合理的工作方案与工作计划。从宏观

---

① 周林兴：《论档案馆的文化自觉》，《山西档案》2010年第6期。

来看,要站在国家层面对这个系统群体的整体发展规划、发展战略、发展方向做出长短期相结合的科学指导方案,如五年规划、十年规划等,并使其沿着既定的路线稳步推进;从微观来看,个体公共档案馆在宏观战略指导下,要根据实际情况制订出符合自身发展的长短期工作方案。然而,要想让这些工作方案科学且合理就必须解决其社会功能的定位问题,只有做到了准确的功能定位才能制订出科学的工作方案。

②保证公共档案馆日常服务质量的关键。虽然我国的《档案法》及《档案法实施办法》中都明确规定公共档案馆是文化事业机构,但长期以来公共档案馆在用人问题上的"参公"性质,使部分工作人员在日常服务工作中存在错误的认知,把自己当成了管理者而非文化服务者,在很大程度上影响了公共档案馆服务质量的提升与完善,使其没有做出本应该有的文化贡献。因此,在当前我国大力倡导公共文化服务体系建设的大背景下,加强对公共档案馆功能定位的认识,特别是对其文化功能定位的认识,将在很大程度上帮助公共档案馆工作人员认识到其文化使者的身份,对其提升日常服务质量,特别是对提升文化服务质量将起到关键作用。

(2) 公共文化服务体系建设中的公共档案馆功能定位

①保障公民文化权益的实现。保障公民文化权益的实现业已成为政府文化工作的重要目标之一。党的十七大报告与十八大报告都指出要使"人民基本文化权益得到更好保障"。《国家"十一五"时期文化发展规划纲要》与《国家"十二五"时期文化发展规划纲要》分别多次出现有关保障"公民文化权益"的表述。"公民文化权益"进入执政党的政治纲领,清晰地表明政府对保障人民基本文化权益的高度重视,体现出一种应有的文化自觉,提出"要以公共财政为支撑,以公益性文化单位为骨干,以全体人民为服务对象,以保障人民群众看电视、听广播、读书看报、进行公共文化鉴赏、参与公共文化活动等基本文化权益为主要内容,完善覆盖城乡、结构合理、功能健全、实用高效的公共文化服务体系"。① 因此,就公

---

① 张晋生:《"基本文化权益"的内涵与意义》,《党史博采》(理论) 2012 年第 1 期。

共档案馆而言，切实保障公民文化权益的实现，一方面是在践行其公益性文化服务机构的社会理想，另一方面也是对政府所倡导的构建公共文化服务体系的积极回应。公共档案馆保障公民文化权益既是其自身文化机构的内在要求，也是公共文化服务体系建设的外在要求，更是公民权益意识不断凸显的根本所在。因此，如何更好地保障公民文化权益的实现已成为公共档案馆未来在发展方向的把握、发展路径的选择等方面必须重点思量的问题。

②满足公众文化熏陶的需求。在公共文化服务体系建设中，公共档案馆除了要从保障公民文化权益的角度履行好其职责外，还要从满足公众文化休闲、文化消遣等需求的角度来实现对公众的文化熏陶功能。充分发挥公共档案馆作为一个公益性文化机构的天然优势，起到文化化人、文化开智与文化养人的效果。公共档案馆的文化熏陶功能与其存史、资政功能相比，更加贴近公众的生活，是其社会化服务实现的最佳选择之一，更是其在公共文化服务体系中的一种"接地气"的服务功能，能够使其更好地拉近与公众的距离，密切与公众的关系。早在第十四届国际档案大会上，满足公众的休闲需求就成为会议的主要议题，会议还认为休闲并不单纯是消遣和娱乐，而更注重个人素养和才能的培养与提高。① 公共档案馆对公众文化消遣与休闲功能的实现，将"使档案不再单纯地为政府机关、学术研究者或极少数的普通市民所用，而是为社会各界有空闲时间的人士所用"。② 这会丰富公众的精神世界，提高公众的文化修养。

③构建先进社会文化。公共档案馆作为人类历史文化资源的集聚地，其丰富的历史资料与深厚的文化底蕴是其他文化机构无法比拟的，应该说它是公共文化服务体系建设的中坚力量，是任何其他文化机构都无法取代的。在公共文化服务体系的建设中，公共档案馆参与建构先进社会文化的

---

① 何塞、本尔那、里瓦斯、费尔南德斯：《档案在休闲社会中的作用》，《第十四届国际档案大会论文选》，第 206~213 页。
② 王晓雪：《我国公共服务型档案馆建设研究——从档案文化休闲视角》，《档案与建设》2012 年第 2 期。

功能是毫无疑问的。首先，它有参与的条件。一方面，它所保存的原始历史文化资料比任何其他文化机构都要齐全完整；另一方面，它所保存的资源都是原始活动的原始记录，而不像图书资料等属于二次甚至三次资源，它的权威性与真实性是其他文化资源无法比拟的。其次，它有参与的义务。公共档案馆作为法定的文化机构，法律在赋予其享有文化机构身份的同时，也无形之中赋予了其为社会公共文化服务体系建设履行相应责任的义务。最后，它有参与的机会。公共档案馆再也不会仅仅深藏于高墙大院之内，其内敛的品格特性正在逐渐消失，社会正在为其全方位融入社会提供立体的条件，从馆舍地址的选择到各种社会主体的参与，使公共档案馆从默默无闻的后台开始走向社会的中心。

3

理论依据：

文化发展中公共
档案馆发展战略
理论基础

3.1 社会记忆理论

"记忆是人的全部,而人的全部就是记忆。"[①] 自法国社会学家莫里斯·哈布瓦赫开始"集体记忆"研究以来,社会记忆理论已日渐成为一个重要的分析工具,在人文科学中得到较为广泛的运用和阐发,其解释力与学术潜力正逐步彰显。[②] 公共档案馆作为社会"记忆的殿堂",既是社会"记忆制度"的重要构成部分,更是记忆制度的突出体制和发展结果。虽然,公共图书馆、博物馆、纪念馆等也对社会记忆有一定的积淀和传承功能,但是公共档案馆在社会记忆的积淀与传承中所发挥的价值与作用更为突出。档案馆是社会记忆"中心"的观点,并不仅仅来自档案界人士的感情立志,而是对历史事实的一种真实反映,就如美国学者 Brian O. 欧文斯所言:"我们只需看看这个星球上大多数的国家档案馆便可知道这些机构是受人尊重的具有文化和国家意义的地方。这些是记忆机构,为国家认同提供支持。它们提供灵感,提供回忆。即使一位公民从未在档案馆做过研究,他/她也可能承认档案馆保存和保管着一个集体的书写宝藏。"[③] 因此,运用与借鉴社会记忆理论来研究公共档案馆发展问题,并从学术语境中来考察、探视公共档案馆的价值、功能和机制,将有十分重要的积极意义。

[①] G. Baron, Memoire Vivante Vie et Oeuvre de Marcel Jousse, 1981. 转引自〔英〕帕特里夏·法拉、卡拉琳·帕特森编《记忆(剑桥年度主题报告)》,卢晓辉译,华夏出版社,2006,第86页。

[②] 丁华东:《档案与社会记忆研究》,人民出版社,2016,第25页。

[③] 欧文斯:《档案馆:记忆的中心和传承者》,李音译,《中国档案》2011年第4期。

3.1.1 社会记忆的概念表述及理论发展沿革

到目前为止,对于何谓社会记忆理论,学界还没有达成一致的意见,不同的学者从不同的角度出发阐述了自己的观点。如哈拉尔德·韦尔(Harald Welzer)认为社会记忆是"一个大我群体的全体成员的社会经验的总和";① 孙德忠认为社会记忆是"人们将在生产实践和社会生活中所创造的一切物质财富和精神成果以信息的方式加以编码、储存和重新提取的过程的总称"。② 王明珂则认为社会记忆是"所有在一个社会中藉各种媒介保存、流传的'记忆'",③ 是由人群当代的经验与过去的历史、神话、传说构成,借由文献、口述、行为仪式与形象化物体为媒介的,这些社会记忆在一个社会中保存、流传。④ 正是由于不同的研究在研究记忆问题时采用不同的切入点,并把社会记忆作为一个被解释变量,人们归纳出了不同的社会记忆概念。但不论他们对社会记忆如何定义,其所要探讨的问题都是特定社会中人们的记忆与社会认同的关系,都强调一点,即社会性属性是记忆的主要特征。

虽然,记忆一直伴随着人类文明的发展而存在,并成为人类生活中不可缺少的重要组成部分。然而人类对记忆的研究却只是最近几十年的事,并且,最初对社会记忆进行研究的领域主要集中在社会心理学、精神分析学等领域。而且,这些领域的研究多建立在以个体记忆为研究对象的基础之上。20世纪80年代开始,对社会记忆的研究开始从理论的高度来进行,同时,该理论开始进入人文社会科学的研究范畴,成为人文社会科学研究的一个全新角度和分析工具。只要稍作梳理就会发现,在当下的人类学、民族学、社会学、历史学等领域关于社会记忆理论研

---

① 〔德〕哈拉尔德·韦尔策:《社会记忆:历史、回忆、传承》,季斌等译,北京大学出版社,2007,第6页。
② 孙德忠:《社会记忆论》,湖北人民出版社,2007,第24页。
③ 王明珂:《历史事实、历史记忆与历史心性》,《历史研究》2001年第5期。
④ 王明珂:《华夏边缘:历史记忆与族群认同》,台北:允晨文化实业股份有限公司,1997,第53页。

究的成果已非常丰富。

法国著名社会学家莫里斯·哈布瓦赫（Maurice Halbwachs）是学界公认的社会记忆理论研究的起点，其在《论集体记忆》一书中提出了"集体记忆"的概念。该书"是社会记忆研究的开山之作，首倡社会记忆的建构观，奠定了社会记忆研究的基本取向"。[1] 哈布瓦赫在该书中提出集体记忆"定格过去，却由当下所限定，且规约未来"。[2] 即认为集体记忆在本质上是立足现在而对过去的一种建构。他的这种理论阐述得到了学界很多学者的认同，如王明珂认为"真正的过去已经永远失落了，我们所记得的过去，是为了现实所重建的过去"。[3] 德国学者卡西尔也认为社会记忆包含着一个创造性和构造性的过程。[4] 哈布瓦赫虽然是社会记忆理论研究的奠基者，为该理论的发展立下了汗马功劳，但不得不承认他在理解和解释该理论现象时还存在不少局限及有待完善的地方。一方面，他的集体记忆理论基于和谐统一的群体，事实上，社会群体不管是从其生活状况、生活经历还是其所处的环境来看，都存在不少的差异，这种一致性是很难获得的，另一方面，他过分强调变迁而忽略了记忆的连续性与传承性问题，这也是遭质疑的地方，因为社会记忆的连续性与传承性问题是一个无须解释的"自明性"问题。当然，他的集体记忆虽然存在解释社会现象的局限，但是也为社会科学的发展提供了一种全新的分析角度与研究方法，为保罗·康纳顿（Pual Connerton）的社会记忆论奠定了基础。

保罗·康纳顿在广泛吸收哈布瓦赫集体记忆理论的基础之上，从社会历史与文化等的角度出发来关注更为广阔的记忆现象，即从社会层面来关

---

[1] 丁华东：《在社会记忆中思考档案——档案学界之外有关档案与社会记忆关系的学术考察》，《浙江档案》2010年第3期。
[2] 高萍：《社会记忆理论研究综述》，《西北民族大学学报》（哲学社会科学版）2011年第3期。
[3] 王明珂：《华夏边缘：历史记忆与族群认同》，台北：允晨文化实业股份有限公司，1997，第56页。
[4] 〔德〕恩斯特·卡西尔：《人论》，甘阳译，上海译文出版社，2003，第80页。

注记忆的传递性与连续性,并分析社会层面的记忆如何产生、如何传递与传承。为此他专门出版了一部名为《社会如何记忆》的书,该书被认为是社会记忆研究的典范之作。① 在该书中他把记忆分为三种:即个人记忆、认知记忆、社会习惯记忆。并且,他在该书中还提出了"权力关系决定社会记忆"的观点,提出了与"社会记忆"相对应的一个概念,即"社会忘却",认为社会忘却是社会记忆进行选择的一个重要手段。总之,康纳顿对社会记忆理论的发展起到了关键性的作用,主要体现在两个方面:"(一)权力如何在社会记忆的建构中发挥作用;(二)回答了人们对权力影响下的社会记忆如何被接受,即纪念仪式与身体实践如何传递'社会记忆'的问题。"② 但康纳顿的社会记忆理论也同样存在一些局限,他在研究社会记忆理论时过度地把重心放在了具有政治意义的"社会记忆"层面,而没有考虑到社会记忆的多样性与复杂性问题。

对于社会记忆的研究,除了哈布瓦赫与康纳顿这两位主要贡献者之外,还有很多学者也对其进行了深入的研究,相关研究成果有米歇尔·福柯的《知识考古学》、巴特莱特的《记忆:一个实验的与社会的心理学研究》、阿姆斯壮的《记忆的模糊:芬兰的个人和集体记忆》、温菲尔德的《记忆的政治:1945年到1948年间捷克国家认同的建立》、加里·艾伦·法恩的《流言、信任和公民社会:集体记忆和有关判断的各种文化》、阿斯曼的《文化的记忆》等;国内也涌现了大批相关研究成果,如孙德忠的《社会记忆论》、景军的《神堂记忆》、萧阿勤的《集体记忆理论的检讨:解剖者,拯救者,与一种民主观点》,以及王明珂的《华夏边缘:历史记忆与族群认同》等。

当然,对社会记忆理论的研究还处于起步阶段,就如有学者所言,社会记忆理论"还只是一种缺乏固定范式、没有中心、跨学科的比较边缘化

---

① 丁华东:《在社会记忆中思考档案——档案学界之外有关档案与社会记忆关系的学术考察》,《浙江档案》2010年第3期。
② 高萍:《社会记忆理论研究综述》,《西北民族大学学报》(哲学社会科学版)2011年第3期。

的理论,在社会科学的经典理论与主流话语中它尚未留下非常明显的印记"。① 但是社会记忆与档案、档案工作及档案事业有着非常紧密的关联却是一个不争的事实,并早已被档案学界所认同。如前法国国家档案局局长布莱邦早在1950年的第一届国际档案大会上就提出了"档案是一个国家的记忆"的观点,并对其进行了论述;1961年我国编印的《中国档案史讲义(初稿)》中明确提出:"结绳与刻契是帮助人们记忆、处理事务的一种方法。"② 2004年第15届国际档案理事会全体会员代表大会上通过的《国际档案理事会章程》明确规定:"档案构成国家和社会的记忆,形成国家和社会的认同,是信息社会的基础。"20世纪末以来,关于社会记忆与档案关系的研究就更多了,各种形式的研讨会可谓此起彼伏,如2000年澳大利亚档案工作者协会的年会主题是"捕捉共同的和社会的记忆";2001年美国密歇根大学举办了主题为"档案与社会记忆"的系列研讨会;同年,中国首届档案学博士论坛的主题是"21世纪的社会记忆";2004年第十五届国际档案大会的主题是"档案、记忆与知识";2007年四川大学举办了主题为"文化传承与历史记忆"的研讨会;2011年南昌大学举办了主题为"社会记忆与档案信息资源规划"的研讨会等。更为难得的是对社会记忆与档案关系的研究已得到国家层面的支持,如蔡娜的"社会记忆视野下的重大事件档案管理机制与资源开发利用模式"、丁华东的"传承、建构、控制:档案与社会记忆研究"以及"城乡档案记忆工程推进机制研究"、郭红解的"城市记忆与档案文献资源整合研究"等,都是获得国家资助的研究项目,而且类似项目越来越多。并且,从社会记忆的角度来研究档案及档案现象以及从档案的角度来研究社会记忆及社会记忆理论已成为档案界重点关注的一个领域。

总之,随着社会记忆理论与档案关系研究的不断深入,受社会记忆理论的影响,档案学界正在形成一个全新的档案学理论研究领域,出现了一

---

① 高萍:《社会记忆理论研究综述》,《西北民族大学学报》(哲学社会科学版)2011年第3期。
② 转引自丁华东《论档案记忆理论范式的研究纲领——"档案与社会记忆研究"系列论文之一》,《档案学通讯》2013年第5期。

种全新的档案记忆观、一个全新的档案记忆理论以及一种全新的档案学理论范式（档案记忆范式）。

3.1.2 对公共档案馆战略规划研究的理论价值

（1）促进公共档案馆形成立体的资源观。第十五届国际档案大会所讨论的会议核心问题：我们现存"档案记录的是谁的记忆？从档案中能找到过去的什么记忆？记忆是如何形成的？集体记忆或共同记忆的性质是什么？如何从档案中寻找记忆？当记忆不能恢复或记忆的真实性无法确认时档案可以帮助人们从遗忘中寻找什么？"[①] 从目前我国公共档案馆所保存的档案信息资源来看，其保存的档案无法承担这种重任，也无法满足这种需求。因此，从社会记忆理论的角度来看档案现象，可使我们清楚地认识到档案是记忆的载体，公共档案馆是社会记忆的"殿堂"或"记忆库"，有利于纠正人们偏离的资源观，因为从社会记忆理论的视域来看，公共档案馆要想真正成为社会记忆的"殿堂"，档案就必须是能够反映全部社会记忆并延续社会记忆的、全面立体的档案资源体系。因此，社会记忆理论在档案信息资源规划建设工作中的应用，将使"档案机构对馆藏的丰富性和资源体系的有效配置进行整体规划和重点建设，尽可能齐全完整地收集各类档案，为后人留下丰富翔实的、能够反映社会历史面貌的档案资料，保证档案资源体系能够反映社会生活的广阔领域"。[②] 总之，从社会记忆理论的角度来看待公共档案馆的档案信息资源规划工作，将使我们的档案工作避免出现社会记忆缺失的尴尬现象，达到建构完整的社会记忆的目标。因为在它的指导下，公共档案馆将会建立起一个门类齐全、内容丰富、层次立体、结构合理的档案信息资源体系，在档案的采集、整理、保管与鉴定等环节中积极地融入为史作证以及建构社会记忆的理念去把握工作方针与工作方式。"把触角由官方机构向普通大众延伸，由集体向个人延伸，由

[①] 《第十五届国际档案大会及其学术动态》，中国科学技术协会网，2012 年 7 月 2 日，http://www.cast.org.cn/n35081/n35668/n35773/n36990/10220315.html。

[②] 杨安莲：《档案工作的新发展——谈社会记忆观》，《档案与建设》2013 年第 6 期。

单一的纸质文书向多类型多载体文件材料延伸，实现从宏观到微观、从整体到细节的拓展，（使公共档案馆）从档案的保管者变为档案形成过程中的积极干预者、社会记忆的积极构建者。"[1] 这样做是"为了保证社会记忆、国家记忆、民族记忆、地区记忆、专业记忆、机构记忆、家庭记忆、个人记忆的完整、真实和可用"。[2] 当然，更要认识到，要想实现这些目标，公共档案馆之间以及公共档案馆与相关文献管理机构之间（如博物馆、文化馆与图书馆等）应该加强合作。另外社会记忆的形成者、社会记忆的保存者以及社会记忆的研究者与社会记忆的利用者之间也应该促进相互之间的协作与交流。工作方式的改变、价值取向的转变以及立体档案信息资源体系的形成，必将使档案工作者更加清晰地认识到公共档案馆档案信息资源体系的构建方向、范围、目标与宗旨，并且形成统一的价值认识与价值理念，最终使公共档案馆形成立体的、全面的、能够延续全部社会记忆的档案信息资源体系观，使其所包含与反映的不仅有社会宏观文化，更有社会微观文化；不仅有社会内容层面的文化，也有实体层面的文化；不仅拥有组织文化，也有个体文化，更能促进社会文化的形成。

（2）促进公共档案馆形成全面的理论观。虽然我们一直倡导"档案是社会组织或个人在社会实践活动中直接形成的具有清晰、确定的原始记录作用的固化信息"，[3] 但长期以来，由于受到局限的历史观与价值观的影响，人们在对档案信息资源观点进行理论叙述时，更多的是站在"为国家"或"为机关"的宏观层面去进行探讨与研究的，而没有本着"每一个社会存在都是永垂不朽的"这种基调在关注"大人物"的理论叙述中也用相同的理论去叙述每一个"小人物"的社会存在。如我国档案学专业的权威教材《档案管理学基础》[4] 中，关于档案馆档案来源的叙述是这样表述的："档案馆保存的档案主要来自以下四个方面：1. 接收现行组织单位的

---

[1] 杨安莲：《档案工作的新发展——谈社会记忆观》，《档案与建设》2013年第6期。
[2] 《第十五届国际档案大会及其学术动态》，中国科学技术协会网，2012年7月2日，http://www.cast.org.cn/n35081/n35668/n35773/n36990/10220315.html。
[3] 冯惠玲、张辑哲：《档案学概论》，中国人民大学出版社，2001，第5页。
[4] 陈兆祦、和宝荣、王英玮：《档案管理学基础》，中国人民大学出版社，2005，第79页。

档案；2. 接收撤销组织单位的档案；3. 征集历史档案；4. 档案馆之间交接档案。"该理论观点基本是站在国家行政机构及各级单位的立场，而关于社会公众及民间组织的档案信息资源的收集则没有涉及。因此，从这种理论叙述中或许可以找到部分公共档案馆的档案信息资源结构严重不合理的原因，因为有关公共档案馆工作实践的指导思想存在严重的理论偏差，虽然该理论观点也说明这些来源仅是主要来源，但那些次要来源却在有意无意之中被忽略掉了，致使在实践工作中那些次要的来源也就基本没人过问，成为一个没人关注的领域。这种局限的公共档案馆发展理论观有待科学化与合理化。因为在这种局限的理论观指导下，公共档案馆所收集的档案信息资源根本不可能反映出早已逝去的过去，更不可能构建起过去的社会存在与社会活动，也更不可能为社会历史文化的传承、发扬提供应有素材。社会记忆理论的运用将促使人们重新审视现有相关公共档案馆发展理论存在的缺陷与不足，并促使人们重新构建起全新的公共档案馆全面理论观。

（3）促进公共档案馆形成科学的文化观。公共档案馆作为文化事业机构不仅在我国《档案法》中有明确规定，在我国档案学界也取得了一致的认同。但是长期以来，公共档案馆在对其自身文化身份的认同上，还未清楚地认识到这一身份的社会意义。由于国家文化政策对公共档案馆文化身份的偏离，如《中共中央关于深化文化体制改革、推动社会主义文化大发展大繁荣若干重大问题的决定》《国家"十三五"时期文化改革发展规划纲要》等重要文件都没有提及公共档案馆，而且，国家的各项促进社会文化发展的资金资助计划也基本没有考虑到公共档案馆发展的需求，再加上我国以往对公共档案馆在人事安排上执行的是"参公"用人标准，致使公共档案馆工作人员经常在有意无意之间把自己看成社会管理者的角色，而不是社会服务者，因此长期以来，我国公共档案馆未能形成科学的文化观，这在很大程度上限制了其社会文化功能的发挥及其社会文化价值的实现。事实上，在我国博大精深的文化中档案是一个极其重要的组成部分，公共档案馆的文化事业属性与文化发展血脉相连，无论对社会、国家、地区还是对单个民族而言，公共档案馆都是其不可或缺的文化事业机构。档案是人类在进行社会实践的过程中产生的，人类对自然的认识、对自身的认识以及实践过程中的经验教训都以各种形式呈现在档案中，这是人类在发展中需要作为凭证的原始资料，同时也是人类文化创新和文明进步的基础。而且，公共档案馆的档案公共服务本身就是一个文化服务、文化宣传以及文化传承的过程。档案的文化功能体现在它不仅是人类文化的承载物，同时也是人类文化的传播工具，又是人类文化进一步发展的重要基础。而且，文化是一个多层次的体系，其精髓是向上向善的价值观、人生观，公共档案馆作为一个历史文化的聚集地，可以利用保存完整的社会记忆，在社会记忆理论的指导下，通过了解外界的相关需求，在组织多层次馆藏的基础上，开展相关活动，如各类历史文化讲座、历史文化知识座谈会等，或者通过档案编研及展览，开发相关的档案文化产品，出版画册，拍摄宣传纪录片，编撰档案史著等，以此传播历史文化知识并弘扬社会正能量。如《国宝档案》讲述了很多鲜为人知的历史事件和历史知识，弘扬博大精深的中华文化；《百年中国》是迄今为止反映百年中国历史最为全面完整的文献纪录片，从中国大历史角度，立体化反映中华民族的百年历程，在历史中发现诗意，追求可触摸的历史教育。在社会记忆理论的指导下，这些丰富多彩的文化服务，可使社会公众更好地把握人类社会的进步，做好历史文化的传承；使公共档案馆在当前社会公共文化服务体系建设中成为一支重要的文化力量，发挥其应有的文化影响力，证明其应有的社会存在价值，并形成其科学的文化观。

3.2 新公共服务理论

3.2.1 新公共服务理论的表述及理论发展沿革

新公共服务理论是以罗伯特·B.登哈特（Robert B. Denhardt）为代表的学者在对传统公共行政，特别是对新公共管理理论进行批判的基础上建立起来的一种理论体系，[①] 其"将公民置于整个治理体系的中心，强调

---

① 王曦阳、胡去非：《新公共服务理论述评》，《科教文汇》2006 年第 4 期。

政府治理角色的转变即服务而非导航,推崇公共服务精神,旨在提升公共服务的尊严与价值,重视公民社会与公民身份,重视政府与社区、公民之间的对话沟通与合作共治"。① 该理论所包括的主要观点是:"①政府的职能是服务而不是掌舵;②公共利益是目标而非副产品;③在思想上具有战略性,在行动上具有民主性;④为公民服务而不是为顾客服务;⑤责任并不简单;⑥重视人而不只是重视生产率;⑦公民权和公共服务比企业家精神更重要。"该理论的核心理念在于:强调政府的核心任务是服务,以人为本,充分重视民主,承担好政府的社会责任,维护公民的权利。而随着政府由传统管制型向现代公共服务型转变,公共服务被确定为政府最基本的职能之一。在市场经济体制下,社会的治理需要有市场调节之外的手段,还要求现代政府在管理公共事务和制定公共政策时应集中承担为公民服务和向公民放权的职责,建立具有整合力和回应力的公共机制。② 即在公共服务管理过程中控制有度,市场能够解决的问题尽量让市场自身调节,对社会力量能够参与的部分事务进行分权管理,这样一方面可减少政府管理压力,另一方面可增加公共文化事业发展活力。新公共服务理论要求政府从事务型向管理服务型转变,强化宏观调控职能,弱化微观管理职能,并实现政府部分职能向社会力量转移。它是在对20世纪80年代兴起的"新公共管理""政府再造"等理论的讨论基础之上形成的一种理论,是一种全新的服务理念,它使公共服务具有了民主化与社会化的发展趋势,其服务质量的优劣是按照社会和民主的标准与尺度来进行衡量的,并且,其认为公共利益是至高无上的,因此也是不可侵犯的,所以,公共的利益是社会不同主体对话与博弈之后的结果。公共档案馆服务理所应当属于新公共服务理论研究的范畴,在公共档案馆战略规划中充分运用该理论所倡导的理念及主张对于推动公共档案馆公共服务发展以及提升其公共服务质量将具有十分重要的意义与价值。

---

① 段溢波:《新公共服务理论:缘起、内涵及启迪》,《湖北财经高等专科学校学报》2009年第2期。
② 陈威:《公共文化服务体系研究》,深圳报业集团出版社,2006,第18页。

长期以来，虽然公共档案馆在我国是以文化机构的法定名义存在的，也被档案学界认定为公益性文化事业机构，但是在实践层面，我国公共档案馆一直扮演着档案保管者的角色，特别是其"参公"的人事安排，导致其不仅在服务理念上存在一些欠缺，在行动上也是按照社会管理者而非社会服务者的角色来开展的。公民文化权利是新公共服务理论进行制度设计和政策制定的核心理念，而享受公共档案馆所提供的服务是法律赋予的合法权利，公共档案馆是由政府管理、支持，自主、免费为社会公众服务的公共产品提供者，公共服务是公共档案馆的根本追求，通过建立公共档案馆发展保障体系，完善公共档案馆文化服务，有助于分担政府在提供公共文化产品中的部分压力。公共档案馆参与构建公共文化服务体系是政府贯彻现代公共行政理念的必然途径，在公共文化服务体系构建的时代背景下，通过将公共档案馆的文化、休闲、服务功能充分发挥，来帮助政府管理服务型职能的实现，促进政府与公民的良好沟通，保障公民的权利，这不仅是对新公共服务理论内涵的一种践行，也是新公共服务理论张力的一种体现，它的理论的力量不仅体现在理论体系的构建上，也体现在理论对社会实践有直接与间接的引导上。总之，新公共服务理论所强调的公共服务的社会性、开放性与共享性等，不仅完全符合公共档案馆档案公共服务的理念，更是公共档案馆档案公共服务的追求。同时新公共服务理论也非常注重对提供与生产公共服务的主体进行合理的约束，使其所开展的公共服务尽可能地满足社会公众的合理诉求。

3.2.2 对公共档案馆进行战略规划研究的理论价值

（1）促进公共档案馆形成科学的服务观。从科学的角度来审视档案管理工作的性质，就会发现，长期以来我国特殊的政治体制造就了特有的档案管理体制，致使公共档案馆在进行档案信息资源服务的过程中，更多的是本着为史作证、为党政服务的资政型服务观。这种局限的服务观很难使其发挥再现社会记忆或者分享社会记忆的作用，因为社会记忆的再现本身就是一个双向的过程，也就不可能使公共档案馆的档案公共服务具有广泛的社会性、开放性以及共享性等特征。公共档案馆开展面向社会的档案信息资源服务的过程,其实也是在进行一种档案服务观的建构的过程,而这种档案服务观的建构过程蕴含着社会记忆的传递与分享。而且,科学服务观的形成也将有利于档案信息资源体系观的科学化,因为开展面向社会的档案信息资源服务的过程本身就是一种宣传过程,使社会公众在这种宣传中认识到,不论个人、家庭还是集体,为其自身社会活动建立档案、积累档案,本身就是一种社会记忆的构建与塑造。反过来讲,这种社会个体的档案信息资源的积累,将最终为公共档案馆社会档案的征集留下丰富的素材,为公共档案馆进一步开展完善的档案信息资源服务提供基础与条件。公共档案馆可以充分运用这些来自民间社会的丰富素材开展形式多样的档案展览,出版各种形式的编研成果,让社会公众意识到公共档案馆不仅仅是一个社会、一个国家的政治、经济、文化的见证机构,同时,更是一个反映每一位社会公众归属与社会活动的机构。总之,公共档案馆科学服务观的培养与形成就是要全体社会主体意识到公共档案馆不仅是一个收集反映"大人物"记忆的机构,也是一个见证"小人物"社会存在的机构,他们完全可以在这里寻找到旧日的足迹、找到那些曾经被遗忘的历史以及发现那些被深藏的历史真相,这是对新公共服务理论倡导的要"重视人而不只是重视生产率"观点的体现。总之,新公共服务理论将有助于公共档案馆工作人员服务理念、服务意识等的培育,使其形成科学的服务观。

(2)促进公共档案馆形成科学的人本观。档案作为一种社会活动的记录,反映的是人作为社会主体的一种存在状态及存在形式。因此,不管是从档案记录的内容来看还是从档案的价值看,都离不开人这个社会主体,都是以人这个社会主体为中心的一种社会存在。所以,档案的存在也必然是为满足人的需求,它不可能纯粹只作为"档案"而存在,如果这样它就必然会失去其作为一种社会存在的存在价值与存在意义,因为万事万物都离不开"从哪里来到哪里去"的历史轮回与历史规律。也只有认识到这个道理,才有可能使研究档案公共服务的命题显得有存在价值,因为,如果只有少数统治者能够利用档案,而广大社会公众却被剥夺了接受档案服务的权利,或者说,如果公共档案馆的档案服务主要以服务资政为主,而不以服务广大社会公众为主,那么档案存在的意义就显得非常脆弱与苍白。新公共服务理论的运用将有利于打破档案工作者"把'档案工作为党和国家服务'狭义地理解为'为领导服务''为机关服务',而对于为社会各界服务,为公众个人服务则认识不足,关注不够"的僵局与尴尬,① 使公共档案馆的公共服务理念由"官本位"向"人本位"转变,以满足所有社会主体的档案利用诉求为最终目标,不断提升公共档案馆的公共服务能力与社会公众的满意度。并且,不仅要在档案资源的采集过程中关注社会所有主体形成的档案信息资源,更要在服务的过程中关注所有社会主体的利用需求。因此,公共档案馆应该主动、积极地开放那些与普通社会公众相关的档案信息资源,特别是那些与"人"有直接关联的档案信息资源,因为社会以"人"为大,社会以"人"为重,"人"才是这个社会的中心,如婚姻档案、职工个人档案、房地产档案、知青档案等。新公共服务理论的运用将极大地促进公共档案馆在开展公共服务的过程中尽量做到档案公共服务贴近社会、反映生活,坚持以"人"为本的服务理念,以"人"为中心的服务宗旨,形成正确的人本观。

(3) 促进公共档案馆形成科学的整合观。"公共服务能力的强弱决定了公共服务主体在整个公共生活过程当中是否能够真正承担并办理好所有的公共服务事项。"② 不同区域、不同级别的公共档案馆都有其馆藏资源的特点并各有各的采集范围,不可能做到包罗万象,独立地、完整地提供档案用户所需的全部档案信息资源,如民国时期的历史档案,分布在全国各地,给利用者带来很大的障碍。公共档案馆要想成为强势的公共服务者,就必须打破过去不同档案馆之间"信息孤岛"式的档案公共服务模式,充分借助信息技术的优势将不同类型、不同地区、不同级别的公共档案馆之

---

① 何振、易臣何、杨文:《档案公共服务的理念创新与功能拓展》,《档案学研究》2015年第3期。
② 何振、易臣何、杨文:《档案公共服务的理念创新与功能拓展》,《档案学研究》2015年第3期。

间的档案信息资源进行整合，使分散的档案信息资源形成一个区域性甚至全国性的合纵联横的档案信息资源库，设置统一的利用入口，统一的服务平台，并实行24小时网上查阅服务，形成共建共享共同服务的新局面。从纵向层面看，不同级别的公共档案馆可以实行金字塔式的共建共享档案信息库，如国家级、省（自治区、直辖市）级、市级以及县级公共档案馆之间可以通过整合各自的档案信息资源形成一个高效的档案信息资源服务体系。从横向层面看，不同类型的公共档案馆之间也应该加强资源整合与共建共享，如加强各级公共档案馆与专门档案馆之间的档案信息资源整合，以及加强公共档案馆与行政企事业单位档案管理机构之间的资源整合。只有树立了"共建共享"的档案资源整合观念并付诸实践，才能在公共档案馆领域形成一个基于公众需求的档案大数据库，也只有这样才能满足公众对档案信息资源的多元需求。如上海市浦东新区档案区域协同分级管理服务系统建设以及广东省区域性档案目录中心建设便是档案信息资源共建共享的成功典型，[1] 这两个地方也是我国公共服务质量与服务能力走在前列的代表。新公共服务理论的运用，将使公共档案馆管理人员充分认识到档案公共服务的关键不是有多先进的技术，多么认真负责的工作人员，而是要有一个完整的档案信息资源体系，一个完整的档案信息资源体系是任何单个的公共档案馆都不可能做到的。共建与共享是实现档案资源整合和档案公共服务的基础。

---

[1] 吕元智：《档案信息资源区域共享服务研究》，《档案学研究》2012年第5期。

4

现状分析：

文化发展中公共档案馆发展现状研究

4.1 调查思路

4.1.1 调查的理念

构建科学的公共档案馆发展战略，首先必须准确把握当前我国公共档案馆的现状以及社会公众对其的认知和需求情况，进而确立明确的价值取向，了解政府在这一过程中应该承担的相关责任以及公共档案馆应该如何去履行其社会责任，特别是在当前公共文化服务体系建设的大背景下，如何发挥公共档案馆的文化事业机构属性及其社会功能，从而有针对性地提出可实现的、有效的公共档案馆发展战略与实现机制。因此，"公共档案馆的状态"以及"公共档案馆的公众认知及其对公共档案馆的期待"是本次调查的主题，旨在了解当前我国公共档案馆的发展情况及其在公共文化服务体系建设中所扮演的角色以及社会公众对公共档案馆的认知及需求现状，最终目的是在对现状数据进行分析的基础之上，构建出一套科学的公共档案馆发展战略，使公共档案馆获得更加科学的发展并在公共文化服务体系建设中发挥出其应有的价值。

在调查过程中，笔者参照和结合国内外相关公共档案馆发展研究的先进理论与经验，对调研所获得的相关数据进行科学且合理的统计分析，找出各种现象之间的深层次数据关联，以此为依据探索影响公共档案馆发展的各种政治、文化、社会等因素，在此基础上构建出了公共文化服务体系建设中公共档案馆发展战略的总体性框架。

4.1.2 调查对象及内容

调查对象：公共档案馆与社会公众。对前者的调查主要是为了全面细致地了解我国公共档案馆的现状,以我国国家、省(自治区、直辖市)、市、县级公共档案馆(综合档案馆)为调查对象。由于受到客观条件的限制,我们不能对所有公共档案馆都进行普及性调查,因此根据各公共档案馆的层次级别采用分层抽样的方法进行了调查。对后者主要是为了全面系统地了解我国社会公众对公共档案馆的认知以及他们对公共档案馆在公共文化服务体系建设中所扮演角色的期待等进行调查,为在公共文化服务体系建设大背景之下的公共档案馆发展战略研究提供翔实的分析数据。

调查内容:对公共档案馆调查的主要内容涉及我国各级公共档案馆的自身定位、服务理念、制度建设、职责、工作投入、发展战略、战略实现保障及公共档案馆的一些基本情况。对社会公众调查的内容主要包括社会公众基本情况、社会公众对公共档案馆的认知情况、社会公众对档案信息服务的需求情况以及社会公众对公共档案馆的总体性期待等方面。

调查方式:面向公共档案馆的调查通过问卷邮寄的方式进行(调查时间:2018年4~5月);面向公众的调查通过问卷星发布,并通过论坛、微信、QQ推广(调查时间:2018年3~4月)。

4.2 基于社会公众的调查结果分析

以社会公众为对象的调查共收到565份来自不同区域、不同职业、不同受教育程度、不同年龄、不同性别的普通公众填写的有效问卷。

4.2.1 人口统计特征分析

本次调查样本中,男性占被调查人群总数的29.56%,女性占总人数的70.44%,女性所占比例明显超过男性。问卷中将被调查者的年龄分为四个区段,从调查结果看,20~30岁的社会公众是本次被调查对象的主体,共277人,占总数的49.03%,接近半数;其次是31~45岁的被调查者,共201人,占总数的35.58%;20岁以下、45岁以上的被调查者所占比例较小，分别是5.66%、9.73%，被调查者呈年轻化特征。从受教育程度来看，大部分的被调查者都接受过高等教育，其中67.43%的被调查者是本科文化程度，20.53%的被调查者是研究生文化程度，10.8%的被调查者是大专文化程度，而高中、中专、技校、初中等文化程度者所占比例几乎可以忽略不计，样本总体的受教育水平较高。

此次调查中的所有被调查者所从事的职业类型多样，有学生、教师、科研人员、企事业单位工作人员、政府工作人员、个体经营者等，其中企事业单位工作人员所占比例最大，占总人数的40%，其次是在校大学生，占总数的29.03%，再次就是政府工作人员和教师，分别占总数的16.81%、11.68%，科研人员、个体经营者所占比例则较小。其中，67.96%的人在校所学专业或所从事的职业与档案学相关，32.04%的人在校所学专业或所从事的职业与档案学无关，具体数据见表4-1。

表4-1 样本的人口统计特征分布情况

特征变量	类型	样本数目	百分比（%）	特征变量	类型	样本数目	百分比（%）
性别	男	167	29.56	职业	学生	164	29.03
	女	398	70.44		教师	66	11.68
年龄	20岁以下	32	5.66		科研人员	6	1.06
	20~30岁	277	49.03		企事业单位工作人员	226	40.00
	31~45岁	201	35.58		政府工作人员	95	16.81
	45岁以上	55	9.73		个体经营者	8	1.42
文化程度	初中及以下	1	0.18	所学专业或从事的职业是否与档案学相关	是	384	67.96
	高中/中专/技校	6	1.06		否	181	32.04
	大专	61	10.80				
	本科	381	67.43				
	研究生及以上	116	20.53				

从被调查者所在区域来看，全国共34个省级行政区，此次被调查者来自26个行政区，地域分布比较广泛。具体数据分布见图4-1。

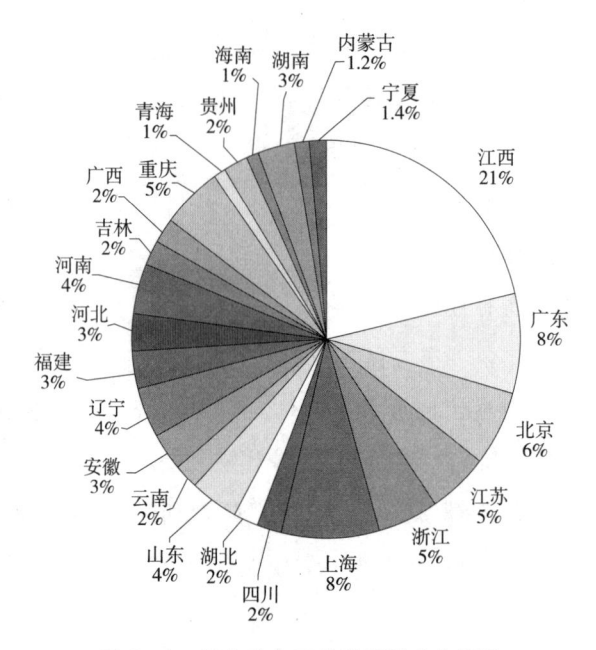

图 4-1 样本的人口统计区域分布情况

注：另有两个省份调查对象比例在 1% 以下，未在图中标注。

根据以上统计结果，无论是性别、年龄、受教育程度，还是职业状况、单位性质、区域分布，调查对象都具有代表性，有助于了解和分析不同层面、不同区域的社会公众对公共档案馆的认知和期待。

4.2.2 被调查者对公共档案馆的认知分析

（1）档案利用情况分析。公共档案馆是负责接收、征集、管理档案和开展档案利用的机构，从调查结果来看，利用过档案的人只占被调查者总数的 34.16%，大部分人都没有利用过档案。从年龄分布来看，20 岁以下的年轻人大部分都没有利用过档案，而随着年龄的增长，利用过档案的人数占其相应年龄段总人数的比例在不断增加，即年龄越大的人中利用过档案的比例越大，详细数据如表 4-2 所示，这是因为年轻人大部分都还在学习阶段（本次调查中 20 岁以下的 32 个被调查者均为在读大学生）；但随着年龄的增长，人们在生活、学习、工作中逐渐会有各种需要利用档案的情况。

表 4-2 不同年龄段被调查者的档案利用情况

年龄分组	利用过	没利用过	小计
20 岁以下	2（6.25%）	30（93.75%）	32
20~30 岁	80（28.88%）	197（71.12%）	277
31~45 岁	79（39.30%）	122（60.70%）	201
45 岁以上	32（58.18%）	23（41.82%）	55
合计	193（34.16%）	372（65.84%）	565

而从受教育程度来看，受教育程度较高的人利用过档案的比例较大，而这部分人主要是学生、教师和企事业单位工作人员，详细数据如表 4-3 所示。

表 4-3 不同受教育程度被调查者的档案利用情况

受教育程度分组	利用过	没利用过	小计
初中及以下	0（0.00%）	1（100.00%）	1
高中/中专/技校	1（16.67%）	5（83.33%）	6
大专	22（36.07%）	39（63.93%）	61
本科	118（30.97%）	263（69.03%）	381
研究生及以上	52（44.83%）	64（55.17%）	116
合计	193（34.16%）	372（65.84%）	565

从所从事的职业角度来看，科研人员在本次被调查者当中所占比例较小，只有 6 人，但 6 人中有 4 人利用过档案；教师所占比例为 11.68%，其中 57.58% 的人利用过档案；企事业单位工作人员和政府工作人员利用过档案的人也都在 30% 以上；而学生中有 27.44% 的人利用过档案，且这部分学生都是研究生或者即将毕业的本科生；个体经营者中则没有人利用过档案。详细数据如表 4-4 所示。

表 4-4 不同职业被调查者的档案利用情况

职业分组	利用过	没利用过	小计
学生	45（27.44%）	119（72.56%）	164
教师	38（57.58%）	28（42.42%）	66
科研人员	4（66.67%）	2（33.33%）	6

续表

职业分组	利用过	没利用过	小计
企事业单位工作人员	76（34.70%）	150（65.30%）	226
政府工作人员	30（31.58%）	65（68.42%）	95
个体经营者（自由职业者）	0（0.00%）	8（100.00%）	8
合计	193（34.16%）	372（65.84%）	565

从表4-5的统计数据来看，所学专业或所从事的工作与档案学相关的人利用过档案的比例略高于专业或工作与档案学不相关的人，但差别不是很大。

表4-5 利用或没有利用过档案的原因

		利用过档案				没有利用过档案		
		是	否	小计		是	否	小计
工作或学习与档案学相关与否		138(35.94%)	55(30.39%)	193(34.16%)	工作或学习与档案学相关与否	246(64.06%)	126(69.61%)	372(65.84%)
目的	管理工作需要	39(28.26%)	18(32.73%)	57(29.53%)	原因	查询手续烦琐	16(6.5%)	5(3.97%)	21(5.65%)
	科研/学习需要	57(41.3%)	9(16.36%)	66(34.2%)		没有需求	224(91.06%)	116(92.06%)	340(91.4%)
	查证需要	36(26.09%)	28(50.91%)	64(33.16%)		其他	6(2.44%)	5(3.97%)	11(2.96%)
	文化休闲	6(4.35%)	0(0%)	6(3.11%)					

从表4-5的数据还可以看到在所有利用过档案的被调查者中，利用档案的目的主要是管理工作需要、科研/学习需要或查证需要，而具有档案学教育背景或工作经历的被调查者利用档案进行科研/学习的比例相比较没有这些经历的被调查者要大得多，没有档案学教育背景或工作经历的人利用档案主要是因为查证需要。而且在所有被调查者中，只有6人曾经利用档案进行文化休闲，这6人都是有着档案学教育背景或工作经历的。对于所有没有利用过档案的被调查者，他们没有利用档案的原因大部分都是没有需求，或者没有意识到有些信息需求是可以通过到公共档案馆查询、

咨询等方式来满足的。

表4-6是不同职业的被调查者利用档案目的的分布情况。学生利用档案的原因主要是进行科研/学习的需要；教师利用档案的原因多样，首先是科研/学习的需要，其次是查证需要，再次是管理工作需要；本次调查中，科研人员占所有被调查者总数的比例较小，样本显示他们利用档案的主要原因是查证需要；企事业单位的工作人员利用档案的原因主要是查证需要，然后依次是管理工作的需要、科研/学习的需要；政府工作人员利用档案的目的则主要是管理工作的需要。从中可以看到，职业的不同会影响到社会公众对档案信息的需求，但科研/学习需要、查证需要、管理工作需要仍然是去公共档案馆查询、利用档案信息的主要原因。文化休闲暂时没有成为社会公众利用档案的出发点，一方面是公共档案馆没有做好这方面的工作，另一方面社会公众也还没有这方面的意识。

表4-6 不同职业的被调查者利用档案的目的分布情况

职业	管理工作需要	科研/学习需要	查证需要	文化休闲	小计
学生	2（4.44%）	35（77.78%）	4（8.89%）	4（8.89%）	45
教师	9（23.68%）	17（44.74%）	11（28.95%）	1（2.63%）	38
科研人员	1（25.00%）	0（0.00%）	3（75.00%）	0（0.00%）	4
企事业单位工作人员	25（32.89%）	13（17.11%）	37（48.68%）	1（1.32%）	76
政府工作人员	20（66.67%）	1（3.33%）	9（30.00%）	0（0.00%）	30
小计	57（29.53%）	66（34.20%）	64（33.16%）	6（3.11%）	193

（2）对公共档案馆功能的认知分析。对于公共档案馆的功能，75.75%的被调查者认为其是查阅与政府行政相关档案的场所，认为公共档案馆是查阅与生活相关档案的场所、查阅政府现行公开文件场所的被调查者分别占总人数的63.01%、62.30%；认同公共档案馆文化部门属性的比例则较低，占总人数的44.42%，而在这251位被调查者当中，只有158位认为公共档案馆同时是举办文化展览的场所，157位认同公共档案馆同时是爱国主义教育基地；另有40.71%的被调查者认为公共档案馆属于政府机要单位，然而，在这230位被调查者当中，又有144位认为公共档案

馆同时属于文化部门，115位认为公共档案馆属于举办文化展览的场所；还有少数被调查者认为公共档案馆是进行历史研究、提供决策辅助、查询个人信息、反映社会变迁、记录重大事件、记录历史等的重要场所。有档案学相关教育背景或工作经历的被调查者对公共档案馆的各项功能的认同度均高于没有相关经历的被调查者。详细数据如表4-7所示。

表4-7 对公共档案馆功能的认知分布情况

公共档案馆功能	工作或学习与档案学相关与否 是	工作或学习与档案学相关与否 否	合计
查阅与生活相关档案的场所	255（66.41%）	101（55.80%）	356（63.01%）
查阅与政府行政相关档案的场所	303（78.91%）	125（69.06%）	428（75.75%）
查阅政府现行公开文件的场所	249（64.84%）	103（56.91%）	352（62.30%）
举办文化展览的场所	167（43.49%）	41（22.65%）	208（36.81%）
政府机要单位	171（44.53%）	59（32.60%）	230（40.71%）
文化部门	199（51.82%）	52（28.73%）	251（44.42%）
爱国主义教育基地	167（43.49%）	41（22.65%）	208（36.81%）
其他	5（1.30%）	5（2.76%）	10（1.77%）
合计	384	181	565

不同职业的被调查者对于公共档案馆功能的认知情况略有不同。在所有学生当中，接近80%的人认为公共档案馆是查阅与生活、政府行政相关档案的场所，70.12%的人认为公共档案馆是查阅政府现行公开文件的场所，61.59%的人即101位学生认为公共档案馆属于文化部门，而其中又有56位学生同时认为公共档案馆属于政府机要单位，认同公共档案馆是举办文化展览的场所、是爱国主义教育基地的学生比例则低于前面几项，但学生对所有这些选项的选择比例均高于平均值。教师对查阅与政府行政相关档案的场所、查阅政府现行公开文件的场所、举办文化展览的场所、文化部门、爱国主义教育基地等选项的选择比例同样高于平均值。企事业单位工作人员、政府工作人员对各选项的选择比例基本上都低于平均值，尤其是"文化部门"这一选项，可见企事业单位工作人员和政府人员不太认同公共档案馆属于文化部门。详细数据如表4-8所示。

表 4-8 不同职业的人对公共档案馆功能的认知分布情况

职业	查阅与生活相关档案的场所	查阅与政府行政相关档案的场所	查阅政府现行公开文件的场所	举办文化展览的场所	政府机要单位	文化部门	爱国主义教育基地	其他	小计
学生	130 (79.27%)	129 (78.66%)	115 (70.12%)	77 (46.95%)	81 (49.39%)	101 (61.59%)	76 (46.34%)	1 (0.61%)	164
教师	37 (56.06%)	54 (81.82%)	43 (65.15%)	28 (42.42%)	20 (30.30%)	34 (51.52%)	29 (43.94%)	1 (1.52%)	66
科研人员	4 (66.67%)	6 (100.0%)	6 (100.00%)	1 (16.67%)	1 (16.67%)	1 (16.67%)	2 (33.33%)	0 (0.00%)	6
企事业单位工作人员	128 (56.64%)	161 (71.24%)	127 (55.71%)	71 (31.42%)	90 (39.82%)	83 (36.73%)	69 (30.53%)	6 (2.65%)	226
政府工作人员	52 (54.74%)	74 (77.89%)	57 (60.00%)	28 (29.47%)	34 (35.79%)	29 (30.53%)	29 (30.53%)	2 (2.11%)	95
自由职业者	5 (62.50%)	4 (50.00%)	4 (50.00%)	3 (37.50%)	4 (50.00%)	3 (37.50%)	3 (37.50%)	0 (0.00%)	8
小计	356 (63.01%)	428 (75.75%)	352 (62.30%)	208 (36.81%)	230 (40.71%)	251 (44.42%)	208 (36.81%)	10 (1.77%)	565

从上述数据可以发现，大部分人都知道公共档案馆是查询相关档案的场所，但它到底是属于政府职能部门还是属于文化部门，大家对此并没有一个清晰的认知，说明公共档案馆作为公共文化事业机构的社会属性还没有被社会公众所认知。

（3）对公共档案馆参与公共文化服务体系建设的认知分析。从被调查者对公共档案馆功能的认知情况我们发现社会公众对公共档案馆的本质属性并没有一个明确的认知，但当涉及公共档案馆是否应该参与公共文化服务体系建设时，93.63%的被调查者都认为公共档案馆应该积极参与。对于公共档案馆参与建设公共文化服务体系的能力，被调查者们则有点不太肯定，比赞同公共档案馆应该参与建设公共文化服务体系的比例下降了16.11个百分点，然而其中有档案学教育背景或档案工作经历的人对公共档案馆参与公共文化服务体系建设更有信心。对于公共档案馆能否成为公共文化服务体系建设的主要主体，只有69.03%的被调查者表示赞同。有很少部分的被调查者不赞同公共档案馆参与公共文化服务体系建设，还有部分被调查者说不清楚公共档案馆是否应该参与公共文化服务体系建设，或者从理论上讲应该参与，但公共档案馆有没有这个能力，能不能成为主要主体，被调查者们有点信心不足。

对于公共档案馆有没有参与建设公共文化服务体系的能力问题，部分被调查者明确提出了自己的看法。有人认为公共档案馆没有参与建设公共文化服务体系的能力或现在能力还不足；有人认为这是公共档案馆所面临的任务，不管其是否具备相关能力，它必须参与；有人认为，各地区经济发展不平衡导致公共档案馆的发展也不平衡，有没有能力参与公共文化服务体系建设需要针对具体的公共档案馆来具体分析。

对于公共档案馆能否成为公共文化服务体系建设的主要主体，部分被调查者也明确提出了自己的观点。有人认为公共档案馆是公共文化服务体系建设的主体之一或次要主体；有人认为公共档案馆只能起到辅助的作用；有人认为公共档案馆应当和图书馆、博物馆、文化馆、美术馆、纪念馆共同成为公共文化服务体系建设的主体，应建立合作机制，各部门密切配合；有人认为公共档案馆应该成为公共文化服务体系建设的主要主体，应该找准与其他文化部门的差异性，发挥自己的特色与优势，不断创新档案利用方式，提高公共档案馆在不同社会群体心目中的地位。详细数据如表4-9所示。

表4-9 对公共档案馆参与公共文化服务体系建设的认知分布情况

答案选项	公共档案馆应该积极地参与到公共文化服务体系建设中去	公共档案馆具有建设公共文化服务体系的能力 工作或学习与档案学相关与否 是	否	合计	公共档案馆是公共文化服务体系建设的主要主体
赞同	529（93.63%）	309（80.47%）	129（71.27%）	438（77.52%）	390（69.03%）
不赞同	14（2.48%）	18（4.69%）	8（4.42%）	26（4.60%）	55（9.73%）
说不清楚	21（3.72%）	49（12.76%）	42（23.20%）	91（16.11%）	113（20.00%）
其他	1（0.18%）	8（2.08%）	2（1.10%）	10（1.77%）	7（1.24%）

（4）对公共档案馆文化功能发挥的认知分析。公共档案馆的职能定位于文化部门，但从上面的调查数据可以看到，大部分社会公众对此并没有明确的认识，那么对于公共档案馆文化功能的发挥，被调查者当中接近一

半的人认为不合格，接近三分之一的人表示不清楚，因为大部分人并没有去公共档案馆利用过档案，更没有从公共档案馆获取过文化服务。从表4-10的数据还可以看到，认同公共档案馆是举办文化展览的场所、是文化部门、是爱国主义教育基地的被调查者对公共档案馆文化功能的发挥不满意的比例更大，因为他们认同了公共档案馆的文化属性，但却不能从公共档案馆处获得满意的文化服务。

对于公共档案馆文化功能的发挥，部分被调查者明确提出了自己的观点。有人认为公共档案馆文化功能的发挥是其薄弱环节，需要加大档案公开、文化服务的力度；有人认为公共档案馆在发挥文化功能方面已经做出了一定程度的努力，也取得了一定的成果，但还有待进一步提高；有人认为发挥文化功能，对公共档案馆而言任重道远，需要更多的人参与进来。

表4-10 对公共档案馆文化功能发挥的认知分布情况

功能类别	合格	不合格	说不清楚	其他观点	小计
查阅与生活相关档案的场所	65（18.26%）	176（49.44%）	106（29.78%）	9（2.53%）	356
查阅与政府行政相关档案的场所	74（17.29%）	210（49.07%）	131（30.61%）	13（3.04%）	428
查阅政府现行公开文件的重要场所	64（18.18%）	172（48.86%）	105（29.83%）	11（3.13%）	352
举办文化展览的场所	42（20.19%）	114（54.81%）	45（21.63%）	7（3.37%）	208
政府机要单位	41（17.83%）	114（49.57%）	69（30.00%）	6（2.61%）	230
文化部门	40（15.94%）	134（53.39%）	68（27.09%）	9（3.59%）	251
爱国主义教育基地	36（17.31%）	121（58.17%）	42（20.19%）	9（4.33%）	208
其他	2（20.00%）	4（40.00%）	2（20.00%）	2（20.00%）	10

4.2.3 被调查者对公共档案馆的期待分析

（1）对公共档案馆功能的期待。从表4-7的调查数据可以看到，社会公众对当前公共档案馆的社会定位并不是很清晰，这是社会公众对公共档案馆的认知现状，那么他们对公共档案馆的期待如何呢，表4-11的数据反映了社会公众对公共档案馆的期待。从表中数据可以看出，94.69%的被调查者希望公共档案馆能够真正承担起社会文化传播者的角色，其中有档案学教育或档案管理工作经历的人更了解公共档案馆的社会属性，他们希望公共档案馆成为文化传播者的愿望更强烈。同时，96.11%的被调查者希望公共档案馆能够提供更多的文化服务项目，同样，有档案学教育或档案管理工作经历的人对此也有强烈要求。可见，社会公众对公共档案馆的期待是希望它能够成为真正的文化机构，而不是政府行政机构。

表4-11 对公共档案馆功能期待的分布情况

答案选项		是否希望公共档案馆真正成为一个文化传播者的角色			是否希望公共档案馆能够提供更多的文化服务项目			小计
		是	否	说不清	是	否	说不清	
工作或学习与档案学相关与否	是	371 (96.61%)	3 (0.78%)	10 (2.60%)	377 (98.18%)	1 (0.26%)	6 (1.56%)	384
	否	164 (90.61%)	6 (3.31%)	11 (6.08%)	166 (91.71%)	8 (4.42%)	7 (3.87%)	181
小计		535 (94.69%)	9 (1.59%)	21 (3.72%)	543 (96.11%)	9 (1.59%)	13 (2.30%)	565

（2）对公共档案馆选址的期待。在公共档案馆建设中地理位置的选择方面，78.58%的被调查者希望公共档案馆作为文化机构其场馆建设应该选在文化场所集中的区域，可以共享图书馆、博物馆等公共文化设施，以形成城市的公共文化中心，其中学生、教师、科研人员认同该观点的比例更高，而政府工作人员认同该观点的比例相对较低，这与他们对公共档案馆功能的认知以及他们的工作性质有关，政府工作人员会经常因为工作需要到公共档案馆查询档案，因此他们当中有更多人认为公共档案馆是保存并查询政府行政档案的场所。8.67%的被调查者认为公共档案馆场馆建设应该选择在党政机关集中的区域，这与以往公共档案馆馆藏主要是来自政府的行政文件，以及当时局馆合一的管理体制有关。6.73%的被调查者认为公共档案馆场馆建设应该选择在人口密集的繁华区域，让更多的人看到公共档案馆，进而熟悉公共档案馆，也方便大部分社会公众到馆利用档案，

获取服务。5.49%的被调查者选择公共档案馆应该建设在城市新建功能区域，如此公共档案馆在建设过程中不会受到已有城市建设的限制，这将有利于其充分考虑未来发展趋势，重新设计布局。另有被调查者特别强调公共档案馆应该建设在交通便利的区域，方便居住在城市不同方向、不同区域的社会公众前往公共档案馆。总之，在场馆选址方面，公共档案馆应该综合考虑各方面因素，如与其他文化机构的相互协作、公共档案馆功能设置及未来可能的发展趋势、公共交通、公共设施等。详细数据如表4-12所示。

表4-12 对公共档案馆选址的期待分布情况

职业	党政机关集中区域	人口密集繁华区域	城市新建功能区域	文化场所集中区域（如与图书馆、博物馆等毗邻）	其他	小计
学生	7（4.27%）	7（4.27%）	8（4.88%）	141（85.98%）	1（0.61%）	164
教师	1（1.52%）	4（6.06%）	5（7.58%）	56（84.85%）	0（0.00%）	66
科研人员	0（0.00%）	0（0.00%）	0（0.00%）	6（100.00%）	0（0.00%）	6
企事业单位工作人员	27（11.95%）	19（8.41%）	8（3.54%）	172（76.11%）	0（0.00%）	226
政府工作人员	13（13.68%）	8（8.42%）	9（9.47%）	63（66.32%）	2（2.11%）	95
个体经营者（自由职业者）	1（12.50%）	0（0.00%）	1（12.50%）	6（75.00%）	0（0.00%）	8
小计	49（8.67%）	38（6.73%）	31（5.49%）	444（78.58%）	3（0.53%）	565

（3）对公共档案馆档案收集范围的期待。关于公共档案馆的档案收集范围，93.98%的被调查者认为历史档案应该被纳入该范畴，而其中学生、教师认同该观点的比例接近99%，政府工作人员中也有94.97%的人认同历史档案进公共档案馆，本次调查样本中科研人员、个体经营者所占比例较小，但他们全都支持历史档案进公共档案馆。被调查者们对于党政机关档案进公共档案馆的支持率达到84.25%，其中学生、教师、政府工作人员和个体经营者有更多人支持该观点。企事业单位档案进公共档案馆的支持率略低，为77.70%，其中教师中有90.91%的人支持公共档案馆收集企事业单位档案，其次是个体经营者、学生、政府工作人员，而企事业单位的工作人员对此则只有71.68%的人支持。对社会团体民间组织的档案、

名人档案进公共档案馆的支持率分别达到了 82.83%、77.88%，其中学生和教师认同的比例更高。另有部分被调查者明确提出公共档案馆在收集档案的过程中一定要兼顾到各项民生档案，如婚姻档案、知青档案、医疗保健档案等；注意收集文化类档案，如非物质文化遗产档案、地方特色档案、乡村记忆档案、民间风俗档案、家谱族谱档案等；同时关注个人档案、家庭档案，征得所有人同意，可以征集或购买入馆。总之，反映社会生活、经济运行、科技发展、社会变迁的各个方面、各个层次的档案都应该由公共档案馆征集、接收进而保存并开发利用。详细数据如表 4－13 所示。

表 4－13　对公共档案馆档案收集范围的期待分布情况

职业	党政机关档案	企事业单位档案	历史档案	社会团体民间组织档案	名人档案	其他	小计
学生	144（87.80%）	131（79.88%）	162（98.78%）	148（90.24%）	147（89.63%）	10（6.10%）	164
教师	58（87.88%）	60（90.91%）	65（98.48%）	59（89.39%）	53（80.30%）	3（4.55%）	66
科研人员	4（66.67%）	4（66.67%）	6（100.00%）	4（66.67%）	6（100.00%）	0（0.00%）	6
企事业单位工作人员	181（80.09%）	162（71.68%）	200（88.50%）	173（76.55%）	157（69.47%）	9（3.98%）	226
政府工作人员	82（86.32%）	75（78.95%）	90（94.74%）	77（81.05%）	71（74.74%）	0（0.00%）	95
个体经营者（自由职业者）	7（87.50%）	7（87.50%）	8（100.00%）	7（87.50%）	6（75.00%）	1（12.50%）	8
小计	476（84.25%）	439（77.70%）	531（93.98%）	468（82.83%）	440（77.88%）	23（4.07%）	565

（4）对公共档案馆提供服务的期待。当前公共档案馆为社会公众提供的服务包括档案信息利用、复印、咨询，以及网络查询服务、出具档案证明、档案知识培训及讲座、家庭档案指导、展览教育等。接近 90% 的被调查者对公共档案馆的服务需求集中在档案信息利用、复印、咨询以及档案信息网络查询等方面，其余依次为出具档案证明、档案知识培训及讲座、展览教育、学术交流、社会课堂，对家庭档案建设指导的服务需求最低。

不同职业的人群对不同类型档案信息服务的需求基本类似，只是在学术交流型的档案信息服务方面，学生、教师的需求比例要高于其他职业人群；对于文化休闲的档案信息服务形式，相对而言更感兴趣的是年轻学生，或许也是因为大部分人还不了解公共档案馆如何能够提供文化休闲式的服务。详细数据如表4-14所示。

表4-14 对公共档案馆提供服务的期待分布情况

服务方式	学生	教师	科研人员	企事业单位工作人员	政府工作人员	个体经营者（自由职业者）	其他	小计
档案信息利用、复印、咨询等服务	151 92.07%	65 98.48%	6 100.00%	190 84.07%	87 91.58%	7 87.50%	6 85.71%	506 89.56%
网络查询服务	146 89.02%	63 95.45%	6 100.00%	197 87.17%	89 93.68%	7 87.50%	6 85.71%	508 89.91%
出具档案证明	127 77.44%	51 77.27%	6 100.00%	171 75.66%	81 85.26%	6 75.00%	6 85.71%	442 78.23%
档案知识培训及讲座服务	111 67.68%	47 71.21%	4 66.67%	150 65.37%	65 68.42%	4 50.00%	6 85.71%	381 67.43%
家庭档案指导	90 54.88%	39 59.09%	3 50.00%	106 46.90%	42 44.21%	4 50.00%	3 42.86%	284 50.27%
展览教育	104 63.41%	43 65.15%	6 100.00%	142 62.83%	64 67.37%	5 62.50%	6 85.71%	364 64.42%
社会课堂	91 55.49%	38 57.58%	5 83.33%	132 58.41%	51 53.68%	5 62.50%	5 71.43%	322 56.99%
学术交流	111 67.68%	44 66.67%	4 66.67%	128 56.64%	47 49.47%	6 75.00%	6 85.71%	340 60.18%
文化休闲	113 68.90%	32 48.48%	4 66.67%	111 49.12%	39 41.05%	5 62.50%	5 71.43%	304 53.81%
其他	2 1.22%	0 0.00%	0 0.00%	2 0.88%	0 0.00%	0 0.00%	0 0.00%	4 0.71%
小计	164	66	6	226	95	8	7	565

另外，被调查者们有没有档案学教育背景或档案管理工作经历都不会影响到他们对档案信息利用、复印、咨询和网络查询及出具档案证明等档案服务的需求，但对于档案知识培训及讲座、家庭档案指导、展览教育、社会课堂、学术交流、文化休闲等服务方式，有档案学教育背景

或档案管理工作经历的人要比没有此类经历的人的需求比例更大，这是因为他们更为了解公共档案馆及其所馆藏的档案信息资源。具体数据如表4-15所示。

另有被调查者提出公共档案馆应该研究建设档案知识库，利用新技术进行管理，开发档案信息资源，加强用户的沉浸式体验。

表4-15 学习或工作与档案学相关或不相关的人对档案服务需求的分布情况

服务方式	学习或工作与档案学相关与否 是	学习或工作与档案学相关与否 否	小计
档案信息利用、复印、咨询等服务	340（88.54%）	166（91.71%）	506（89.56%）
网络查询服务	346（90.10%）	162（89.50%）	508（89.91%）
出具档案证明	302（78.65%）	140（77.35%）	442（78.23%）
档案知识培训及讲座服务	268（69.79%）	113（62.43%）	381（67.43%）
家庭档案指导	208（54.17%）	76（41.99%）	284（50.27%）
展览教育	261（67.97%）	103（56.91%）	364（64.42%）
社会课堂	230（59.90%）	92（50.83%）	322（56.99%）
学术交流	245（63.80%）	95（52.49%）	340（60.18%）
文化休闲	229（59.64%）	75（41.44%）	304（53.81%）
其他	4（1.04%）	0（0.00%）	4（0.71%）
小计	384	181	565

（5）对档案信息资源内容的期待。在对档案信息资源内容的期待方面，被调查者选择历史档案资料的占被调查总体的82.48%，使其成为社会公众档案信息资源需求的主要内容；公共档案馆中确实收藏了丰富的历史档案资源，它们成为历史研究、历史文化挖掘的主要依据，而长久以来，历史学者也一直是公共档案馆所接待的利用档案的主要人群；随着社会生活水平的提高以及文化意识的增强，普通社会公众也开始关注历史，关注文化发展，公共档案馆所保存的历史档案将满足社会公众的这部分需求。民生类档案（如婚姻档案、公证档案、人事调配档案等），文化、教育、卫生等机构所形成的档案，财政金融档案，政协、民主党派、群众团体和宗教团体档案等与人们的生活密切相关，越来越多的社会公众需要利

用这些档案提供证明。政府政务档案和政府现行文件包含经济、科技、文化等各类涉及民生的信息,随着社会公众信息意识的不断增强,其对这些方面的档案信息的需求量也在不断增长。另外,35.93%的被调查者需要获取家庭档案信息,这反映出社会公众在生活水平达到一定高度时开始关注个人记忆、家庭记忆、家族文化。详细数据如表4-16所示。

表4-16 对档案信息资源内容的期待分布情况

选项	小计	比例(%)
历史档案资料	466	82.48
民生类档案	372	65.84
财政金融档案	235	41.59
文化、教育、卫生等机构档案	412	72.92
政府政务档案	293	51.86
现行文件	234	41.42
政协、民主党派、群众团体和宗教团体档案	171	30.27
家庭档案	203	35.93
小计	565	100

(6)对公共档案馆网站的认知及期待。公共档案馆网站是信息时代网络环境下社会公众与公共档案馆进行交流、获取档案信息的重要途径。对公共档案馆网站的利用情况的调查结果显示,接近一半的被调查者没有登录过公共档案馆网站,其中没有档案学教育背景或档案管理工作经历的被调查者中有67.96%的人没有登录过公共档案馆网站,远高于有这些经历的人,具体数据如表4-17所示。

表4-17 对公共档案馆网站的认知分布情况

选项		上过,觉得不错	上过,觉得一般	上过,觉得有些枯燥	没上过	小计
学习或工作与档案学相关与否	是	49(12.76%)	130(33.85%)	57(14.84%)	148(38.54%)	384
	否	13(7.18%)	36(19.89%)	9(4.97%)	123(67.96%)	181
小计		62(10.97%)	166(29.38%)	66(11.68%)	271(47.96%)	565

从职业的角度来看,企事业单位工作人员、政府工作人员、个体经营

者中大部分人都没有登录过公共档案馆网站（如表4-18所示）。在登录过公共档案馆网站的被调查者当中，大部分人都觉得无论网页设计还是资源内容等方面，公共档案馆网站都不尽如人意，感觉不错的人群只占所有被调查者的10.97%。可见我国公共档案馆网站还存在许多不足，要想扩大其影响力，使其成为传播档案信息、传播民族文化的重要阵地，还需要进一步加强网站建设。

表4-18 对公共档案馆网站的认知分布情况——职业角度

选项	上过，觉得不错	上过，觉得一般	上过，觉得有些枯燥	没上过	小计
学生	23（14.02%）	63（38.41%）	34（20.73%）	44（26.83%）	164
教师	6（9.09%）	32（48.48%）	4（6.06%）	24（36.36%）	66
科研人员	0（0.00%）	3（50.00%）	1（16.67%）	2（33.33%）	6
企事业单位工作人员	22（9.73%）	52（23.01%）	19（8.41%）	133（58.85%）	226
政府工作人员	10（10.53%）	16（16.84%）	8（8.42%）	61（64.21%）	95
个体经营者（自由职业者）	1（12.50%）	0（0.00%）	0（0.00%）	7（87.50%）	8
小计	62（10.97%）	166（29.38%）	66（11.68%）	271（47.96%）	565

在所有被调查者当中，共有294人曾经登录过公共档案馆网站，5.1%的人认为通过公共档案馆网站能够满足其获取档案信息的需求，42.18%的人认为基本能满足其需求，高达43.54%的人通过公共档案馆网站没有获得令其满意的档案信息，另有9.18%的人虽然曾经登录过公共档案馆网站，但只是浏览，并没有查询过档案信息（具体数据见表4-19）。公共档案馆网站在资源建设以及网站功能方面还有待进一步提高。

表4-19 公共档案馆网站能否满足需求的认知分析

选项	能	基本能	不能	没有查询过	小计
上过，觉得不错	9（14.52%）	40（64.52%）	11（17.74%）	2（3.23%）	62
上过，觉得一般	5（3.01%）	70（42.17%）	75（45.18%）	16（9.64%）	166
上过，觉得有些枯燥	1（1.52%）	14（21.21%）	42（63.64%）	9（13.64%）	66
小计	15（5.10%）	124（42.18%）	128（43.54%）	27（9.18%）	294

表4-17、表4-18、表4-19中的调查数据显示，社会公众对公共档案馆网站的满意度水平不高。曾经登录过公共档案馆网站并获得了满意的信息和服务的被调查者认为公共档案馆首先应该加强宣传力度，让社会公众了解公共档案馆的文化机构属性，了解公共档案馆网站及其所能够提供的信息和服务；其次要加强档案信息资源内容建设，丰富档案类型，完善档案内容。曾经登录过公共档案馆网站并对其表示基本满意的被调查者也认为公共档案馆要加强宣传工作，因为他们知道社会公众对档案、公共档案馆、档案网站并不了解，利用更无从谈起；其次他们认为网站信息的更新速度对用户体验来讲也是非常重要的因素。而曾经登录过公共档案馆网站并没有获得满意效果的被调查者则强调公共档案馆网站应该加强网站内容建设并提高更新速度。登录过公共档案馆网站但并没有查询过档案信息的被调查者同样强调网站的更新速度和内容建设，具体数据如表4-20所示。

表4-20 对公共档案馆网站的期待分布情况

选项	内容	网页设计	更新速度	宣传力度	其他	小计
能	11 (73.33%)	8 (53.33%)	8 (53.33%)	12 (80.00%)	0 (0.00%)	15
基本能	69 (55.65%)	60 (48.39%)	80 (64.52%)	84 (67.74%)	3 (2.42%)	124
不能	113 (88.28%)	71 (55.47%)	101 (78.91%)	68 (53.13%)	5 (3.91%)	128
没有查询过	17 (62.96%)	11 (40.74%)	19 (70.37%)	15 (55.56%)	0 (0.00%)	27
小计	210 (71.43%)	150 (51.02%)	208 (70.75%)	179 (60.88%)	8 (2.72%)	294

另有被调查者提出公共档案馆网站应该凸显馆藏特色、服务特色，优化检索功能，加强网络服务功能，为用户提供更丰富的信息内容，并与用户建立有效、及时的互动。

网络已经成为现代社会政府部门、社会机构为社会公众提供便民服务的主要通道，社会公众也希望足不出户就能够享受到各种服务，处理各项事务。对于公共档案馆而言，在此次调查中大部分被调查者希望通过其网站能够实现跨库跨地区查询政府公开的现行文件、中外历史名人档案、历史档案，对于查询到的信息能实现在线下载、打印等功能；并希望公共档案馆网站能够借助各种互动媒体实现与用户的无障碍沟通交流，在工作时间内为用户提供实时的信息咨询；被调查者们还提出公共档案馆网站应及时发布各类档案新闻、动态，对公共档案馆开展的各项展览、讲座等及时通过网站进行发布、宣传。具体数据如表4－21所示。

表4－21 对档案馆网站提供服务的期待分布情况

选项	小计	比例（%）
政府现行文件公开服务	431	76.28
中外历史名人档案查询	397	70.27
历史档案查询	460	81.42
信息咨询	410	72.57
在线下载、打印等	404	71.50
跨库、跨地区查询	378	66.90
其他	4	0.71
合计	565	100

（7）对档案展览的期待。档案展览是档案信息资源传播的重要形式，它能够让社会公众了解到公共档案馆的馆藏资源、公共档案馆所能够提供的服务类型及内容、馆藏资源中所蕴含的丰富的知识、信息。从调查结果来看，86.37%的被调查者希望公共档案馆能够经常举办各种历史文化展，大家渴望通过档案了解我们国家辉煌的历史、灿烂的文化。从这里也可以看出，虽然大家对当前公共档案馆究竟是行政属性还是文化属性不甚清晰，但大家内心深处还是认可它的文化属性的；其次，被调查者们还希望公共档案馆能够经常举办馆藏精品展、专题档案展、编研成果展，可见，公共档案馆需要加强档案信息资源的建设，特别是对具有重要历史意义的历史档案信息资源以及见证社会历史文化发展的档案信息资源的收集与开发。另有被调查者提出，公共档案馆应该举办一些与社会公众生活密切相关的档案信息展览，具体数据如表4－22所示。

表 4-22　对公共档案馆举办档案展览的期待分布情况

选项	小计	比例（%）
馆藏精品展	459	81.24
历史文化展	488	86.37
编研成果展	342	60.53
专题档案展	438	77.52
其他	2	0.35
合计	565	100

4.3　基于公共档案馆的调查结果分析

以公共档案馆为对象的调查共收到90份来自不同区域、不同层次公共档案馆的不同职位的工作人员填写的有效问卷。

4.3.1　被调查者基本情况分析

（1）被调查公共档案馆的地域分布。本次针对公共档案馆的问卷调查回收的有效问卷来自全国18个省、直辖市，被调查的公共档案馆地域分布比较广泛，涉及沿海地区和内陆地区、经济发达地区和欠发达地区（如图4-2

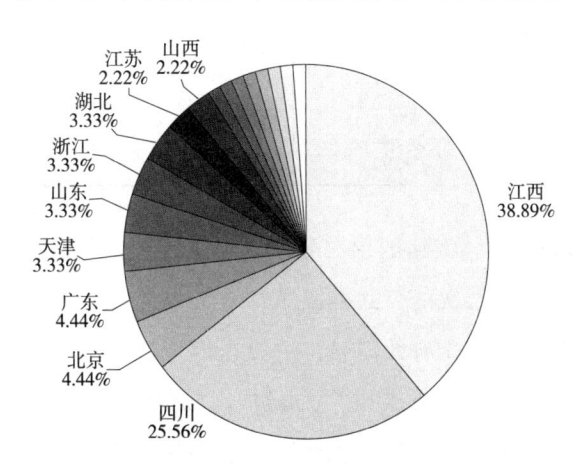

图 4-2　被调查公共档案馆的区域分布情况

注：有8个省份（上海、陕西、甘肃、青海、湖南、河北、河南、重庆）回收到一份有效问卷，比例均为1.11%。

所示），其中全国4个直辖市均有有效问卷返回，来自江西和四川两省的问卷数量较多，占了总体问卷数量的64.45%。这些数据来源基本能够代表我国公共档案馆行业的发展状态。具体数据及分布见表4-23。

表4-23 被调查公共档案馆的具体区域分布情况

省市	数量	百分比（%）	具体城市
江西	35	38.89	南昌、宜春、九江、新余、萍乡、赣州
四川	23	25.56	成都、雅安、宜宾、广元
北京	4	4.44	北京
广东	4	4.44	惠州、深圳、广州、佛山
天津	3	3.33	天津
山东	3	3.33	青岛、济南
浙江	3	3.33	温州、宁波、台州
湖北	3	3.33	武汉、恩施
江苏	2	2.22	南京、镇江
山西	2	2.22	太原、长治
上海	1	1.11	上海
陕西	1	1.11	西安
甘肃	1	1.11	兰州
青海	1	1.11	西宁
湖南	1	1.11	长沙
河北	1	1.11	保定
河南	1	1.11	焦作
重庆	1	1.11	重庆
合计	90	100	

（2）被调查公共档案馆的层次分布。本次针对公共档案馆的调查回收的有效问卷中，不同层次的公共档案馆都有涉及且分布较合理。其中从国家级公共档案馆收回1份有效问卷，主要是因为我国国家公共档案馆的数目并不多，其余从省级（直辖市）、市级、县区级公共档案馆收回的有效问卷占总体有效问卷的比例均在30%左右，调查数据能够较好地反映我国各级公共档案馆在公共文化服务体系建设大环境下的发展战略、制度建设、服务理念等的现状。具体数据及比例见表4-24。

表4-24 被调查公共档案馆的级别分布情况

级别	小计	比例（%）
国家级	1	1.11
省级（直辖市）	35	38.89
市级	26	28.89
县（区）级	28	31.11
合计	90	100

（3）问卷填写者的职位分布。本次针对公共档案馆的问卷调查中并没有特别邀请公共档案馆的馆长来填写问卷，而是通过各种途径向各公共档案馆推送问卷，所以问卷的填写者包括馆长、部门负责人和一般馆员，避免了填写问卷者单一的职位可能会对问卷结果造成的影响。本次调查中，由馆长填写的问卷有5份，由公共档案馆部门负责人填写的问卷有19份，由一般馆员填写的问卷有66份。公共档案馆中根据职位的人员数量结构是呈金字塔形的，本次调查中填写问卷的公共档案馆工作人员的职位数量结构同样呈金字塔形，能够很好地反映公共档案馆的现状。具体数据见表4-25。

表4-25 填写问卷者的职位分布情况

职位	小计	比例（%）
馆长	5	5.56
部门负责人	19	21.11
一般馆员	66	73.33
合计	90	100

4.3.2 公共档案馆状态调查分析

（1）总体得分情况分析。根据公共档案馆的特性及其在公共文化服务体系建设中应有的地位及应发挥的作用，调查分别从自身定位、服务理念、制度建设、职责、工作投入、发展战略、战略实现保障等方面设计问卷。首先对调查数据的总体情况进行描述性统计分析，分析数据如

表 4-26 所示。被调查者在 7 个方面的评分比较接近,其中"职责"的得分最高,其标准差即离散程度也较低,说明各公共档案馆对自己的职责都比较清晰,以各种方式满足用户档案信息获取的需求,并积极发挥公共档案馆的文化功能,促进公共文化服务体系的建设,促进社会先进文化的形成。在自身定位、工作投入两个方面的得分略低于其他方面,源于大家对公共档案馆所具备的软硬件条件方面的认知程度略低。

表 4-26 描述统计分析

内容	N	全距	极小值	极大值	均值	标准差
制度建设	90	3.67	1.33	5.00	4.1420	0.84702
服务理念	90	4.00	1.00	5.00	4.1130	0.77847
职责	90	4.00	1.00	5.00	4.3611	0.75544
自身定位	90	3.20	1.80	5.00	3.9956	0.85010
工作投入	90	3.60	1.40	5.00	3.9756	0.92157
发展战略	90	3.88	1.12	5.00	4.0167	0.86424
战略保障	90	3.88	1.12	5.00	4.1000	0.75075
有效的 N(列表状态)	90					

(2)关联分析。对问卷中 7 个方面的评价得分进行皮尔逊相关分析,分析结果如表 4-27 所示。7 个评价两两之间均在 0.01 的显著性水平上存在相关关系,其中制度建设与发展战略之间的相关程度最高,皮尔逊相关系数达到 0.818,说明档案工作人员都比较赞同发展战略的实现必须首先从制度上得到安排,即制度先行是关键。服务理念与职责之间的相关程度最高,皮尔逊相关系数达到 0.856,从这两者的高相关性可以看出,档案人员也同样认识到档案工作职责的实现离不开先进的服务理念的培育,即思想是行动的先导,只有被先进的思想、理念"武装"起来的档案工作人员才有可能把其岗位职责做到尽善尽美;自身定位与服务理念之间的相关程度也较高,皮尔逊相关系数为 0.656,同样说明,档案工作人员也意识到服务理念的培育与其自身的社会工作定位有着密切的关联,合理的自身定位有利于科学的服务理念的形成与培育。

工作投入与发展战略之间的相关程度最高，皮尔逊相关系数为0.893，这两者之间相关程度最大说明即使拥有了合适的自我定位、先进的服务理念，还必须全身心地投入工作中去，才有可能把工作做好做扎实，才能使发展战略得到科学实现。战略保障与服务理念之间的皮尔逊相关系数只有0.550，这或许说明当前公共档案馆中的相关措施不足以支撑其服务理念的实现。而且，在两两相关关系中，战略保障与其他六个方面的相关程度都相对较低，这说明在建设公共文化服务体系的大环境下，各公共档案馆均有各自的发展战略，也制定了相应的规章制度，明确了自身的职能定位、职责和服务理念，并积极促进了工作人员工作热情和积极性的提高，但目前已有的这些措施还不足以支撑公共档案馆融入公共文化服务体系中。因此，要想使其成为名副其实的文化机构，发挥其文化功能，为社会公共文化服务体系的建设贡献其力量还需要档案界人士共同努力。

表4-27 皮尔逊相关分析

内容		制度建设	服务理念	职责	自身定位	工作投入	发展战略	战略保障
制度建设	Pearson 相关性	1	0.808**	0.795**	0.544**	0.760**	0.818**	0.338**
	显著性（双侧）		0.000	0.000	0.000	0.000	0.000	0.001
	N	90	90	90	90	90	90	90
服务理念	Pearson 相关性	0.808**	1	0.856**	0.656**	0.756**	0.773**	0.550**
	显著性（双侧）	0.000		0.000	0.000	0.000	0.000	0.000
	N	90	90	90	90	90	90	90
职责	Pearson 相关性	0.795**	0.856**	1	0.594**	0.714**	0.789**	0.542**
	显著性（双侧）	0.000	0.000		0.000	0.000	0.000	0.000
	N	90	90	90	90	90	90	90
自身定位	Pearson 相关性	0.544**	0.656**	0.594**	1	0.626**	0.631**	0.522**
	显著性（双侧）	0.000	0.000	0.000		0.000	0.000	0.000
	N	90	90	90	90	90	90	90
工作投入	Pearson 相关性	0.760**	0.756**	0.714**	0.626**	1	0.893**	0.380**
	显著性（双侧）	0.000	0.000	0.000	0.000		0.000	0.000
	N	90	90	90	90	90	90	90

续表

	内容	制度建设	服务理念	职责	自身定位	工作投入	发展战略	战略保障
发展战略	Pearson 相关性	0.818**	0.773**	0.789**	0.631**	0.893**	1	0.489**
	显著性（双侧）	0.000	0.000	0.000	0.000	0.000		0.000
	N	90	90	90	90	90	90	90
战略保障	Pearson 相关性	0.338**	0.550**	0.542**	0.522**	0.380**	0.489**	1
	显著性（双侧）	0.001	0.000	0.000	0.000	0.000	0.000	
	N	90	90	90	90	90	90	90

**. 在 0.01 水平（双侧）上显著相关。

（3）差异分析。为了判断被调查者的职位、所属公共档案馆级别是否会对 7 个方面的评分产生影响，我们对数据分别进行单因素方差分析。

①公共档案馆级别对评分的影响。从表 4-28 中的结果可以看到，不同公共档案馆级别工作人员在服务理念上也存在显著差异，显著性水平小于 0.01。根据进一步的分析可以看出，国家级、省级公共档案馆的服务理念更加趋向一致，市、县级公共档案馆的服务理念更加相近。不同级别的公共档案馆工作人员由于所处的区域不同、所面临的环境不同以及所面对的用户群体不同，产生了不同的服务理念。如国家级、省级（直辖市）公共档案馆由于处于国家、省（直辖市）的行政、文化与经济中心，其人文环境、社会公众的文化素养等都明显高于其他行政区域。这种明显的社会环境差异在一定意义上反过来促进了这些公共档案馆的服务理念在提升与完善方面明显快于后者。而在制度建设、自身定位、职责、工作投入、发展战略、战略保障等方面，由于其更容易受到中观行业因素的影响，所以从表 4-28 的数据中可以看到，这几个方面各级别的公共档案馆都没有表现出显著差异。

表 4-28 差异化分析——基于不同级别公共档案馆 ANOVA（公共档案馆级别）

内容		平方和	df	均方	F	显著性
制度建设	组间	2.816	3	0.939	1.323	0.272
	组内	61.036	86	0.710		
	总数	63.853	89			

续表

内容		平方和	df	均方	F	显著性
服务理念	组间	7.148	3	2.383	4.380	0.006
	组内	46.787	86	0.544		
	总数	53.935	89			
职责	组间	1.648	3	0.549	0.961	0.415
	组内	49.144	86	0.571		
	总数	50.792	89			
自身定位	组间	2.732	3	0.911	1.272	0.289
	组内	61.586	86	0.716		
	总数	64.318	89			
工作投入	组间	3.383	3	1.128	1.343	0.266
	组内	72.203	86	0.840		
	总数	75.586	89			
发展战略	组间	4.078	3	1.359	1.874	0.140
	组内	62.397	86	0.726		
	总数	66.475	89			
战略保障	组间	2.079	3	0.693	1.240	0.300
	组内	48.083	86	0.559		
	总数	50.163	89			

为了更加清楚地理解哪些因素影响了服务理念并导致了这些显著的差异，结合问卷中关于"服务理念"所提的6个问题（10~15题）再次进行方差分析（表4-29）。"我馆内已建立共识：公共档案馆是以满足利用者需求与意愿为宗旨的公益性文化组织；我们坚持以人为本、利用者第一的服务宗旨；我们坚持利用者平等、一视同仁的服务宗旨；我们坚持简化利用手续、最大限度方便利用者的服务宗旨。"在这4个问题上，不同级别公共档案馆的被调查者给出了具有显著差异的评分，这说明他们对自身的社会使命与存在意义还存在不同的认知。但是在"始终履行我们的承诺是很难的；我们会全力配合公共文化服务体系的建设"两个问题上其评分却又没有表现出显著的差异。从中可以看出，公共档案馆在实现其社会理想的过程中，已然知道应该全力融入公共文化服务体系的建设中去，并对践行这些服务理念保

有一定的信心。从这种差异性可以看出,我国公共档案馆行业还存在明显的区域、级别性差异,公共档案馆的整体行业形象还没有形成,导致他们在服务理念上由于所处社会环境不同而产生了明显的差异。

表 4-29　差异影响因素
ANOVA（服务理念详细分析）

问题		平方和	df	均方	F	显著性
二、关于服务理念 10. 我馆内已建立共识：公共档案馆是以满足利用者需求与意愿为宗旨的公益性文化组织	组间 组内 总数	13.402 98.254 111.656	3 86 89	4.467 1.142	3.910	0.011
11. 始终履行我们的承诺是很难的	组间 组内 总数	0.223 166.677 166.900	3 86 89	0.074 1.938	0.038	0.990
12. 我们坚持以人为本、利用者第一的服务宗旨	组间 组内 总数	12.538 79.562 92.100	3 86 89	4.179 0.925	4.518	0.005
13. 我们坚持利用者平等、一视同仁的服务宗旨	组间 组内 总数	12.380 80.520 92.900	3 86 89	4.127 0.936	4.407	0.006
14. 我们坚持简化利用手续、最大限度方便利用者的服务宗旨	组间 组内 总数	12.115 73.174 85.289	3 86 89	4.038 0.851	4.746	0.004
15. 我们会全力配合公共文化服务体系的建设	组间 组内 总数	4.750 67.038 71.789	3 86 89	1.583 0.780	2.031	0.115

②被调查者职位对评分的影响。本次被调查者在各自任职的公共档案馆中的职位不同,即馆长级别的占 5.56%、部门负责人级别的占 21.11%、一般馆员占 73.33%（详细数据如表 4-25 所示）。但是这些被调查者在对这些问题进行评分时都基本持相同的观点与态度,即他们对这 7 个方面的认知并未形成显著差异,分析结果如表 4-30 所示。这说明职位的高低并没有影响到他们对公共档案馆在当前公共文化服务体系中的认知。这或许是因为公共档案馆本身是一个以业务为主的服务型机构,上下级之间需要进行更多的交

流与沟通,而且,它处于社会的权力边缘区域,上下级之间的关系较为融洽,所以他们在碰到相同问题时更容易形成相同或相类似的观点与态度。

表 4-30 差异化分析——基于不同职位的被调查者
ANOVA(被调查者职位)

内容		平方和	df	均方	F	显著性
制度建设	组间	1.643	2	0.822	1.149	0.322
	组内	62.209	87	0.715		
	总数	63.853	89			
服务理念	组间	1.305	2	0.652	1.079	0.345
	组内	52.630	87	0.605		
	总数	53.935	89			
职责	组间	1.176	2	0.588	1.031	0.361
	组内	49.616	87	0.570		
	总数	50.792	89			
自身定位	组间	1.393	2	0.696	0.963	0.386
	组内	62.925	87	0.723		
	总数	64.318	89			
工作投入	组间	2.891	2	1.445	1.730	0.183
	组内	72.695	87	0.836		
	总数	75.586	89			
发展战略	组间	1.775	2	0.888	1.194	0.308
	组内	64.700	87	0.744		
	总数	66.475	89			
战略保障	组间	0.420	2	0.210	0.367	0.694
	组内	49.743	87	0.572		
	总数	50.163	89			

(4)不同评价内容具体分析

①制度建设。在制度建设方面,问卷中共设置了9个问题,分别从制度建设目标、依据、内容、执行方式等方面了解公共档案馆的制度建设。对制度建设方面的调查数据进行描述性统计分析,分析结果如表4-31所示。被调查者对制度建设方面9个问题的评分情况整体较好,差异不大。

其中，第4、7、8、9、1、3、5题的得分比较高，均值都在4分以上，而且离散程度也较低，其中第7题关于档案馆工作人员服务言行的得分最高，为4.43分，离散程度也最低，说明当前的公共档案馆已经不是传统意义上以藏为主的档案馆了，开始真正呈现出"公共"的特性，在档案馆工作中，档案服务成为工作重点之一，强调为用户提供优质服务并关注服务细节，规范服务言行。得分较低的项目是第2、第6题，低于4分，且离散程度略高，前者主要是因为服务质量的提高可以从多个方面着手，包括服务制度的改进，但不止于此，还可以从服务方式推陈出新、服务内容贴合需求等方面着手；后者主要是因为各公共档案馆需要从多个方面得到发展，比如档案资源建设就是其重中之重的工作内容，档案服务只是其工作重点之一，而不是全部，所以考核制度自然要综合考虑各方面因素。

表4-31 描述统计量（制度建设）

问题	N	全距	极小值	极大值	均值	标准差
1. 我馆的服务制度设计以"提供用户认可的高质量服务"为目标	90	4	1	5	4.13	1.062
2. 当用户服务质量评价不尽如人意时，我们会想到更新服务制度本身	90	4	1	5	3.93	1.149
3. 为了提供高质量服务，我馆有明确的制度规定要求和鼓励各业务部门之间相互支持	90	4	1	5	4.06	1.184
4. 我馆服务制度通过上墙、上网、上册等多种方式让利用者和馆员知晓	90	4	1	5	4.39	0.908
5. 我馆对馆员进行了针对服务制度的培训，或专门进行了详细传达	90	4	1	5	4.06	1.064
6. 我馆各项考核制度以服务质量考评为中心展开	90	4	1	5	3.76	1.230
7. 我馆服务制度要求馆员服务时做到举止规范、语言到位、态度委婉	90	4	1	5	4.43	0.835
8. 我馆服务制度尽量采取使利用者舒服、易理解的表达方式	90	4	1	5	4.30	0.942
9. 我馆服务制度能够指导馆员提供优质服务	90	4	1	5	4.22	0.957
有效的N（列表状态）	90					

②服务理念。在服务理念方面,问卷中共设置了6个问题,分别从服务宗旨、服务意识等方面了解公共档案馆在服务理念方面的现状。对服务理念方面的调查数据进行描述性统计分析,分析结果如表4-32所示。被调查者对服务理念方面的5个问题,即第10、12、13、14、15题的评分等级情况很好,均值都在4分以上,且离散程度不大,其中第15题的得分最高,为4.41分,离散程度也最低;第11题的得分较低,为3.30分,标准差为1.369,这是一个反向指标。从数据来看,当前公共档案馆及其工作人员大部分都以满足利用者需求为基本宗旨,能够坚持以人为本、利用者第一、利用者平等的服务宗旨为广大利用者服务,而且对于国家战略"公共文化服务体系"的建设,各公共档案馆已然认识到应该参与进去。而对于践行这些服务理念,各公共档案馆都有一定的信心,只是因为所具备的条件各有不同,有些公共档案馆对完全践行服务理念、参与公共文化服务体系建设略显信心不足。

表4-32 描述统计量(服务理念)

问题	N	全距	极小值	极大值	均值	标准差
10. 我馆内已建立共识:公共档案馆是以满足利用者需求与意愿为宗旨的公益性文化组织。	90	4	1	5	4.12	1.120
11. 始终履行我们的承诺是很难的	90	4	1	5	3.30	1.369
12. 我们坚持以人为本、利用者第一的服务宗旨	90	4	1	5	4.23	1.017
13. 我们坚持利用者平等、一视同仁的服务宗旨	90	4	1	5	4.30	1.022
14. 我们坚持简化利用手续、最大限度方便利用者的服务宗旨	90	4	1	5	4.31	0.979
15. 我们会全力配合公共文化服务体系的建设	90	4	1	5	4.41	0.898
有效的 N(列表状态)	90					

③职责。在职责方面,根据践行服务理念公共档案馆所应该具备的职责,问卷共设置了6个问题,分别从为用户提供服务和参与公共文化服

体系建设方面了解当前公共档案馆对自身职责的认知情况。对职责方面的调查数据进行描述性统计分析，分析结果如表 4-33 所示。被调查者对职责方面的 6 个问题的评分等级都很好，均值都在 4 分以上，最高分是第 21 题的 4.49 分，最低分是第 16 题的 4.16 分，且离散程度较小。当前公共档案馆对践行自己的服务理念不遗余力，通过多种途径、各种方式尽量满足利用者的需求；而对于公共文化服务体系建设，各公共档案馆已然认识到自己的文化机构属性、文化功能，认识到参与公共文化服务体系建设的重要性，并尽力在公共文化服务体系中发挥作用。

表 4-33 描述统计量（职责）

问题	N	全距	极小值	极大值	均值	标准差
16. 我们提供尽可能多的服务满足每个利用者的特殊需要	90	4	1	5	4.16	1.070
17. 如果用户在本馆不能获得某些档案信息，我们会向其提供到馆外哪里寻找该信息的建议	90	4	1	5	4.32	0.946
18. 我们要求对利用者表达尊敬、聆听其诉说、关注其问题、将其作为个体来对待	90	4	1	5	4.38	0.881
19. 我们愿意为公共文化服务体系建设贡献应有的力量	90	4	1	5	4.44	0.809
20. 我们认为参与到公共文化服务体系建设中去是公共档案馆应尽的义务，也是我们的权利体现	90	4	1	5	4.38	0.856
21. 我们认为公共档案馆应该充分发挥公共档案馆的文化功能去促进社会先进文化的形成	90	4	1	5	4.49	0.753
有效的 N（列表状态）	90					

④自身定位。在自身定位方面，问卷共设置了 5 个问题，分别从机构性质、职能、在公共文化服务体系中的定位以及参与公共文化服务体系建设的各项条件等方面了解公共档案馆在国家大力建设公共文化服务体系的情境下对自身的定位情况。对自身定位方面的数据进行描述性统计分析，分析结果如表 4-34 所示。被调查者对自身定位方面 5 个问题的评分情况

整体较好，其中第22、23题的得分均值大于4分，第26题的得分均值接近4分，第24、25题的得分均值都是3.81分，略低于其他项目，整体的离散程度稍大。说明当前我国大部分的公共档案馆已逐渐认识到自己的文化事业机构属性、服务机构属性，而不是行政机构，相应地在公共文化服务体系中就是不可或缺的一员；而对于我国以前档案局与档案馆合二为一、同时行使行政职能和文化服务职能的状况，大部分被调查者表示不认同，因为"局馆合一"的管理体制职能不清，影响工作效果；虽然对于自己的社会定位已经比较清晰，但有相应的社会定位就有相应的社会责任需要承担，公共档案馆应该是公共文化服务体系的中坚力量，而在当前所具备的档案信息资源、物质条件及人才建设方面部分公共档案馆还有待加强。

表 4-34　描述统计量（自身定位）

问题	N	全距	极小值	极大值	均值	标准差
22. 我们认为公共档案馆是一个公益性的文化事业机构	90	4	1	5	4.14	1.167
23. 我们认为公共档案馆对公共文化服务建设具有举足轻重的作用	90	4	1	5	4.23	1.017
24. 我们认为本馆具备了公共文化服务建设所需要的档案信息资源及物质条件	90	4	1	5	3.81	1.141
25. 我们公共档案馆为促进公共文化服务体系建设进行了相应的人才储备并进行了相应的制度安排	90	4	1	5	3.81	1.141
26. 我们赞同档案局与公共档案馆各自分开，档案局行使其行政职能，公共档案馆行使其文化机构职能	90	4	1	5	3.98	1.315
有效的 N（列表状态）	90					

⑤工作投入。在工作投入方面，问卷共设置了5个问题，分别从对档案工作的态度以及对参与公共文化服务体系建设的态度等角度了解公共档案馆的工作人员对工作的投入程度。对工作投入方面的调查数据进行描述性统计分析，分析结果如表 4-35 所示。被调查者对第27、28题的评分均

值超过了 4 分，第 29 题接近 4 分，第 30、31 题的得分均值则略低，其中第 31 题为反向指标，离散程度稍大。当前，公共档案馆内的工作人员越来越有强烈的归属感，他们乐于工作在档案管理、服务的工作岗位上，也愿意为国家公共文化服务体系的建设贡献自己的力量，但部分工作人员仍然希望能够进一步明确公共档案馆的文化属性，进一步理顺公共档案馆与公共文化服务体系的关系。

表 4-35 描述统计量（工作投入）

问题	N	全距	极小值	极大值	均值	标准差
27. 我馆馆员在工作中精力充沛，富有热情	90	4	1	5	4.11	1.086
28. 我馆馆员觉得自己的工作有意义，并乐于奉献	90	4	1	5	4.01	1.107
29. 我馆馆员能够专注于自己的工作	90	4	1	5	3.98	1.070
30. 我们有强烈的服务公共文化服务体系建设的愿望与热情	90	4	1	5	3.90	1.142
31. 我们认为融入公共文化服务中的渠道不畅，影响到了我们对该项工作的投入	90	4	1	5	3.88	1.079
有效的 N（列表状态）	90					

⑥发展战略。在发展战略方面，问卷共设置了 8 个问题，分别从公共档案馆的整体发展、服务发展等方面了解公共档案馆的发展战略制定现状。对发展战略方面的调查数据进行描述性统计分析，分析结果如表 4-36 所示。被调查者对第 34、35 题的评分均值较高，超过了 4.3 分，离散程度也较小，其次是第 39 题，对《中华人民共和国公共文化服务保障法》未将公共档案馆列为公共文化设施表示失望，得分为 4.08，说明大部分公共档案馆都已经认识到自身的文化属性，希望能够从国家层面获得支持与认可，比如国家文化政策对公共档案馆的认可、支持甚至是倾斜，为公共档案馆的进一步发展提供支撑，促进公共档案馆在文化沉淀、文化传承方面发挥作用。同时，公共档案馆也愿意积极参与到公共文化服务体系建设中去，一方面可以发挥它的优势，为社会公众、为国家提供文化方面的服

务，另一方面也可以促进其自身的发展和社会影响力的提高。其他项目的得分均值也都在 3.8 分以上，相对而言离散程度稍大。当对自己的文化属性确认后，大部分公共档案馆都在社会文化发展理念的指导下制订了自己的文化发展目标，进行了相应的制度设计与安排，关注社会文化环境和文化需求的变化，适时地为社会提供各种文化、信息服务。

表 4-36 描述统计量（发展战略）

问题	N	全距	极小值	极大值	均值	标准差
32. 我们经常收集利用者需求和意愿信息	90	4	1	5	3.81	1.226
33. 发现新利用者需求时，我们会着手对服务及产品进行详细的、有针对性的改变	90	4	1	5	3.80	1.173
34. 我们认为积极参与到公共文化服务体系建设中去有利于提升公共档案馆的社会影响力	90	4	1	5	4.32	0.872
35. 我们希望文化政策能够考虑到公共档案馆的文化属性，并为公共档案馆文化属性的发挥提供支持	90	4	1	5	4.37	0.880
36. 我们公共档案馆有明确的文化发展目标，并为此进行了相应的制度设计与安排	90	4	1	5	3.84	1.160
37. 准备战略规划时，公共档案馆会考虑社会文化环境与文化需求的变化	90	4	1	5	3.98	1.101
38. 我们对公共档案馆的未来有明确的发展方向并有科学的战略规划	90	4	1	5	3.93	1.089
39. 2017 年 3 月 1 日起施行的《中华人民共和国公共文化服务保障法》未将公共档案馆列为公共文化设施，我们对此表示很失望！	90	4	1	5	4.08	1.154
有效的 N（列表状态）	90					

⑦战略实现保障。在战略保障方面，问卷设置了 8 个问题，分别从馆藏资源配置、资金、人才、管理体制、问责制度、法律体系、社会合作等方面了解助力公共档案馆在公共文化服务体系建设中实现其发展战略的保障条件。对战略保障方面的调查数据进行描述性统计分析，分析结果如表

4-37所示。被调查者对该项目的评分整体情况较好,说明各公共档案馆认识到自己的文化属性、确定了社会定位和社会职责后,开始考虑如何融入公共文化服务体系中,发挥其文化功能,履行其社会职责。当前的公共档案馆在资源建设、人才建设、制度设计、服务社会等方面已经做出了努力并取得了不小的成效,但距离理想的公共档案馆还有差距,各公共档案馆希望能够在这些方面继续加大建设力度,完善资源结构、人才结构、制度设计、法律体系等,以促进公共档案馆更完美地发挥其文化功能,履行其社会职责。

表4-37 描述统计量(战略实现保障)

问题	N	全距	极小值	极大值	均值	标准差
39. 我们的馆藏资源配置不能够满足支持公共文化服务建设的需要,还有很大的建设空间	90	4	1	5	4.23	0.995
40. 我们的资金不够充足,无法拿出更多的资金来开展公共文化服务建设项目	90	4	1	5	4.20	1.124
41. 我们认为人才的不足影响到了公共档案馆文化功能的发挥	90	4	1	5	4.40	0.818
42. 我们认为"局馆合一"的管理体制影响到了公共档案馆文化功能的发挥	90	4	1	5	3.52	1.440
43. 我们认为问责制度的缺失影响了公共档案馆文化功能的发挥	90	4	1	5	3.88	1.216
44. 我们认为法律体系的不完善影响到了公共档案馆文化功能的发挥	90	4	1	5	4.04	1.070
45. 我们认为社会合作的不足影响了公共档案馆文化功能的发挥	90	4	1	5	4.13	0.997
46. 我们认为公共档案馆未来的发展需要在管理体制上有质的突破	90	4	1	5	4.39	0.831
有效的N(列表状态)	90					

5

价值取向：

文化发展中的公共档案馆发展战略基点

5 价值取向：
文化发展中的公共档案馆发展战略基点

普惠性、参与性和均等性是公共文化服务的基本特征，也是公共文化服务主体应该遵守的价值准则，各公共文化服务主体还应以此形成符合其自身社会属性的价值取向。公共档案馆作为一个公益性文化事业主体，掌握着社会的历史文化资源，拥有深厚的历史文化底蕴与厚重的历史文化根基，是整个社会文化生产力的重要组成部分，是社会主义公共文化服务体系建设不可或缺的重要力量，有责任、有义务也有能力去推动社会文化进步。因此，在公共文化服务体系建设的大背景之下，公共档案馆必须找准基点，形成符合自身历史使命的价值取向，确保在发展的过程中，一方面实现其自身的社会理想，另一方面，为社会公共文化服务体系的建设与发展贡献其应有的力量，体现其存在的社会价值。

5.1 价值取向的概念界定及其社会功能阐释

5.1.1 价值取向的概念界定

价值取向是价值哲学的一个重要研究范畴，对社会主体具有十分重要的影响，其合理化能上升到提高人类信念的高度。在学界，价值取向似乎成了一个"自明性"问题，已成为"人们在现实生活或文章著作中经常使用的一个概念"。[①] 然而，对于其概念的界定及相关问题的探讨性研究却不多。特别是在档案学界，公共档案馆发展的价值取向问题还属于一个有待研究的领域，值得引起学术界的关注。

那么到底何谓价值取向？不同的群体给出了不一样的解释，美国哈佛

---

① 阮青：《价值取向的界定及相关问题》，《人民日报》2010年12月10日，第7版（理论）。

大学学者佛萝伦丝·克拉克洪（Florence. Kluckhohn）在她的《价值取向的变奏》（*Variations in Value Orientation*，1961）一书中提出：（1）任何时代的任何民族都必须为某些人类的共同问题提供解决的方法；（2）这些问题的解决方法不是无限的或任意的，而是在一系列选择或价值取向中变化的；（3）每种价值取向都存在于所有的社会和个体中，但每个社会和个体对价值取向的偏好不同。她认为：价值取向指的是"复杂但确定的模式化原则，与解决普通的人类问题相联系，对人类的行为和思想起着指示与导向作用"。① 她所提出的这一模式包括五个价值取向，即人性取向［人性本善（Good）、人性本恶（Evil）或善恶兼而有之（Mixed）］、人与自然的关系取向［征服（Mastery）、服从（Submissive）或和谐（Harmonious）］、时间取向［过去（Past）、现在（Present）或将来（Future）］、活动取向［存在（Being）、成为（Being-in-becoming）或做（Doing）］和关系取向［个体主义的（Individualistic）、附属的（Collateral）或等级的（Hierarchical）］。另一个美国学者米尔顿·罗克奇（Milton Rokeach）在他的名著《人类价值的本质》（*The Nature of Human Values*）② 中认为价值取向"是指一般的信念，它具有动机功能，而且不仅是评价性的，还是规范性的和禁止性的，是行动和态度的指导，是个人的，也是社会的现象"。他还把价值取向分为两大类，即终极价值和工具价值，前者是人们有关最终想要达到目标的信念，后者则反映了人们对实现既定目标的手段的看法。

  国内对何谓价值取向的问题也存在不同观点，有学者认为"价值取向是价值主体在进行价值活动时指向价值目标的活动过程，反映价值观念变化的总体趋向和发展方向"。③ 有学者却认为"价值取向是人对客观事物及自己需求和利益的认识水平的反映，也是人的主观意志的体现"。④ 有学者认为"是一定主体基于自己的价值观在面对或处理各种矛盾、冲突、关系

---

① Florence Rockwood. Kluckhohn. *Variations in Value Orientation*［M］. Evanston, Ill.：Row, Peterson, 1961：4.
② Milton Rokeach. *The Nature of Human Values*［M］. New York：Free Press, 1973：87.
③ 阮青：《价值取向：概念、形成与社会功能》，《中共天津市委党校学报》2010 年第 5 期。
④ 叶澜：《试论当代中国教育价值取向之偏差》，《教育研究》1989 年第 8 期。

时所持的基本价值立场、价值态度以及所表现出来的基本价值倾向。价值取向具有实践品格，它的突出作用是决定、支配主体的价值选择，因而对主体自身、主体间关系、其他主体均有重大的影响"。[1] 并认为对价值取向的研究，既可以把它作为一种社会文化层面的倾向加以研究，也可以把它作为一种人格倾向层面的问题来进行探索。也有学者从不同的层面来对价值取向进行分析，并认为涉及实践层面人们具体行为的价值取向时，价值取向可以分为宏观价值主体——人类——的价值取向（普世价值取向）、中观价值主体——人——的社会价值取向（国家、地区、民族、政党、行业、社会集团等所具有的某些共同性目标的价值取向）与微观价值主体——个体——的价值取向（社会生活中一个个具体的人的价值取向）。[2] 笔者比较赞成这种对价值取向的分层分析，本研究的对象不涉及普世价值取向的范畴，主要是针对中观价值取向与微观价值取向领域来进行相应研究。微观价值取向涉及价值主体不同的价值目标、经济方式、利益需求、人格品位、人生经历、受教育程度与人生追求等众多因素，这些价值主体对于价值的认知必然呈现出一种多元多样性的特征，这是一个必然现象，更是一种客观存在。这种对价值认识的多元多样性必然会转化为价值取向的多元多样性，形成多元多样性的个体价值观念体系，从而产生错综复杂的社会现象，并在这种复杂社会现象的运行中产生价值摩擦、价值碰撞甚至价值冲突。当然，微观层面的价值取向之间的这种价值摩擦、价值碰撞及价值冲突并非是简单化、单一化、凝固化或静态化的，它会随着社会环境、物质因素、精神因素、社会因素以及制度因素等条件的变化而出现缓和与同向，并最终形成某一部分人、某一类人或某一行业共同的价值取向，即中观价值主体的社会价值取向，如公共档案馆行业的共同的价值取向绝不是自然产生的，它是档案人在长期的工作中，在各种因素的共同推动与引导下形成的对价值的认知，并最终在自发与自觉中形成的一种价值

---

[1] 陈俊明、杜春华编《中国共产党组工文化初探》，中国言实出版社，2009，第160页。
[2] 张宝印：《价值界定、价值取向和价值碰撞》，《中日价值哲学新探论文集》2004年第6期。

取向。它反映了公共档案馆工作人员在长期的档案管理社会实践活动中所形成的特有的共性的价值理想与价值追求，蕴含着档案管理人员对自身利益和自身创造活动的最终态度和最高追求。它所具有的凝聚力和渗透力是影响和支配档案管理人员实践活动科学开展的决定性力量，并能有效地协调和规范档案事业，甚至档案事业内部及其与其他各领域之间的协调发展与共同推进，呈现出很多独特的社会功能。

5.1.2 价值取向的社会功能阐释

从古至今，人类所有的认识世界、改造世界的社会实践，其目的都是满足自身的各种社会需求，并在这种满足中实现自身的价值理想。而这种价值理想是人类在长期社会活动中所形成的一种共同的价值取向的反映，它凝聚了社会主体对自身利益和自身创造活动的根本态度以及强烈的追求，它具有强烈的影响力、凝聚力、渗透力，对于社会主体的社会行为具有规范、引导、协调、驱动等独特的社会功能。

（1）社会规范功能。一种价值取向一旦形成以后，在一定的时期内只要外在影响因素没有发生突发性的变化，它就具有相对稳定性。它将在较长时期内规范社会价值主体在社会实践活动中的价值评估、价值选择与价值创造、价值修正等具体活动，并规范价值主体在认识世界、改造世界过程中的价值行为与价值认知，成为一种衡量其实践行为的内在尺度。这种内在尺度所起的作用就是价值取向对价值主体的规范作用，正是这种规范功能的存在，才使孤立的个体价值主体在追求价值和创造价值的过程中除了要考虑其个体价值个性的展现外，还不得不考虑整个社会价值主体之间的价值体系所存在的约束。因为任何个体价值主体都生活在一个存在各种关系的社会联系之中，而不可能存在于一个真空的个体世界之中。也正因为这样，当个体价值主体的价值取向与其所属的社会价值取向不一致时，就必然会受到来自社会价值体系范畴内的压力或否定，那么他的个体价值就无法得到社会的承认，其社会愿景自然也就无法实现，这样个体价值主体就必然会自觉地去修正其自身的价值取向，向符合所属社会环境的社会价值取向靠近，并最终达到一致。价值取向对个体的价值认知、价值活动及价值实践的规范功能是非常明显的。而且，价值取向对社会个体价值主体所起到的价值规范作用强于其他社会规范手段，如法规、制度等规范因素，虽然这些规范手段看似更具备强制性、威慑力，但它无法成为个体价值主体的自发与自觉行为，一旦这种强制性的规范手段有漏洞或缺陷时，其往往就会成为个体价值主体在有意与无意中逃避责任的借口与理由。而价值规范因为是通过特定的文化自觉来规范与引领个体价值主体在自觉中完成其个体价值社会化的一个过程，因而具有很大的选择与宽容性，即这种规定性已成为个体价值主体的一种自发与自觉性行为，融入了个体价值主体的思想与社会行为之中，成为一种稳定性个体因素。公共档案馆行业作为一个完全的社会性行业，其工作人员的个体价值取向毫无疑问是各不相同的，归一这些各不相同的个体价值取向，并以此来促进我国公共档案馆事业的发展，提升其社会服务水平，形成一个科学且合理的公共档案馆行业价值取向显得尤为重要。如此必然会规范公共档案馆工作人员的价值行为、价值认知等，最大限度地实现公共档案馆行业的价值追求。

（2）社会引导功能。价值取向除了对社会公众有很好的规范功能外，更有对社会成员价值认知、价值行为的引导功能，即通过价值取向所预设的社会价值理想、社会价值追求与社会价值目标，引导社会公众自觉地使自己的价值认知、价值追求、价值理想与社会价值取向尽量相一致，并促进个体价值主体在实现其个体价值的过程中认同社会价值理想并为之努力。缺少正确价值取向的引导，有可能使社会公众的价值认识与价值追求陷入一种迷茫的状态之中。因为个体价值主体的任何社会活动都是有意识、有计划、有目的的，都带有一定的方向性、倾向性或目标性，而价值取向作为社会价值主体在社会实践活动中形成的一种凝聚力量，是价值主体超越实践活动的创造性冲动，为个体价值主体的价值认知过程提供了方向上的指引以及内涵上的引导，成为评价个体价值主体价值追求、价值认知以及价值选择的主要标杆与度量尺度。因此，个体价值主体一旦认同了科学且合理的价值取向，就会自觉地把这种价值取向的内在追求不折不扣地贯彻在自己的价值认知活动中去，认知得越深刻在实践活动中就会把握得越充分，使个体价值活动与社会价值取向保持方向一致。这样一来，在个体价值认知活动的不断推动与促进之中，社会价值取向又将不断提升与完善，反过来不断完善的社会价值取向又会不断地得到社会公众对其认同程度的不断提升，进而使社会价值取向的社会引导功能不断得到落实与发挥。公共档案馆行业要不断得到社会的承认并融入社会当中，就必然要有自己的整体形象，有自己的价值追求、价值理想、价值标准与价值定位等，形成自己独特的价值取向。一方面，要引导公共档案馆行业朝着符合其自身价值目标及实现社会理想的方向发展，积极地完成自己的价值使命，逐步建设成为一个高尚的行业，一个有价值内涵的行业，一个有价值追求的行业。另一方面，公共档案馆行业作为一个公益性公共服务行业，同时又是一个重要的文化传承行业，其对社会价值内涵的塑造、社会价值行为的引领都有十分积极的意义。

（3）社会协调功能。价值取向不仅具有社会规范、社会引导等纵向层面的社会功能，更有横向层面的社会协调功能，即在规范、引导等社会功能的基础之上，使社会主体之间的社会实践活动能够做到更符合总体社会主体的目标要求，并且尽量协调各社会主体之间的差异性与相悖行为，协助社会主体最大限度地发挥其作为个体而存在的社会价值，最大限度地减少社会主体在社会实践活动中产生的冗余负能量。众所周知，人们处在各种社会生活、工作与娱乐实践之中，不同的家庭背景、不同的朋友圈、不同的教育背景、不同的层次群体乃至不同的组织等都会影响每一个社会主体的价值取向。因此，人的价值取向是在生活、工作环境中学习和经历的社会活动的产物，不同的人具有不同的价值取向，并会因此形成千差万别的社会行为。而公共档案馆作为一个公益性的服务性社会主体，其在社会文化发展中必须形成一种开放的、包容的社会价值取向。一方面，各种社会主体之间的价值取向必然相差很大，公共档案馆作为一个公共社会主体，完全可以凭借其厚重的历史文化，通过文化化人、文化开智去引导这些社会主体的价值取向，使他们的价值取向更加符合社会和谐发展的需求。另一方面，公共档案馆作为一个社会主体，其工作人员由于受到各自的社会经历、教育、个体能力等因素的影响，价值观也存在很大不同，公共档案馆正确的社会价值导向必然也会深深地影响到这些工作人员的价值观的塑造，使他们形成正确的价值取向，为其职业道德的形成以及职业使命的完成提供保障，最终使其职业理想得到实现并使公共档案馆的社会理想得以实现。

（4）社会驱动功能。如果说价值规范功能侧重的是社会公众对社会价值取向的一种被动的遵守或遵从，价值引导功能侧重的是社会公众对社会价值取向的一种被动的认同的话，那么价值驱动功能侧重的就是社会公众对社会价值取向的一种主动追求。它不断地推动社会公众自觉且热情地去从事价值认知、价值创造、价值选择等相关活动，并且这种活动是在一种不断完善与连续持久的状态下进行的，自始至终保持着蓬勃发展的生机与活力。价值取向的社会驱动功能对于和谐社会的建设以及社会公众的和谐相处都有着十分积极的意义。因此，公共档案馆行业作为社会的重要公共服务行业，其价值取向的选择及塑造不仅关乎自身价值理想、价值追求的实现，更关系到社会价值理想、价值追求的实现。一方面，它将使公共档案馆的工作人员保持积极向上的心态，把高尚的价值理想、价值追求嵌入自发与自觉的工作过程之中，形成一种惯性行为或者说一种"自明性"行为，使公共档案馆工作人员的服务思想以及工作状态在无意识之中流露出对价值理想的自觉追求，并在这种自觉追求中使整个公共档案馆行业的服务面貌、服务精神与服务能力得到不断提升与完善，大大提升整个行业的服务氛围并赢得良好的社会口碑。另一方面，公共档案馆行业积极向上的行业价值取向必将大大促进公共档案馆行业与其他社会行业之间的协调发展，如协调与公共图书馆的关系、协调与文化馆的关系等。而且，这种驱动功能也将进一步拉近公共档案馆行业与社会公众的距离，使公共档案馆行业自觉地为其价值理想的实现而不断努力，真正做到在服务理念上"近民"、在资源建设上"贴民"、在服务方式上"便民"。

总之，在社会公共文化服务体系建设的社会大背景之下，公共档案馆必须找准基点，形成合理的价值取向，并在这种价值取向的规范、引导、协调及驱动之下，一方面使公共档案馆沿着科学的方向发展，形成符合其自身独特属性的文化体系，并最终实现其社会理想；另一方面使公共档案馆借助其科学的价值取向、独一无二的文化体系，去充实、影响社会公共文化服务，去促进社会文化事业的发展，去陶冶社会公众，提升社会公共文化环境，使公共档案馆文化融入社会公共文化服务体系之中，成为其重要的文化分支与文化来源。

5.2　文化发展中公共档案馆发展的价值取向分析

5.2.1　基础价值取向：谋求公众文化利益最大化

党的十八大报告明确提出："建立健全党和政府主导的维护群众权益机制，畅通和规范群众诉求表达、利益协调、权益保障渠道。"文化权益是社会主体最为基本的权益之一，而且，社会公众的文化权益并不是一成不变、绝对固定的，它的实现是一个动态的、发展的且漫长的渐进过程。它需要所有的相关社会主体积极地行动起来，积极地发挥各自的社会功能并贡献自身的社会力量。作为公益性文化事业机构的公共档案馆在这个过程中有着责无旁贷的历史使命，必须把谋求公众文化利益最大化作为其基础价值取向来进行培育。

（1）以维护公众文化权利为核心的价值取向。谋求社会公众文化利益最大化的价值取向的前提是必须做到把公众文化权利作为核心来进行打造，只有抓准了这个主要基点，基础价值取向的方向才不至于偏离，才能保证公众文化利益最大化得以实现。

自从1966年12月16日第二十一届联合国代表大会通过《经济、社会及文化权利国际公约》以来，对何谓公众文化权利的探讨就成为学界一个重要的研究领域。有学者认为："从外在特征看，公民文化权是旨在满足人的基本要求的，广泛地存在于国内国际社会的一项基本人权。因此，我们可以从抽象的意义上这样定义公民文化权：是公民有资格自由地向国际社会和国内主张参与、促进和享受社会文化生活并获得利益的一项基本权利。"[①] 从总体上来看，社会公众的文化权利主要涉及四个基本层面，即享受文化成果、参与文化活动、开展文化创造以及文化创作成果得到保护。[②] 从"本质上来看，文化权利在属性上与其他权利有共通之处：它是一种道德权利、普遍权利和反抗权利，它是人类历史发展的产物，它的出现是人类文明进步的体现"。[③]

社会公众文化权益最大化的实现必然离不开政府的支持与担当，因为只有政府有能力为这种权益的实现提供相应的条件与保障。公共档案馆作为政府设立的一种公共服务制度，其实质就是政府为履行这种担当与责任而进行的制度安排。因此，公共档案馆必须充分认识到自身所肩负的社会使命与社会责任，抛弃传统环境下形成的僵化认知模式，逐步改变其内敛的性格特征以及自我封闭的心态，充分认识到"档案为民""档案惠民"应该成为其服务的宗旨与目标。因为"为党管档"的最终目标也是为民服务，因为我"党"是为人民服务的政党，所以"为党管档"其实质就是"为民管档"。因此，以维护公众文化权利为核心的价值取向，将促使公共档案馆全心全意为人民服务，最大限度地保障好社会公众的各项文化权利得到实现，这是完全符合"为党管档"的本质精神与宗旨的，是对"为党管档"理念的一种自我提升，对和谐社会主义的建设将有十分重要的社会价值。而且，可以说，这也是公共档案馆积极参与到我国政治民主化和社会发展进程中的重要手段与方式。

（2）以服务全体社会公众为宗旨的价值取向。长期以来，在"国家模

---

① 赵驹：《社会公平视域下构建农民工公共文化权益保障机制探析》，《华东理工大学学报》（社会科学版）2013 年第 3 期。
② 陈威：《公共文化服务体系研究》，深圳报业集团出版社，2006，第 24 页。
③ 程结晶、彭小芹：《以公民文化权利为基础的档案馆服务体系研究》，《档案学通讯》2011 年第 3 期。

式"的影响下,我国公共档案馆的服务对象主要集中在党政机关,这与维护公民权利的本质是背道而驰的。公共档案馆作为一个政府设立的公益性文化服务机构,是一种公共制度安排,因此,必须以服务全体社会公众为出发点,而不能对服务对象在潜意识里进行等级划分,在服务实践中有所侧重与偏向。如果在服务过程中只以部分社会主体作为其重点服务对象,就必然会忽略其他社会主体的利用需求,这种服务理念必然不符合服务效果最大化的原则。特别是随着社会公众权利意识的觉醒以及利用诉求的不断增长,再加上国家面向社会的"档案资源体系"以及面向社会的"档案利用体系"的提出与确立,以服务全体社会公众为宗旨的价值取向正在逐步得到确立。随着这种价值取向的逐步形成,公共档案馆再也不是统治阶层的专属物以及权力的象征,而已成为维护公民权利的重要工具,因此,"突破传统权力因素的禁锢,转而关注公民权利的保障与实现是档案馆公共服务的基本价值取向"。[①]

这种价值取向的确立,一方面,可以使公共档案馆的服务对象扩大至社会所有主体,不仅使各社会主体的社会权利得到充分的保证,还有利于化解传统服务模式与公众日益增长的档案信息需求的矛盾,促进和谐社会的建设以及社会友好氛围的形成。另一方面,更大的效果在于,扩大了服务对象的范围,不仅使更多的社会主体得到了利用档案信息资源的机会与可能,也使更多的档案信息资源能够有机会找到更多的潜在需求者,使其隐含的潜在价值有被社会主体认识与发现的机会与可能,这样就把原来的各种不可能都变成了可能,使公共档案馆的社会效益得到几何数级的增长,最大限度地为社会公众文化权益的实现提供了保障。

(3) 以资源覆盖全体主体为目标的价值取向。谋求社会公众文化权益的最大化必须建立在相关资源建设得到保障的基础之上,因此,公共档案馆在进行档案信息资源建设中必须做到让档案信息资源覆盖全体社会主

[①] 李灵风:《从权力到权利——国家档案馆公共服务基本价值取向研究》,《山西档案》2011年第3期。

体，并以此目标作为其基础价值取向之一。首先，要改变馆藏来源主要集中于党政机关"红头文件"的不合理格局，努力改变过去馆藏资源"三多三少"的尴尬状况，做到不仅完整地保存好党政机关行使行政职能过程中所形成的档案信息资源，也注意收集社会发展、经济发展、城市发展过程中所形成的档案信息资源，更注意收集形成于社会公众之中的民间档案信息资源。如果说政府行政机关所形成的各种"红头文件"以及各种统计报表偏重于社会宏观层面的信息表示的话，那么形成于民间的档案信息资源则更多偏向于社会发展中微观层面的信息表示，它们反映了社会不同层面的存在状态。只有把全体社会主体的档案信息资源都尽量地收集齐全了，才能使所有社会存在得到立体的反映，也只有这样公共档案馆所反映的社会文化才有可能是合理的、全面的。其次，要改变公共档案馆偏重传统纸质载体档案的收集而对新型载体档案收集不足的局面。从当前情况来看，我国纸质档案信息资源的增长达到每 10 年就能翻一番的速度，[1] 但是其他新型载体档案信息资源的增长速度都相对缓慢，如电子档案/文件虽然在我国 20 世纪 90 年代有关部门就提出要加强收集，但令人遗憾的是从笔者的调查数据来看，其收集状况并不理想，在有的县市级公共档案馆甚至处于一种自发状态，这种对电子档案/文件的无视可以说是对社会文化发展的一种漠视，将会使我们的文化走向断层与割裂。最后，公共档案馆应该加强对一些特殊类型档案信息资源的采集，如网页档案信息资源。网页档案信息资源是当前网络社会发展的一个最为直接的表现，体现了当前社会的一种交流文化，特别是在自媒体技术的影响之下，各种社交媒体在各个领域的运用，形成了一种独特的社会文化。因此，这种社会文化也应该能在档案信息资源中得到反映。公共档案馆在进行资源建设的过程中必须以构建覆盖全体社会主体的档案信息资源体系为目标，只有这样，才能使其立体式反映社会所有层面的文化状况与文化元素。

---

[1] 孙大东：《档案鉴定的历史和现实视域考量——与周林兴、邓晋芝二位作者商榷》，《档案学通讯》2015 年第 5 期。

公共档案馆作为社会公共文化机构，其存在的基本社会使命就是要最大限度地发挥其文化功能，为全体社会公众谋求实现文化权益的最大化。因此，公共档案馆必须认清这种社会责任，把谋求社会公众文化权益的最大化作为其基础价值取向来考量。这种基础价值取向的确立不仅为公共文化服务体系建设过程中公共档案馆职能的实现提供了现实价值支撑，也为公共档案馆的进一步发展提供了思路。

5.2.2 根本价值取向：维护社会权利公平与公正

社会公众文化权益的实现并不是公共档案馆社会使命的终点，而且谋求社会公众文化权益最大化从本质上来讲是为了成就公共档案馆的根本价值取向，即维护社会权利公平与公正。公共档案馆作为政府设立的一种公共性社会信息服务机构，维护社会公平与公正必须成为其根本的价值取向。正如有学者所言："在信息已经成为决定国计民生大计的战略性资源的今天，实现信息公平成为实现社会公平的重要步骤。公共档案馆作为一种制度设计和安排的社会信息服务机构，它的任务就是保障公民基本信息权的公平实现。这一定位不仅保证了所有社会成员能平等获取和利用档案信息，而且对于提高公共档案馆的公众可见度和社会地位，以及拓展公共档案馆的生存与发展空间，实现可持续发展具有非常重要的作用与现实意义。"[①]

（1）以缩小信息鸿沟为旨归的价值取向。"公共文化服务水平是检验政府为民执政的绩效和衡量人民群众享用文化权益的重要标尺"，同时，"满足人民群众需求是政府部门的天职所在"。[②] 这里所说的"人民群众"包括了所有层次的人民群众，一方面，既包括作为精英阶层的知识分子、政府行政人员，也包括一般的城镇居民以及生活在农村地区的所有居民群

---

① 周林兴：《政府责任与信息公平——公共档案馆服务的一种制度性规范分析》，《档案学通讯》2007年第1期。

② 杨建新：《构建公共文化服务体系，保障人民群众文化权益》，《中国文化报》2005年11月24日，第3版。

体。另一方面，既包括掌握了先进信息技术可以自由、方便、快捷利用信息的强势群体，也包括被排斥在信息技术之外的弱势群体。对于精英阶层以及强势群体，他们对信息技术的熟悉以及对信息查询技术的掌握，使他们在利用档案信息资源的过程中不存在任何障碍与困难，而对于不善于利用信息技术的弱势群体，信息技术往往会成为其获取档案信息资源的障碍。这样一来，必然就会产生一种新的社会矛盾，即"信息鸿沟"，信息鸿沟的产生如果处理不好必然会在社会主体之间形成信息获取与利用的"马太效应"。这是不符合我国当前和谐社会建设精神的，也不是信息技术发展的出发点与落脚点。公共档案馆作为政府的一项保障信息公平的社会性制度安排，有义务、有责任也有能力去"填平"这种"信息鸿沟"。因此，公共档案馆在日常服务工作中要强调旨归意识，通过各种手段与方式，缩小信息鸿沟，实现基本无差别的服务，积极地促进社会信任、社会诚信、政府开放、政府透明、社会和谐以及社会公平的建设，坚持公正、公平、诚实、朴实、超脱和透明的行业准则，并以此来协助解决各种社会问题。另外，公共档案馆还应该采取各种积极措施来对抗档案记录"真实"的偏差：如"①让领导层对他们的行为负责；②通过拒绝政治压力，支持开放式政府；③通过档案记录支持纠正社会不公"。[①]

总之，公共档案馆作为公共服务机构，在服务的过程中不能因为一些外在的影响因素而使一部分利用者无法实现其利用愿望，必须坚持公平、公正与公开的服务精神，尽量缩小信息鸿沟，并以此作为其行事的价值取向。

（2）以坚持公益服务为特征的价值取向。为了使社会公众公正公平地享受到档案信息资源服务，公共档案馆应坚持公益服务。公共档案馆所秉承的公益性公共服务有别于特权统治下相关机构为统治阶级利益服务的根本属性。公共档案馆作为一个公益性社会文化事业机构的社会使命，是向全体社会公众提供公益性服务，这是其本质属性的要求也是其进一步向前

[①] 周林兴：《论档案馆的文化自觉》，《山西档案》2010 年第 6 期。

发展的动力。公益性特征反映了档案的公共物品属性，它具有非竞争性和非排他性，任何社会公众都有对档案这种公共物品产生需求的时候，公共档案馆应该积极地、无偿地提供。档案再也不是统治阶级"插入鞘中的剑"以及"社会的甲胄"，因此，公共档案馆必须明白正是它的存在才使一些社会主体可以得到可能失去的退休金；使一些社会主体能够有机会找到其家族的源头，实现其心有所属的愿望，使其漂泊的心灵得以找到根植的家园；使历史研究者有了通往历史的那扇门；使大多数公职人员在可能违反公共信任时不得不三思而后行。

同时，以公益服务为特征的价值取向，必然会使公共档案馆形成一种自尊、自强、自律以及自省的文化内涵。而这种文化体系会强力推动公共档案馆成为一个超然于俗世力量的社会主体，使其严格地忠诚于自己的本职职责和社会理想，服膺于真理，不献媚于权势，不疏离于弱势，不谋求俗利，不随波于世俗，拥有强烈的自主意识。其公益服务特征主要体现在：①拒绝经济利益的诱惑。公共档案馆在开展服务工作的过程中，必须抵制住来自经济利益的诱惑，坚守自己公益性文化服务机构的本质属性，为社会所有主体提供免费的档案信息资源服务，不使任何经济弱势群体由于经济条件的限制而无法满足其利用需求。②不屈服于不合理的行政压力。公共档案馆作为独立的公益性文化事业机构，有其自身的职业道德、社会理想与社会使命，在服务的过程中必须坚守以历史事实为依据、以服务于真理为准绳、不屈服于不合理的行政压力等原则。

（3）以思想制度化促进制度思想化的价值取向。公共档案馆作为一种社会存在，不仅具有机构层面的存在意义，同时也具有社会制度层面的存在意义，即能体现社会信息公平的制度安排。制度作为人类行为的模式，是社会主体为了维持相对稳定的社会秩序而构建的一种规则，必须体现人的思想观念、行为方式、思维习惯以及价值观等，这就是思想与制度的相融。然而，思想、行为以及习惯都有其历史的沿袭性，是体现在思想当中的非正式制度和内在制度，属于一种自觉性行为元素，它的强制性和约束力远远不如正式制度或正式规范，特别是在防范机会主义行为方面更是力不从心。而制度作为一种外在的行为规范是社会主体的选择结果，是人们在社会生活中自然形成和创造出来的决定人们行为的思想文化现象。那么社会主体的思想、行为又如何影响制度，而制度又如何决定行为，行为的背后又有怎样的思想体现呢？这类问题一直都是社会学领域研究的重要课题。把这一逻辑运用于公共档案馆领域就会发现我国公共档案馆的服务制度没有得到有效执行的情况普遍存在，原因就在于执行制度的人未被制度背后的思想武装起来。因为，作为制度化存在的制度，是被执行的实践着的制度，是一种僵化的制度，虽然有强制性的一面，但是在执行力层面有待其他力量的参与。制度真正的力量从根本上讲是对思想力量的体现，制度离开了思想，犹如灵魂出窍一般，再好的制度也会失去生命的活力，就犹如设计再好的机器也仅仅是机器一样，没有任何灵气。当然，思想的力量要想变得更强大、更持久，也必须使其规范化为制度，思想的制度化犹如把闪电之光转化为太阳之光一样，离开了制度，思想的闪电即或照亮了夜空，也会如流星一样陨落。[①] 因此，思想与制度只有紧密结合才有可能形成一种有效的力量。公共档案馆在制定规章制度时，更应该考虑到如何对工作人员进行引导与教育，让他们从思想的根源上认识到制度执行的必要性、重要性，并充分认识到制度作为一种社会管理规范具有强制性，是任何人都必须遵照执行的，毫无商量的余地。而思想作为一种人的灵气的体现以及人的自觉行为的源泉，也不是漫无边际辐射的，也只有在一定的制度约束之下才会显得更加有力量与光芒，即思想与制度的合一才有力量，制度的生命来源于思想的制度化和制度的思想化，只有这样的制度才有可能真正体现社会公平与公正，也只有具有思想意义的制度才可能是具备执行力的制度，也才能成为真正具有规范意义的制度。

总之，公益性代表了现代公共档案馆的发展趋势与方向，也是现代公

[①] 周林兴：《政府责任与信息公平——公共档案馆服务的一种制度性规范分析》，《档案学通讯》2007年第1期。

共档案馆应该具有的基本属性，以公益服务为特征的价值取向的形成对于公共档案馆本质属性的发挥与凸显将起到至关重要的作用。

5.2.3 目标价值取向：培育社会公众的高尚人格

公共档案馆作为公益性文化事业机构其最终目标是通过其自身的文化影响力来培育具有高尚人格的社会群体，因此，其不仅要准确定位基础价值取向、根本价值取向，更为重要的是要科学地形成其最终的目标价值取向，即培育具有高尚人格的社会群体。因为，不管社会如何发展，其最终的目标都是要以促进人的和谐发展为前提，如果离开了人这个社会主体，其他任何社会物件都将失去存在意义。因此，不管是谋求社会公众文化权益的最大化，还是维护社会权利的公平与公正，都必须以人这个社会主体为前提，都是为了人这个社会主体。所以在当前的文化发展中公共档案馆必须认清自身的目标价值取向，以塑造社会文化为己任，以培育社会公众的国家认同感为使命来确立自己的价值取向，为社会的和谐发展贡献自己应有的文化力量。

（1）以塑造社会文化为己任的价值取向。人类社会犹如一座巍巍大厦，政治、经济、文化和科学技术等是它的基本结构材料，而且，其发展过程也是一个不断自我塑造的过程，在这个不断塑造的过程中它需要来自所有社会主体的贡献与力量。"文化本身是限制个体变异范围的一个重要因素，它直接或间接地对行为起着强制作用"，[1] 它对于社会公众高尚人格的塑造主要通过以下几个方面来实现：①它通过孕育社会人格来影响社会个体的品质。社会人格是在社会群体生活过程中形成、依附于群体生活并体现在群体成员的社会行为之中的，它作为一种共性特质隐现于群体成员的人格深处，不同的社会形态会形成不同的社会人格特征，并对社会群体成员的个体品质起到深层次的决定作用，最终形成一种特有

---

[1] 〔美〕C. 恩伯、M. 恩伯：《文化的变异——现代文化人类学通论》，杜杉杉译，辽宁人民出版社，1988，第50页。

的、具有共同特质的社会属性。②它通过确立社会认知来影响社会个体的行为。社会个体的各种社会动机的出现，社会态度的产生、形成以及社会行为的发生都是建立在社会认知的基础之上的，当社会群体都遵从某一种社会行为时，这种社会行为就在潜意识中告诉社会成员这种社会行为是可以被跟从的，是符合社会认知的。③它通过养成主体意识来影响社会个体行为。人作为一个社会个体，不可能是孤立存在的，必然会与其他社会个体发生各种各样的联系，这种发生联系的过程从实质上来说就是社会个体社会化的过程，通过这种社会化的过程社会个体会对自己的存在状态获得一种清楚的认知，并对自己的社会行为做出合理的判断。④它通过决定社会心理来影响社会个体行为。社会心理状况属于社会主体对社会存在的一种直觉反映，其来源于社会实践活动并取决于社会实践生活，可以说它直接形成于社会主体对现实生活的感受，并最终形成一种社会风气。因此，良好的社会心理状态必然会对社会个体形成良好的高尚人格产生积极的影响。

因此，社会文化对于社会公众人格的塑造具有十分重要的价值导向，形成良好的社会文化氛围对于社会个体高尚人格的塑造有着非常积极的现实意义。公共档案馆作为公益性文化机构，拥有深厚的历史文化底蕴，自然有贡献其文化力量的社会责任。那么公共档案馆如何形成自身的文化体系以为社会文化贡献其文化力量并实现塑造社会文化的目的呢？首先，公共档案馆应该回归到文化本位意识，形成一种自省的文化，自省的文化将使公共档案馆能够做到时常反思自己的日常活动与工作目标是否偏离了自身的价值目标，是否违背了其职业理想，是否有违其肩负的社会使命。其次，公共档案馆应该坚持文化创新意识，构建自强的文化，自强的文化能够使公共档案馆经受住来外部环境的压力与冲击，并通过这种文化的自强激发公共档案馆无穷的创新精神，不仅为其自身的发展赢得更多的空间与支持，还能对社会文化发展起到一定的引领作用。最后，公共档案馆应该充分发扬其文化传承功能，形成自律的文化，要充分认识到其对文化的传承不是来自外部环境的压力，不是一种屈服，而完全是一种自觉担当，是一种本质的、最为朴实的对其社会理想的反映，是在恪守其最为神圣的文化传承使命。

总之，公共档案馆应该通过构建自省、自强、自律的文化，确立以塑造社会文化为己任的价值取向，将这种文化以文化服务的形式传递给社会，促进社会文化朝着科学的方向发展，最终通过文化的力量去实现对社会公众高尚人格的塑造，实现公共档案馆服务社会文化的社会使命。

（2）以培育国家认同为使命的价值取向。一个社会群体的集体记忆若能得到妥善保存和延续，将会促使这个群体形成一种强烈的心灵归属感与身份认同感，而当这个群体隶属某一特定的文化区时，这种心灵归属感与身份认同感就自然会转换成对这个文化区所代表的文化的认同。当这种文化认同与国家的概念结合时，就必然上升到国家认同的高度。公共档案馆作为社会集体记忆的保存地，完全符合集体记忆—身份认同—文化认同—国家认同这个逻辑路线。因此，公共档案馆作为公益性文化机构确立以培育文化认同为基础的国家认同价值取向是可行的，也是必需的。完全可以借助其深厚的历史文化资源实现文化化人、文化开智等功能，培育社会公众对国家的认同。而且，文化具有超时空稳定性和极强的凝聚力，一个民族、一个国家的文化体系一旦形成，就会持久地支配其每个社会个体的思想、行为。因此，公共档案馆在培育社会个体的国家认同感方面具有非常重要的积极意义。公共档案馆以培育国家认同感为使命的价值取向主要体现在以下几个方面：①爱国主义教育的进一步强化。爱国主题教育作为提高国家认同度的一种教育形式，不仅不能被放弃，还应该不断被强化。因此，公共档案馆要继续开展传统形式的爱国主义教育，如让中小学生走进公共档案馆，让公共档案馆的历史文化资源走进中小学课堂；②公共档案馆要充分利用历史特殊事件、特别日子来培育公众的国家认同感，如举办"九一八"事件档案展览、"南京大屠杀"档案展览、"慰安妇问题"档案展览等；③公共档案馆应该加强历史文化档案资源的编研工作，多出版一些反映国家伟大历史事件、历史故事的出版物，如《共和国脚步》《档案天天看——毛主席档案系列》等，以此来弘扬国家、民族正气，提升社会公众的国家、民族自豪感；④公共档案馆应该充分挖掘历史题材，开展一系列的仪式教育，如一些国家层面的祭天仪式、民间层面的祭祖仪式以及一些民间民俗仪式等，通过这些仪式教育来感染、激起社会公众对国家历史、祖先的一种敬畏之心。

（3）以促进人际和谐为目标的价值取向。社会是人的社会，同时人又是社会的人，人际和谐是社会和谐的前提与基础，任何社会要想成为一个和谐的社会，人际和谐都是必须首先考虑的社会因素。当前，我国正在稳步向民主政治的道路前进，同时，也在为建设和谐的社会主义社会而不懈努力着。

当前，我国处于社会转型时期，虽经济取得了快速的发展，人们的物质生活水平有了很大的提升，但是精神生活以及人们的幸福指数等还有待提升与完善。公共档案馆作为社会文化机构必须勇于承担相应的社会责任，为促进社会公众之间的人际关系和谐发展贡献应有的力量，为社会的和谐发展提供条件与环境。首先，帮助新市民群体融入城市生活。作为城镇化的产物，新市民这一社会转型背景之下的特殊群体"市民化"的过程并不是简单的户籍身份、地理空间的改变，还将面临一系列的社会问题，如他们如何熟悉城市文化、学习在城市的生存技能以及如何内化新的社会规则和完全不同的社会价值取向等。新市民因其自身能力有限以及群体劣势，在融入城市生活过程中面临着社会选择危机；在市民角色的转换过程中又面临着身份认同危机。如何帮助他们构建合法合规且合乎其身份认同的档案体系，满足他们对档案利用的需求，使其尽快融入城市生活，并适应城市的文化环境、社会环境等，公共档案馆大有可为。公共档案馆应该发挥其在城市建设管理中的积极作用，为这些新市民的城市融入提供心灵根植的平台。其次，公共档案馆应该做到准确反映社会弱势群体的社会存在。众所周知，社会是一个由不同社会群体组成的集合体，在这个集合体中，任何个体存在从本质上来说都是天生平等的，不存在等级差异，他们都有权利得到被平等反映、被平等记录的机会，以便使他们的心灵有得到根植的依据与凭证。因此，公共档案馆必须扩大其采集范围，不仅要关注政府行政机关所形成的档案信息资源,也要关注弱势社会群体、边缘群体及其他非权力阶层的档案信息资源,以反映社会的全部面貌。最后,公共档案馆应该主动通过一些特殊的行业服务解决一些弱势群体的档案信息利用难题,如通过走出去的方式方便一些行动不便的档案信息资源利用者,通过线上线下双向联动的方式为一些无法掌握和应用信息技术的档案信息资源利用者排除障碍。

总之,必须认识到"全球化对国家认同提出了不同程度的挑战,改变了人们与生俱来对国家的情感,这就需要对国家认同的不断塑造"。[①] 而公共档案馆具备塑造国家认同的条件与基础,也具备塑造国家认同的能力。因此,公共档案馆必须以提升社会公众的国家认同为使命,确立以培育社会公众高尚人格为目标的价值取向,通过促进社会人际关系的和谐为社会公众高尚人格的形成提供条件与基础。

5.3 文化发展中公共档案馆价值取向的培育途径

5.3.1 培育馆员的价值情怀

"档案人员从一定程度上而言属于知识分子的范畴,一个真正的知识分子,应该是有良心的、有社会责任的、勇于成为普通民众代言人的人。"[②] 那么一个什么样的档案工作人员才能真正成为社会公众的代言人,才能成为为社会公众谋求文化权益最大化的代言人,才能成为以实现社会公平与公正为社会职业理想的代言人,才能成为以培育社会公众高尚人格为社会使命的代言人呢?笔者认为,对于公共档案馆馆员,超越现实的价值情怀是其必须拥有的素质,而且,他们还必须具有崇高的价值目标和正确的价值取向,并能通过其价值情怀来影响其他社会公众,引领社会公众形成科学且合理的价值取向。档案学科属于人文社会科学的学科范畴,因

[①] 刘社欣、王仕民:《文化认同视域下的国家认同》,《学术研究》2015 年第 2 期。
[②] 孙观清:《档案工作者的社会责任》,《档案学通讯》2007 年第 5 期。

此，档案人员不仅属于知识分子，更是典型的人文学者，存在的社会意义就不仅仅是管理档案实体这么单纯，他们更应该对知识层面的文化进行阐释，并对社会领域中形而上的知识进行提炼与凝集，并在这种提炼与凝集中形成一种对日常生活的反省和批判，形成一种高尚的对自身价值领域进行不断反思的价值情怀，并使其形成一种社会的价值力量，在有形与无形之中有意无意地影响身边的其他人以及社会公众正确社会价值取向的形成，最终把这种社会价值取向具体化为一个个领域的特定价值取向范畴。首先，培育馆员的人文精神。从经济领域的角度来看，公共档案馆作为一个消耗型社会存在主体，不仅不产生经济效益，而且在不断消耗经济资源，其所产生的是难以衡量的社会效益，但是政府对其的投入总是显得有些捉襟见肘，致使馆员的社会收入受到很大影响。在这种情况下，必须加强对馆员人文精神的培育，要让他们热爱生活，培育他们去珍惜生活中的每个细节，用快乐的眼神与乐观的心态去看待世间万物，将生活艺术化并用艺术的眼光去对待生活、工作中的一切，把他们培育成为一个个具有生活情趣的人、乐观的人，只有这样他们才会热爱生活，热爱工作，才会有一颗包容的心、一个豁达的胸怀，才会懂得生活，懂得感恩，才会具备超越现实的价值情怀。其次，引导馆员博览群书。读书可以使人明理，读书可以使人明志。而且，读书更为关键的是可以实现世间万事的打通，如打通书与书之间的要理，打通书与人生之间的关联。博览群书的人在碰到任何问题、挫折时都能理性面对，从容淡定地考量。

总之，要把馆员培育成为具备良好人文精神的人，成为博览群书的人，使他们树立正确的价值情怀，形成合理的、科学的价值取向，推动公共档案馆在文化发展中朝着正确方向发展。

5.3.2 培育政府的保障情结

公共档案馆作为政府体制的一部分，并且作为消耗型的社会机构，其社会属性决定了其造血功能的不足，其正常的有效运转离不开政府的保障。而且，其不仅离不开政府所提供的物质保障，更离不开政府所提供的制度安排以及政策安排。要想公共档案馆在社会文化发展的大环境下得到合理的发展，并且为社会文化的发展贡献其自身的文化力量，政府应起到非常重要的作用。因此，充分运用各种条件来积极地推动政府的保障情结，并主动地去培育与促进各级政府的这种保障情结，是公共档案馆实现其价值取向的重要途径。首先，物质层面的保障情结。公共档案馆应该充分运用其深厚的文化底蕴及其独有的文化影响力，去感化政府的心结，去触动政府心灵深处那份对社会文化事业机构发展的关爱与情怀。因为，从当前的情况来看，政府对公共档案馆事业的保障意愿还不是很足，还有很大的提升空间，具体到经费投入的角度，以 2011 年为例，国家投入档案事业的常规经费只占到当年 GDP 总量的 0.00143%，[1] 虽然从最近几年的情况来看，绝对数量上有很大程度的好转，但基本维持着这种比率关系。当前对公共档案馆事业的投入不太足导致公共档案馆在发展过程中受到很大限制。特别是经济落后地区的公共档案馆正常的运行经费都难以保证，它们也就不可能拿出经费来发展其社会文化功能。因此，公共档案馆社会文化功能的发展与完善要想得到改变，必须培育相关政府部门的保障情结，以使公共档案馆有能力与条件去发展其文化功能，培育其文化能力，实现其促进社会公共文化服务体系发展的社会使命。其次，制度层面的保障情结。国家在制度层面对公共档案馆的文化属性的认定与保障都有很大的欠缺，根据我国统计年鉴中全国主要文化机构的介绍，其对象主要是指公共图书馆、文化馆、博物馆、艺术表演团体及艺术表演场馆等，公共档案馆并不在其列。而且，历年国家出台的相关文化发展支持政策都缺少对公共档案馆事业的关注，国家"十一五""十二五""十三五"时期的"文化改革发展规划纲要"都没有着墨对公共档案馆事业的发展进行设计，更没有把公共档案馆当成文化主体来考量。要想使公共档案馆事业获得正常发展，并使其文化功能得到发挥，必须促进相关政府部门在制度设计过程中加大对公共档案馆事业的保障意愿，只有这样，公共档案馆的价值取向才

---

[1] 周林兴：《重申弱化档案价值鉴定的合理性存在》，《档案学通讯》2016 年第 2 期。

有可能得到实现。

5.3.3 培育社会公众的档案意识

档案作为一种社会存在，不管社会如何变化与发展，它都静静地躺在公共档案馆的库房里，不会主动、积极地去与任何社会主体进行互动与交流，更不会去寻找其社会利用者。因此，不管社会公众有没有意识到，档案都不会因此产生什么变化与影响。但是对于社会而言，这种影响就是非常明显与确定的。档案作为一种反映社会记忆的社会存在，反映着真实的历史面貌，记录着过去的点点滴滴，可以说，其记录的是信息，传承的是文化。因此，既然档案不会主动寻找它的利用者以及潜在利用者，那么它的历史文化价值如何才能得到挖掘与实现呢？当然，就只有从另一端来找到答案，即培育社会公众的档案意识，让社会公众充分了解档案，充分了解档案中所隐藏的历史事实与历史文化。首先，要让社会公众知道，他们是这些档案信息资源的合法利用者。档案再也不是统治阶级用来统治人民的专有工具，它已是一种社会信息资源，是社会公众工作、生活与娱乐不可或缺的社会资源之一。《档案法》明确规定社会公众有利用档案信息资源的权利，所以说这个权利是法律赋予的。其次，要让社会公众知道，公共档案馆里有他们需要利用的档案信息资源。当前，我国公共档案馆的档案信息资源虽然还不是非常完善，但是历史文化档案信息资源还是很丰富的，这些档案信息资源对于社会公众而言有非常积极的意义，如社会公众可以通过这些历史文化档案信息资源陶冶自己的情操，提升自己的人文素养，也可以通过这些历史文化档案信息资源来增进自己对历史真实事件的了解。最后，要让社会公众知道，他们可以通过什么样的方式、什么样的途径利用保存在公共档案馆中的档案信息资源。公共档案馆应该通过一些宣传、介绍以广而告之的形式让社会公众充分了解到这些信息，排除他们的利用顾虑，让他们有一种想走进公共档案馆去利用档案的愿望。在当前社会转型的背景之下，社会公众档案意识的形成不可能是一种自发或自觉行为，必须有相应的外在力量的推动与促进。因此，公共档案馆作为当事者必须承担起这个责任,这既是在行使自己的社会职能,也是对社会公众负责的一种表现。

5.3.4 培育社会媒体的宣传意识

不管是公共档案馆价值取向的形成,还是公共档案馆价值取向的实现,社会媒体的力量都是不可或缺的因素。因为在公共档案馆价值取向的形成过程中,需要借助社会媒体的宣传力量去促进其形成,并为其形成提供良好的舆论环境,为馆员树立正确的价值观与人生观提供满满的正能量。而且,更为重要的是可以借助社会媒体的影响力去影响与敦促相关政府行政部门为公共档案馆的价值取向的形成与实现提供相应的条件与基础。因为任何价值取向的形成与实现都不可能是纸上谈兵的高谈阔论,都是需要付诸实践的具体行动。首先,引导社会媒体关注档案事件。一般情况下,社会媒体的关注点多集中在社会主流中心而非边缘地带,公共档案馆虽然同为政府机构,但是其远离社会权力中心。所以正常情况下,社会媒体很难把他们的有限精力与珍贵的报道能力照射到公共档案馆的身上。要想获得他们的关注与报道,就必须主动地走出去,积极地培育社会媒体关注重大档案事件或者具有重大历史意义的档案纪念事件的意识。如引导社会媒体关注一年一度的"国际档案日"事件,通过连续的社会媒体的关注,积极推动他们多报道一些相关事件。年复一年的连续报道,必然会在社会公众之中形成一种长久的"事件意识",最起码可以形成一种"被动的关注"。另外,应该引导社会媒体关注那些具有重大历史意义的历史事件档案展览,如"南京大屠杀档案展览"等,这种重大历史事件在社会媒体的正确宣传与报道之下,对社会公众具有很大的吸引力,可以极大地吸引社会公众的注意力与关注,并在他们的心灵深处形成一种对档案的深刻认知,不仅有利于社会公众档案意识的形成,也有利于促进公共档案馆价值取向的形成与实现。其次,培育与社会媒体灵活多样的合作形式。除了要培育社会媒体关注档案重大事件外,还应该与社会媒体开展常态性的灵活多样的宣传合作,通过宣传形式的常态化,使社会公众在日常的耳濡目染氛围中实现对档案的关注，提升对档案的兴趣。如江苏省档案馆与南京《扬子晚报》开展的常态性历史文化形式的合作——《档案穿越》专版，不仅得到了社会公众的关注，更是引起了政府相关职能部门的认同，并在2012年被评为"2012年度全省宣传思想文化工作创新奖提名奖"，开创了该省档案系统获此殊荣的先河。[①] 南昌市档案馆与《江西晨报》合作开设的历史事件专版《档案解密》已非常成熟，在社会公众中产生了很大的反响。另外，除了借助报刊媒体外，还可借助电视媒体的力量，如借助北京卫视的影响力，北京市档案馆通过展现人生百态，透视社会万象，以前所未有的视觉冲击力和奇特角度探索世界，找寻曾经的真实和鲜为人知的事实真相，把《档案》栏目做成了精品，成为电视业的一个奇特档案现象。

总之，培育社会媒体对档案事业的宣传意识，对于公共档案馆价值取向的形成以及实现都有十分重要的积极意义。

---

① 袁光：《〈档案穿越〉历史文化专版荣获江苏省"2012年度全省宣传思想文化工作创新奖提名奖"》，《中国档案报》2013年2月4日，总第2417期，第1版。

6

中国语境：

文化发展中的公共档案馆发展战略环境分析

环境分析在社会组织发展战略分析中占有十分关键的地位，主要是指社会组织通过对其所处的内部环境以及外部环境所进行的全面的、系统的分析与评估，达到有效识别组织自身优劣的目的，在可能或将要面临外部威胁与机会时使自己能够有效、迅速地做出准确的反应并确定自身未来的发展方向。

公共档案馆作为我国的非营利性组织，在制定其发展战略过程中，必然要考虑环境因素所带来的影响，不仅要考虑来自公共档案馆内部的环境因素，如资源建设、服务开展、行政管理、基础设施、人力资源、技术嵌入、经费投入以及其资源整合能力、服务创新能力等，也要考虑来自公共档案馆外部的环境因素，既有来自宏观环境因素的影响，如与公共档案馆相关的政策与法规，与公共档案馆经费投入相关的社会经济发展周期以及地区经济发展差异，与公共档案馆发展相关的社会文化环境以及社会信息技术的发展等，也有来自微观环境因素的影响，如来自公共档案馆上级主管部门的因素，来自同行业或相关行业之间的竞争因素以及档案信息资源利用者行为及利用需求的变化等因素。

6.1 战略环境分析理论及方法梳理

6.1.1 战略环境分析理论发展简述

自20世纪60年代，战略管理理论就受到管理学领域的关注与重视，随着其在企业管理中的应用，逐渐从设计、学习、文化、环境、结构等[1]

---

[1] Barnard Chester I. *The Functions of the Executive* [M]. Cambridge：Harvard University Press，1964.

角度形成了不同的战略管理学派。有学者根据不同历史时期企业所面临的不同环境,并根据这种环境的变化发展将战略管理理论分为战略规划学派、环境适应学派、产业结构学派以及战略资源学派。[①] 无论哪个学派都非常重视对组织所面临的环境的分析,并认为组织环境会对组织的发展有很大的影响与制约作用。

战略管理思想大概经历了基于内外环境匹配的战略制定、基于外部环境的战略制定、基于内部环境的战略制定以及内外部环境共同演化的战略制定等发展路径。

基于组织内外部环境因素来制定组织战略规划的思想主要来自战略规划学派,该学派以 Ansoff、Andrews、Anthony、Chandler 等[②]为代表,提出依据组织环境、战略及组织结构的变化来制定战略,并且三者之间相互影响,强调组织内在与外在的环境如果配合得科学与适当,将有利于提高组织绩效。而基于外部环境的战略管理理论又分为以经济环境适应为导向的战略制定和以产业结构分析为导向的战略制定两个分支,但在 20 世纪 70 年代,世界性的组织外部环境呈现出一种突发性的巨变,使对组织外部环境的预测变得困难重重,因此,以 Darwin、Mintzberg、Simon、Porter 等[③][④]为代表的一些研究者认为战略需要根据环境的动态变化不断地做出调整,并且组织在进行战略制定过程中,更要进行以产业结构分析为主导的外部环境分析,以此来降低战略定位风险。20 世纪 80 年代以 Wernerfelt 为代表的学者认为组织外部环境复杂且变化多端,因此强调在战略规划的制定中应该以组织内部环境为出发点与落脚点,而不应该是外部环境,并且,强调具有竞争优势的组织应该具备资源价值性、稀缺性、不能被完全模仿性、不可替代性等属性,[⑤] 持这种

[①] 周三多、邹统钎:《战备管理思想史》,复旦大学出版社,2003,第 20~35 页。

[②] 〔美〕艾尔弗雷德·D. 钱德勒:《结构与战略》,北京天则经济研究所等译,云南人民出版社,2002,第 23 页。

[③] 〔美〕迈克尔·波特:《竞争战略》,陈小悦译,华夏出版社,2004,第 3~34 页。

[④] Porter Michael E. Towords a Dynamic Theory of Strategy [J]. *Strategic Management Journal*, 1991 (12): 95 – 117.

[⑤] 张红兵、和金生:《战略管理理论的演进和展望》,《电子科技大学学报》(社会科学版) 2007 年第 4 期。

观点的学者由此形成了以资源为基础的战略制定和以能力为基础的战略制定的战略管理理论流派，即基于内部环境分析的战略规划学流派。到20世纪90年代以后，战略管理理论领域出现了一些新的研究视域，如 Moore[①] 提出的生态系统演化理论、Polo 等提出的组织生态学共同演化论等。[②] 除了这些理论学派及观点外，还有 Lewin、Chris、Timothy、Normann、Ramirez 等[③]研究者也从一些其他视域进行了相关的研究。

6.1.2 组织战略环境分析方法简述

组织战略环境分析的工具比较多，如 SWOT 分析方法（优势、劣势、机会、威胁）、Porter 的五力模型、外部宏观环境分析的 PEST 方法、利益相关者分析方法以及 EFE 矩阵分析方法（外部因素评价矩阵）、Scherer 的产业环境分析方法、SMFA 分析方法（审视、监控、预测与评估）等。虽然各种分析方法各有不同的着重点，但是其基本的指向是相同的，即环境是其所关注的重点所在。下面就前面四种方法进行简要评述。

（1）SWOT 分析方法。SWOT 分析矩阵由 Andrews[④] 提出，他认为战略应该包括市场机遇、公司能力、个人激情以及社会责任等几个方面的因素，通过把组织的内部环境因素与组织的外部环境因素进行科学匹配，最终形成 SWOT 分析矩阵，即将优势（Strength）、劣势（Weakness）、机会（Opportunity）与威胁（Threat）综合起来进行分析与判断，通过这种综合判断来为组织选择最佳发展战略。SWOT 分析方法的逻辑结构如图 6-1 所示，SWOT 分析矩阵如表 6-1 所示。

---

① 〔美〕詹姆斯·弗·穆尔：《竞争的衰亡》，梁骏译，北京出版社，1999，第 54～58 页。
② Polo L., et al. Forms and Identities: On the Structure of Organizational Forms. Paper Presented at EGOS 14th Colloquium, Stretching the Boundaries of Organization Studies into the Next Millennium. Maastricht: Maastricht University, Faculty of Economics and Business Administration, 1998: 167
③ Normann Richard, Ramirez Rafael. From Value Chain Value Constellation: Designing Interactive Strategy [J]. Harvard Business Review, 1993 July – August, 71 (4): 65 – 77.
④ 项保华、李庆华：《企业战略理论综述》，《经济学动态》2000 年第 7 期。

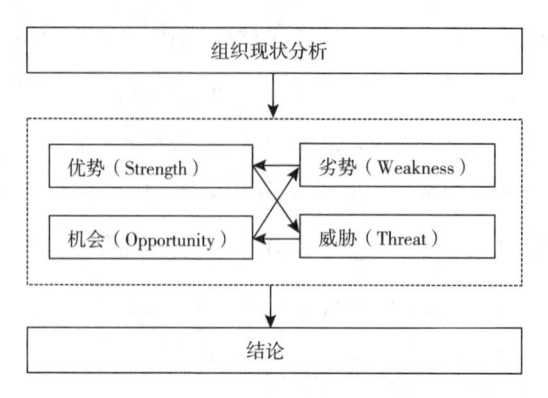

图 6-1 SWOT 分析方法的逻辑结构

资料来源（参考）：王玉：《公司发展战略和管理》，立信会计出版社，2003，第 159 页。

表 6-1 SWOT 分析矩阵

	优势	劣势
机会	S-O 策略	W-O 策略
威胁	S-T 策略	W-T 策略

资料来源（参考）：王玉：《公司发展战略和管理》，立信会计出版社，2003，第 159 页。

公共档案馆作为重要的非营利性组织，在当前社会环境中不可能独善之身，必然会受到各种社会环境因素的诸多影响，在识别其优势的同时，必须要意识到其所面临的劣势，在找准其发展机会的同时，更要看到其所面临的威胁。要在此基础之上通过权衡利弊，进行科学规划，制定出适合自身发展的战略规划。

（2）Porter 的五力模型。Porter 认为一个行业内部的竞争状态取决于五种竞争作用力，即潜在进入者、供应商、竞争对手、买方和替代品，并由此构建了一个由这五种力量构成的著名"五种竞争力量模型"[1]（简称：五力模型或 5P 模型），如图 6-2 所示。

波特认为正是来自这五种力量的综合作用决定着一个组织的营利能力，也正是因为它们影响价格、成本和企业的投资效益等，所以对这五种力量的分析与评价可为组织的战略规划和经营提供建议和决策依据。当

---

[1] 〔美〕迈克尔·波特：《竞争战略》，陈小悦译，华夏出版社，2004，第 2~28 页。

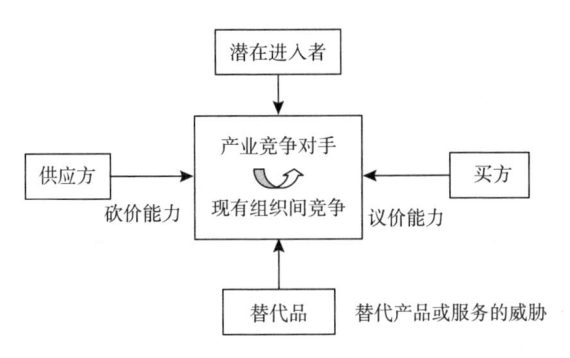

图 6-2 五力模型

资料来源：迈克尔·波特：《竞争战略》，陈小悦译，华夏出版社，2004，第 2~28 页。

然，从这个五力模型可以看到，它是建立在一定的完善信息假设基础之上的一种完美模型，它认为所有战略的制定者都能完全了解整个行业的信息，同行业之间只有竞争而没有合作，并且认为经济、社会、政治、文化以及组织内部环境等对组织的影响不大。要想达到符合上述要求的情况几乎是不可能的，因此，如果单独运用该模型来分析一个组织的环境问题并以此来制定战略，会有很大的局限性。

（3）PEST 宏观分析框架。PEST 主要是基于组织外部环境进行分析的战略分析工具，它将组织的外部环境分为：政治环境（P）、经济环境（E）、社会环境（S）与技术环境（T）。该分析方法仅提供了一个分析框架，指引组织战略制定者按照这种思路去进行具体的分析，并根据具体的环境定义每个变化的具体意义，因此该方法只是从宏观上认识与把握影响组织的关键因素，没有考虑市场环境、自然环境等变量因素，也没有涉及组织的内部环境因素，导致组织内外环境无法形成紧密的联系。因此，在制定组织战略规划时还需要结合其他相关理论方法才能制定出更加科学的发展战略。其具体框架如图 6-3 所示。

（4）利益相关者分析方法。利用利益相关者分析方法进行组织的战略环境分析也日益受到一些学者的关注，其作为一种重要的分析手段，主要是着眼于利益相关者影响力的高低以及他们观点的可预测性。如图 6-4 所示。

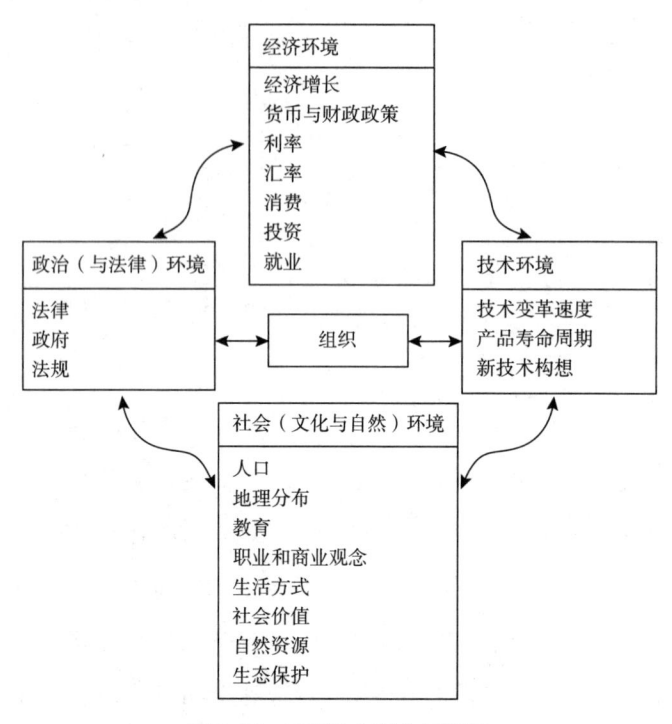

图 6-3　PEST 宏观分析框架

资料来源（参考）：托马斯·加拉文、杰拉德·杰拉尔德、麦克·莫利：《企业分析》，马春光等译，生活·读书·新知三联书店，1997，第 5 页。

从图 6-4 可以看到，A、B 两处利益相关者影响力较低，处于相对较好管理的状态，属于略加关注就能掌控的对象。处于 C 处的利益相关者影响力大，但其态度可以预测，属于最易权衡的对象。而 D 处的利益相关者具有很高的影响力，但其态度不具有可预测性，因此，在制定战略规划时必须对其进行更多关注与跟踪，保持尽量多的交流与沟通，及时了解其态度并积极地争取其对新战略的认同。

利益相关者分析方法除了应用影响力—动态矩阵外，还可以从影响力—利益矩阵的角度来进行分析，正常情况下利益水平高的利益相关者对战略规划的关注程度往往也更高，利益水平低的利益相关者对战略规划的关注程度往往会更低。基于这种规律，从图 6-5 可以看到，A 处的利益相关者相对来讲受战略影响不大，属于最稳定性对象，而 B 处的利益相关者的要求能够影响力量更强大的群体，因此应给予其适当关注，并向其提供相关

```
         高↑
          │ ┌─────────────┬─────────────┐
          │ │ C           │ D           │
          │ │ 影响力大但可以预测│ 急需关注      │
          │ │             │             │
     影   │ ├─────────────┼─────────────┤
     响   │ │ A           │ B           │
     力   │ │ 问题较少      │ 不易预测但可管理│
          │ │             │             │
         低│ └─────────────┴─────────────┘
          └──────────────────────────────→
            高        可预测性        低
```

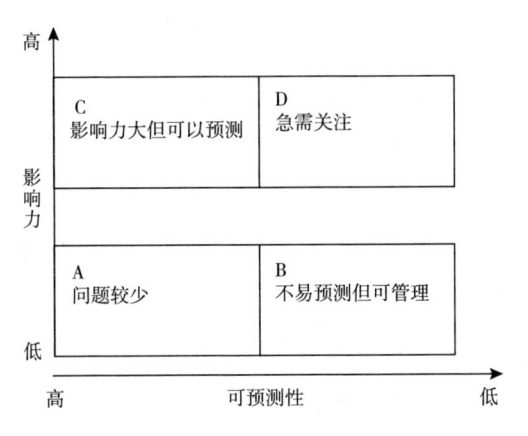

图 6-4 影响力—动态矩阵

资料来源：邹昭晞：《企业战略分析》，首都经济贸易出版社，2011，第 33 页。

信息。C 处的利益相关者相对来讲比较消极，但一旦有诱发事件出现，他们可能会成为影响力强大的利益群体。而 D 处的利益相关者在这个格局中属于最为关键的角色，其对战略接受的程度是在制定战略规划时必须考虑周全的一个重要因素。

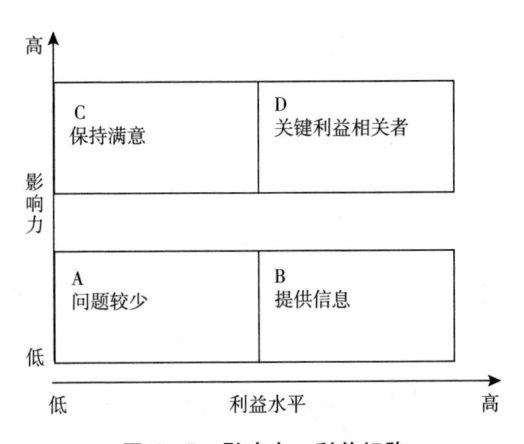

```
         高↑
          │ ┌─────────────┬─────────────┐
          │ │ C           │ D           │
          │ │ 保持满意      │ 关键利益相关者│
          │ │             │             │
     影   │ ├─────────────┼─────────────┤
     响   │ │ A           │ B           │
     力   │ │ 问题较少      │ 提供信息      │
          │ │             │             │
         低│ └─────────────┴─────────────┘
          └──────────────────────────────→
            低        利益水平        高
```

图 6-5 影响力—利益矩阵

资料来源（参考）：邹昭晞：《企业战略分析》，首都经济贸易出版社，2011，第 33 页。

虽然上述战略环境分析方法主要运用于企业等营利性组织的发展战略规划制定，但是它们的理念以及环境分析的方法还是可以运用于公共档案馆发展战略规划制定的，值得我们在制定公共档案馆发展战略规划时借鉴。因为，公共档案馆是法定的公益性公共文化服务机构，也具有其他社会组织所具有的普遍特征，管理对于公共档案馆而言也同样具有十分重要的价值，并且，公共档案馆要想实现长远的科学发展必然要制定科学的发展战略规划，因此，战略管理作为一种科学的管理研究方法同样也适用于公共档案馆。

公共档案馆也面临着其他社会组织所面临的相似环境因素。公共档案馆与其他社会组织一样，都处在开放的自然系统、社会系统及经济系统之中，其战略规划管理必然与组织的外部环境有着千丝万缕的联系，并与这些环境形成相互适应与相互影响的关系。而且，公共档案馆外部的环境始终处于一种动态变化之中，这就要求公共档案馆在制定与实施发展战略规划时不能僵化，必须对外部环境进行科学的分析与预测，及时了解可能会对公共档案馆未来发展产生影响的社会因素，并及时进行调整，协调好其发展战略规划与外部环境的关系，使公共档案馆发展战略规划的制定更加科学规范，并具有可实施性与指导性。只有这样，才能使公共档案馆在未来的发展中虽然面临着不确定性外在环境，但总能把握自己，并进行准确定位，使自己保持高效的运作状态并持续健康稳定地按照既定的发展战略规划前进。

但是，由于公共档案馆属于公益性公共服务机构，其与社会组织还是有很大区别的，企业等社会组织是营利性的，其追求的是经济利益的最大化，经济指标是其最为看重的关键指标。而公共档案馆是公共性的，其追求的是公共利益的最大化，通过提供合理的公共服务来实现其社会价值。

因此，在进行公共档案馆战略环境分析过程中，必须考虑到公共档案馆的特殊性，在利用各种环境分析理论与方法时，要注意对分析模型与方法进行适当的改变与补充，以提高其对公共档案馆战略分析的适应性。如SWOT分析方法与PEST分析方法，由于其在分析组织内外环境构成要素时，不涉及利润、盈利等经济指标，因此，它们完全可以被直接引入公共档案馆发展战略分析之中，只要稍微对侧重点进行调整即可。如从当前环境来看，公共档案馆发展所需的经费来源基本是政府的财政拨款，因此，这块内容就基本无须进行太多的战略分析，而应该把更多的笔墨放到着重强调政府对政策、法律法规的供应上。另外，因为公共档案馆属于公益性公共服务机构，因此，强调社会竞争的波特五力模型就不能直接运用于公共档案馆的发展战略规划之中，因为公共档案馆强调共建共享，是公共档案馆之间、公共档案馆与相关公共服务机构之间的合作，追求的是社会公共利益的最大化。

6.2 公共档案馆战略规划的外部环境分析

6.2.1 公共档案馆战略规划的宏观环境

在对公共档案馆的宏观环境分析中，可以采用PEST分析方法进行分析，即从政治（政策）与法律法规环境因素（P）、经济环境因素（E）、社会文化环境因素（S）及技术环境因素（T）等角度来开展。通过分析这几个方面的因素来了解公共档案馆所处的社会大环境，为公共档案馆战略规划的制定提供依据。

（1）政策与法律法规环境因素。公共档案馆作为政府设计的公共服务组织，其在进行发展战略规划制定时必须以国家政策为导向，以国家法律法规为准绳，这是制定公共档案馆发展战略规划的前提与基础。具体来看，公共档案馆作为公益性文化服务机构自然会涉及国家的文化政策及法律法规，同时公共档案馆作为我国爱国主义教育基地也必然会涉及国家的教育政策及法律法规。而且，公共档案馆在发展的过程中必然受到各种信息技术的影响，所以信息技术发展政策及法律法规也将对其有直接影响，另外公共档案馆属于财政拨款机构，国家与财政拨款有关的政策及法律法规自然也是公共档案馆制定战略规划时必须考虑的因素。

一个国家的文化政策在很大程度上体现着一个国家的政治文明、政治民主以及政治生态。"代表先进文化的发展方面""构建学习型社会""构建和谐社会主义社会""构建智慧型城市""打造学习型城市"等国家相关文化政策的相继出台，对公共档案馆都提出了新的发展要求，在这种文化政策的要求下，公共档案馆的服务理念、服务精神、服务水平以及服务方式、资源建设、服务项目等都必须不断做出合适的战略设计与战略安排。特别是国家历次的文化发展规划纲要更是值得公共档案馆领域关注的，其精神与理念应该成为公共档案馆战略规划制定时重点考量的内容。如2006年颁布的《国家"十一五"时期文化发展规划纲要》中专门有一章是关于公共文化服务的论述，这就给了公共档案馆战略制定一个非常明显的信号；2011年10月18日中国共产党第十七届中央委员会第六次全体会议通过的《中共中央关于深化文化体制改革推动社会主义文化大发展大繁荣若干重大问题的决定》，标志着我国正式进入"文化强国"的政府治理理念时期；2012年2月15日《国家"十二五"文化改革发展规划纲要》颁布，当年5月10日《文化部"十二五"时期文化改革发展规划》颁布；2015年12月发布的《中共中央关于制定国民经济和社会发展第十三个五年规划的建议》更是把公共文化服务作为七大要点之一。公共档案馆作为公共文化服务体系中的重要机构，是历史文化资源的保存中心，承担着保存人类社会活动文化记忆、传播历史文化知识的社会功能。国家这些文件在宏观层面为公共档案馆提供了战略发展的方向与指引。另外，除了这些国家文化政策会影响到公共档案馆战略规划的制定外，国家层面的教育政策也在一定程度上会影响到公共档案馆战略规划的制定与实施，如《爱国主义教育实施纲要》、《关于充分运用文物进行爱国主义和革命传统教育的通知》、《中小学加强中国近代、现代史及国情教育的总体纲要》以及《中学政治、中小学语文、历史、地理学科教育纲要》等，都有明确规定：各类博物馆、纪念馆、烈士纪念建筑物，革命战争中重要战役、战斗纪念设施，文物保护单位、历史遗迹、风景胜地和展示我国两个文明建设成果的重大建设工程、城乡先进单位等是进行爱国主义教育的重要场所。各级党委宣传部门要遵照当地党委和人民政府提出的要求，会同教育行政部门、共青团组织和文化、文物、民政、园林等部门确定一批教育基地。因此，针对当前社会小学生中出现的一些爱国情结缺失的现象，公共档案馆作为中小学生爱国主义教育基础设施的地位不仅不能降低，反而需要进行强化,并在公共档案馆未来的发展战略规划中进行更加详细与具体的规划。

公共档案馆在制定其发展战略规划时必须以相关法律法规为依据,科学且合理地制定公共档案馆的发展战略规划。在这方面,可以说,我国存在非常大的缺陷,到目前为止,我国没有一部专门关于公共档案馆方面的法律,只有一部总领全国档案事业的法律,即1988年颁布、1996年进行过一次修订,目前又在进行修订的《中华人民共和国档案法》及其相关实施办法。在法规方面,出台了一些与公共档案馆相关的法规,如《档案馆建筑设计规范》(JGJ25-2010)、《档案馆建设标准》(103-2008)以及2014年颁布的《数字档案馆建设指南》等。

可以看到,在进行公共档案馆发展战略规划制定的过程中,不仅要关注与重视对这些现有政策、法律法规相关精神的了解与领会,更要关注与重视正在酝酿与正在修订中的政策、法律法规及相关标准、意见等,分析其可能给公共档案馆发展带来的机会或威胁,适时调整公共档案馆的发展战略规划。

(2)经济环境因素。我国公共档案馆基本属于财政拨款的公益性事业机构,在2016年、2015年、2014年这三年中,财政拨款收入分别占到国家档案局收入的93.44%、93.76%、92.52%。[①] 而国家财政拨款的多少又取决于国家所处的经济状况。因此,在进行公共档案馆发展战略规划制定的过程中必须对国家所处的经济环境进行全面的了解与分析,并针对不同的经济发展阶段采取不同的发展战略规划。例如,当国家处于经济快速增长的阶段时,公共档案馆进行战略规划制定就可以要求政府加大对公共档案馆事业的经济投入,加快发展公共档案馆的基础建设,如馆舍建设、设施设备的建设以及加强对公共档案馆人员的培训与素质提升等。而当国家的总体经济发展处于危机或萧条时期时,政府必然会削减对公共档案馆这类非社会直接生产机构的财政拨款,公共档案馆的经

---

① 数据来源为2016年、2015年、2014年国家档案局的预算与决算。

费必定会明显减少。因此，在这些时期，公共档案馆就必须及时调整其发展战略规划，收缩一些经费支出，把有限的资金分配到至关重要的发展领域中去，而相应减少对基础设施等长远战略规划的支出。而且，在经济大环境不好的情况之下，更应该注重公共档案馆内涵的发展，如加强对公共档案馆服务方式的选择，注重其服务水平的提升，多开展一些业务咨询等方面的工作，这些工作的开展只需要在原来设施的基础之上就能顺利进行，不需要重新进行经费的投入，但可以通过这种变化来提升服务水平、服务能力等。这样一来，公共档案馆就能够更好地满足社会公众的利用需求，体现公共档案馆的社会价值，抵消由经费减少所带来的负面影响与冲击。

除了要关注整个国家的经济发展环境之外，也需要关注不同地区之间的经济发展差异，及时调整策略。我国幅员辽阔，东中西部不同的地区由于受到自然条件等因素的影响经济存在非常大的差异，导致各地公共档案馆在办馆条件、服务项目的开展、信息技术的运用等方面也表现出了明显的地区不平衡。如经济发达的上海、广东、江浙一带，由于地方政府的财政投入相对较高，公共档案馆发展相对来讲较理想，而中西部地区，由于当地政府财政紧缺等原因，发展明显缓慢，馆舍条件服务能力与服务项目等存在不少差距。如根据调研，2003年江西省档案事业费（常态化经费不包括专项建设经费，下同）564万元、上海市档案事业费3335万元，2013年江西省档案事业费达到了2000多万元，上海档案事业费则达到了8400多万元，[①] 两者的差距非常明显。特别是中小城市及县级公共档案馆更是相去甚远，部分公共档案馆面临着严峻的生存考验。2010年，国家发改委与国家档案局共同组织实施了《中西部地区县级综合档案馆建设项目》，该项目覆盖了我国中西部地区26个省、自治区、直辖市的2066个县级综合档

---

① 数据来源：2003年档案事业费来自2004年中国档案年鉴，2013年档案事业费来自江西档案信息网、上海档案信息网公布的2013年财政拨款支出决算表。数据统计口径可能有一定出入，但不影响对事实本质的描述。

案馆。①但根据调查,该项目专项经费分配到每一个县级馆的建设经费平均只有 100 多万元,而建设一个有一定前瞻性的县级档案馆所需要的经费大概在 1600 万元。可见,这个专项经费实属杯水车薪,这个项目更大的社会意义或许只是起一个示范性引导作用,而能不能引导成功完全取决于当地经济的发展情况以及领导的重视程度。因此,公共档案馆在制定其发展战略规划时,一方面要具有前瞻性,不要束手束脚,另一方面,也要充分考虑到当地的经济发展状况,制定既适合当地实情又能逐步推进当地公共档案馆事业持续发展的战略规划。

(3) 社会文化环境因素。在封建社会,档案是统治阶级治理社会的工具与手段,档案不得为社会公众所接触。因为统治阶级实施的是愚民政策,致使档案及档案馆的社会文化功能无法得到发挥。可以说当时的档案呈现在社会公众面前的是皇家特权文化,是庙堂之物。随着新中国的成立,特别是近年来在社会公众信息文化权利得到全面保护的社会大背景之下,对知识自由、文化自由的崇尚已深入人心。如何获得普遍均等的公共文化服务以及如何实现自身的文化权利,已成为社会普通公众关心的热点话题。作为历史文化资源的聚集地,公共档案馆理应成为社会公共文化服务体系建设的重要组成部分,社会公众也非常希望公共档案馆成为社会主流文化的传播者、大众历史文化的生产者,并成为缩小社会文化鸿沟、实现文化公平的践行者。因此,在文化需求日益增长的今天,以人为本、普及知识、文化化人、文化开智、信息保障、社会共享成为社会对公共档案馆基本功能的新要求。所以,在当前强调与重视社会文化大发展大繁荣的社会大背景之下,公共档案馆需要及时地为自身发展进行准确的定位,为创新服务做出新的发展战略规划。

当前的社会文化环境呈现出以下两个方面的特点,一是在国家不断出台的社会文化发展政策及制度安排下,几乎所有的社会文化生产机构都在

---

① 宁宇龙:《"中西部县级档案馆建设"扬帆"十二五"》,《中国档案报》2010 年 12 月 19 日,第 1 版。

争先恐后地制定各自的文化发展及服务战略。如公共图书馆、博物馆等均已宣布加强公共文化服务并实施免费开放等相关发展战略，尽可能地吸引社会公众到其场所去接受文化服务，以此来提升自己对社会公共文化服务的影响力，这不仅为社会公共文化服务体系的建设贡献了自己的力量，而且也实现了其自身的社会价值与社会理想，证明了其存在的社会意义。二是随着社会经济的发展以及物质的不断丰富，人们在解决了温饱之后，开始考虑其精神层面的追求，最为直接的表现就是社会公众正在形成强烈的接受公共文化服务的愿望。因此，面对当前社会公众的这种利用需求，公共档案馆作为公益性文化服务机构，必须有所担当并积极行动，根据社会需求适时地制定其发展战略规划。

（4）技术环境因素。技术的发展对于公共档案馆发展所起到的推动作用是非常明显的，可以说，它在很大程度上决定了公共档案馆为社会服务的手段、能力与水平。公共档案馆发展战略如何适应新的技术环境并应用新的技术工具来提升其服务质量成为当前公共档案馆不得不考虑的发展重点。网络技术、通信技术、互联网技术的发展，正在改变着整个社会查找和利用档案信息资源的方法与方式，特别是随着 Web 2.0 技术的广泛运用，以利用者为核心的服务理念为公共档案馆服务模式的创新带来了全新的机遇与挑战，在这种环境下，公共档案馆可以通过即时通信工具 QQ、微信以及通过 Blog、Wiki、RSS 等社交媒体技术来改进公共档案馆的内部管理及服务方式、服务内容，为档案利用者提供更加快捷、方便，更加人性化的档案信息利用服务。

当然，到底技术的发展给公共档案馆的发展带来了多大的影响，具体是什么影响以及未来有什么影响等，是一个很难衡量的问题。但是，我们可以从当前的运用中大致地进行一些预测，以便为公共档案馆制定发展战略规划提供相应的指导。根据调研，在未来的发展中，将会给公共档案馆公共服务带来直接影响的有云计算技术、物联网技术、移动计算技术等，特别是移动计算技术将有可能给公共档案馆开展移动式公共服务提供最为直接的技术支持。因此，公共档案馆在制定发展战略规划时，必须考虑到这些技术因素可能对公共档案馆发展和档案利用者带来的影响,并分析新技术环境下档案利用者可能会出现的档案信息资源需求的新变化,并以此来制定相应的发展战略规划,满足档案利用者可能会出现的多变利用需求。充分分析各种信息技术,不仅可以有效地避免信息技术可能会带来的威胁,更可以为公共档案馆发展带来优势,使公共档案馆的发展战略规划能够不断地适应新技术环境的变化。

6.2.2 公共档案馆战略规划的微观环境

营利性社会组织对其微观环境的分析基本上侧重对其竞争环境的预测与分析,因此运用得比较多的环境分析工具是 Porter 所提出的五力模型。但是公共档案馆属于公益性文化服务机构,不参与市场的竞争,而且,公共档案馆发展的最终目标是让社会公众尽可能方便、快捷、及时地利用到所需要的档案信息资源,所以它更关心的是如何实现对全国档案信息资源进行共建共享的问题,使保存在不同的公共档案馆的独有档案信息资源发挥最大的社会效益。因此,在对公共档案馆行业环境进行分析时应该把关注的重点放在合作层面,而不是竞争层面。另外由于公共档案馆属于"纯消耗性社会机构",本身并不产生经济效益,其所有的经费完全依赖政府的财政拨款,而这种财政拨款不仅受到国家层面经济发展因素的影响,同时也会受限于上级主管部门,因此,在进行公共档案馆发展战略规划制定时,主管机构理应成为其微观环境分析的重要组成部分。由于营利组织与非营利组织之间有着非常大的差异,所以在对公共档案馆微观环境进行分析时,不能完全照搬对营利组织的环境分析理论,必须结合公共档案馆的实际情况对相关理论分析工具进行相应的修正。公共档案馆的微观环境如图 6-6 所示。

(1) 主管机构。发展战略规划方案的选择和实施都离不开主管机构的经费审批、人事编制、项目支持以及政策支持等,可以说公共档案馆发展战略内容的选择与主管机构有十分密切的关系。虽然公共档案馆内部的微观发展战略、服务战略等在公共档案馆自身决策范围内,与主管机构关系不大,但是涉及馆舍建设、重大设施设备的更新换代以及国家级、区域级共建共享等

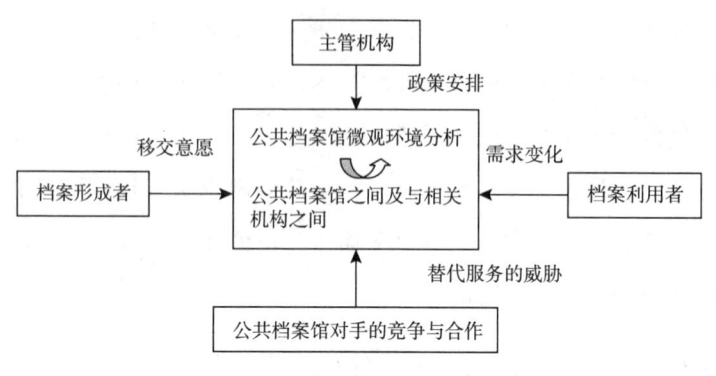

```
                    ┌──────────┐
                    │  主管机构  │
                    └──────────┘
                        │ 政策安排
         ┌──────────────────────────────┐
  移交意愿│  公共档案馆微观环境分析         │需求变化
┌──────┐ │                              │ ┌──────┐
│档案形 │→│  公共档案馆之间及与相关        │←│档案利 │
│成者   │ │  机构之间                     │ │用者   │
└──────┘ └──────────────────────────────┘ └──────┘
                        ↑ 替代服务的威胁
                ┌──────────────────┐
                │公共档案馆对手的竞争与合作│
                └──────────────────┘
```

图 6-6 公共档案馆微观环境

的发展战略问题，则必须依赖主管机构的协调与支持，否则很难完成，因此，公共档案馆发展战略环境分析必须考虑主管机构这个关键性因素。

　　虽然我国自从 2018 年机构管理体制改革后，"局馆合一"的管理模式基本不再存在了，即档案局局长与档案馆馆长不再兼任，但是长期以来的"局馆合一"管理模式下两者所形成的良好关系以及相互之间的默契，为公共档案馆战略规划的通过与实施带来了更好的便利。而相关行业如公共图书馆其主管机构属于文化部门（如文化厅、文化局等），它们只存在管理与被管理的关系，其关系相对来讲比较明了与单纯。这些行业在制定其发展战略规划时有可能会受控于上级主管机构，与上级主管机构的关系在很大程度上会影响到其能否获得资源，并且，上级主管机构的政策走向往往会左右这些行业发展战略规划的制定。而公共档案馆与档案局之间的特殊关系，使其在进行发展战略规划的制定过程中容易获得主管机构（同级档案局）的赞成与认同，更不会出现受限于上级主管机构发展战略规划不一致的情况。应该说，这对于公共档案馆发展战略的制定是一件好事，减少了不必要的顾虑以及相互推诿的情况发生，有利于公共档案馆在制定发展战略过程中按照自己的社会使命与社会意愿去考虑相关发展方向、发展策略等问题。但是也应该看到，在当前的管理体制之下，虽然公共档案馆是法定意义上的公益性文化事业机构以及事实上的公共文化服务组织，但是公共档案馆基本与文化主管机构没有形成应有的关系。导致我国虽然出台了很多关于促进社会文化发展的战略规划与纲要，但是在这些文化发展战略规划与纲要当中，基本没有看到公共档案馆的身影。公共档案馆只能勉强依据自身的法定文化属性以及事实的社会文化功能推定自己的文化身份，并由此来开展相关的公共文化服务工作。而且，这种状况也导致公共档案馆无法享受到当前国家制定的文化发展政策以及获得相关的文化发展项目的经费资助。这在一定程度上来讲，限制了公共档案馆文化功能的发挥，因此，在未来的公共档案馆发展战略规划中如何破解这种环境困局是一个值得深度考虑的问题。

（2）竞争环境。非营利性的公共档案馆与营利性的其他社会组织在竞争环境方面有着非常大的区别，其最为显著的差异是公共档案馆属于低竞争的行业，其行业竞争压力主要来源于对政府行政资源的竞争以及不同类型的公共档案馆之间的竞争及与相关行业的竞争。主要表现在：首先是不同类型、不同级别公共档案馆之间的行业竞争。本研究的调查结果显示，同一城市的省级公共档案馆、市级公共档案馆以及城建档案馆，由于同属于一个城市，面对相同的利用群体，产生了它们对利用者在一定范围内的竞争，特别是在开展文化宣传、报告讲座等服务内容时，馆舍环境、交通便利性、服务水平、服务态度等成为利用者选择去哪个公共档案馆优先考虑的主要因素。因此，各公共档案馆在制定发展战略方案时必须明确自身定位，培育自身的核心竞争力，扬长避短，才能最大限度地扩大自身的社会影响力，成为社会公众关注的焦点。其次，公共档案馆与相关行业的竞争。如与公共图书馆、博物馆等之间的竞争。通过调查发现，通常情况下，这些行业之间都能做到和平共处以及合作共赢。但是在有些情况下它们之间还是具有资源利用型竞争关系，并间接相互抑制的，如公共档案馆与公共图书馆都属于《中华人民共和国政府信息公开条例》中政府信息公开查阅的场所，其第十六条明确规定："各级人民政府应当在国家档案馆、公共图书馆设置政府信息查阅场所，并配备相应的设施、设备，为公民、法人或者其他组织获取政府信息提供便利。行政机关可以根据需要设立公共查阅室、资料索取点、信息公告栏、电子信息屏等场所、设施，公开政府信息。行政机关应当及时向国家档案馆、公共图书馆提供主动公开的政府信息。"而且，它没有规定主次关系，这样一来，必然就存在公共档案馆与公共图书馆之间对政府信息资源以及利用者的竞争问题。另外就是公共档案馆与相关机构之间对历史档案资源的竞争，因为历史的原因，一部分历史档案资源被分散地保存在博物馆、公共图书馆等地。这些本应该保存在公共档案馆的珍贵历史资源，对于社会公众而言具有很大的吸引力，所以一旦谁拥有了对它的保管权就不会放弃，必然会形成公共档案馆与这些单位之间的一种无形的竞争。最后，政府行政资源的竞争。公共档案馆与相关机构之间对政府行政资源的竞争也是存在的，因为政府对相关文化事业机构的投入预算总量是一定的，给公共档案馆投入增长，必然就会减少对其他相关文化机构的投入。文化政策偏向了公共档案馆，就必然会影响到其他文化机构的收益。因此，公共档案馆参与的这种竞争虽然不像营利组织之间那么明显与直接，但也是非常激烈的。

虽然公共档案馆之间以及公共档案馆与其他相关组织之间存在一些竞争关系，但是大多数情况下，它们之间还是维持着一种良好的合作关系，因为它们的最终目标都基本相同，即满足社会公众的文化需求，共同为实现公共文化服务体系建设贡献各自的力量。

（3）档案形成者。公共档案馆作为社会档案信息资源的集中保管场所，其所保存的绝大多数档案，都来自其管理范围内的社会主体在社会活动中所形成的活动记录。其主要来源可以分为三类，其一来源于政府行政管理机构，根据调研所获得的数据，这类档案形成者是当前各级公共档案馆档案的主要来源，来自它们的档案占到了其馆藏档案数量的 80%~90%，尤其以文书档案信息资源为主。其二来自社会企事业单位以及一些社会团体。这类档案信息资源多与社会经济发展、科学技术发展等相关，反映了我国的社会经济发展情况。但是，从调研数据来看，目前，这类档案信息资源在公共档案馆中所占的比率不高，占到馆藏的 5%~10%，还有大量相关类型的档案信息资源散失于社会企事业单位以及一些社会团体之中，这与我国当前经济发展的繁荣是不相称的。其三来自社会普通公众。这些档案信息资源反映的是社会微观生活，是最为直接的对社会普通公众生活状况以及工作状况的真实反映,对于研究社会微观经济以及社会个体生活具有无可取代的作用。但是从调研数据来看,这类档案信息资源在各级公共档案馆的馆藏比率极低,大约在5%以下,而且,还多以当地名人档案为主,反映社会普通公众生活、学习的档案信息资源几乎没有。为什么会造成当前这种馆藏结构现状呢?从调研数据来看,主要有以下几个方面的原因:一是档案形成者方面的原因,政府行政机构在进行档案移交的过程中,为了自身日后利用的便利,移交档案的积极性不是很高,需要档案主管部门不断督促;而企事业单位的档案则更是不愿意移交,他们认为根据我国《物权法》,档案是其企业的自有财产,无须移交;而对存放于社会普通公众手中的档案则更不易收集,基本只能采取鼓励的手段与方法。二是公共档案馆自身的原因。以往公共档案馆的人事安排是"参公"制,属于"铁饭碗"性质,导致工作人员缺乏职业危机感,再加上公共档案馆基本没有绩效考核标准与要求,导致工作人员容易形成职业倦怠。公共档案馆工作人员对档案的采集力量以及采集意愿不高,完全是一种被动式的工作节奏。因此,如何破解当前这种困局,使档案形成者和公共档案馆工作人员都积极地行动起来,为公共档案馆馆藏资源的建设出力,是当前公共档案馆发展战略规划必须重点考虑的因素。

(4)利用者需求的变化。档案利用者是公共档案馆的服务对象,公共档案馆的价值实现主要体现在利用者的需求满足上。为利用者服务作为公共档案馆的根本任务之一,必须成为公共档案馆发展战略规划的主要焦点。随着信息技术的发展与广泛运用,档案利用者对档案服务提出了新的需求,表现出不同于以往的信息行为以及不同的利用目的。

从档案信息资源利用行为层面来看。数字环境下,技术进步带来了更多的机会和不可思议的工作方式,利用者开始处于中心环节,以人为本的服务宗旨正在不断被强化,服务提供者也在寻求更加个性化的技术支持和服务,全天候的需求满足正在成为利用者的愿望。特别是以博客、标签、维基等为主要方式,以利用者为中心的 Web 2.0 技术的普遍使用,使利用者的信息行为越来越呈现社会化和交互性。在这种社会大背景之下,档案利用者不再仅仅满足于公共档案馆提供的传统档案利用服务,而是要求公共档案馆提供更加多样化、个性化以及专业化、知识化的产品与服务。总之,利用者的信息行为正在从获取纸质档案与到馆获取服务转向数字资源远程获取,简捷、易用、交流互动越来越成为所有利用者的期望。这种利用者信息行为的变化,不仅给公共档案馆利用服务战略的制定提出了全新的挑战,同时,也为公共档案馆资源建设、空间布局等发展战略创新提供了全新的契机。

从档案信息资源利用的目的层面来看。自从新中国成立以来,在不同的时期社会公众表现出了不同的档案信息资源利用目的。如 20 世纪 80 年代,以平反"冤假错案"以及落实"知青"返城相关政策为目的的档案信息资源利用成为当时的利用重点。进入 21 世纪以来,随着社会转型对家庭婚姻的冲击以及房地产的迅速发展,婚姻档案以及房地产档案等与老百姓生活密切相关的档案信息资源成为社会公众利用的重点所在。而且,随着社会公众可支配闲暇时间的不断增多,以休闲为利用目的的利用者也正在逐年增加。因此,到公共档案馆中去的利用者可能不一定是为学术研究、行政工作等,有可能为情感的寄托,为漂泊的心灵寻找根植的灵魂。

所以,在制定公共档案馆发展战略规划时,必须考虑到档案利用者的利用需求会随着整体社会环境的变化而不断变化,这种变化可能体现在档案信息资源利用行为层面,也可能体现在档案信息资源利用目的层面。但不管是在哪个层面,公共档案馆在制定发展战略规划时都必须进行及时的关注与跟踪,不断调整发展战略规划方案,使公共档案馆朝着科学的方向发展,使其公共文化功能得到相应的体现与发挥。

6.3 公共档案馆战略规划的内部环境分析

在制定公共档案馆发展战略规划时,除了要考虑其所面临的外部宏观层面以及微观层面的环境外,也必须考虑其所面临的内部环境,理顺其关系,只有这样制定出来的公共档案馆发展战略规划才会更加科学与合理。内部环境分析可以从公共档案馆的基础性环境与辅助性环境两个层面来开展，前者主要是考虑公共档案馆的管理对象即档案信息资源的建设情况，公共档案馆的服务主体即人力资源情况以及公共档案馆的工作内容即社会服务情况等。后者主要是考虑公共档案馆的管理情况即行政管理安排，公共档案馆的服务手段即技术运用情况，公共档案馆的经费支持即资金来源情况以及公共档案馆的硬件投入即设施设备情况等。

6.3.1 公共档案馆的基础性环境

（1）公共档案馆资源建设情况。公共档案馆的档案信息资源是利用者能够直接使用到的最为主要的服务之一，也是公共档案馆最为根本、最为基础性的资源。公共档案馆社会文化功能的发挥更是离不开档案信息资源，如果没有有效的档案信息资源，或者所保存的档案信息资源不齐全不完整，那么公共档案馆作为公益性文化服务机构就必然会陷入"巧妇难为无米之炊"的境地。因此，公共档案馆档案信息资源的建设是其最为基础性的内部环境要素。

从我国总体来看，2010年度我国各省、自治区、直辖市各级国家档案馆馆藏，共有案卷228494819卷，以件为保管单位的档案79078576件，录音磁带、录像磁带、影片档案596926盘，照片档案17849417张，底图档案1216303张，电子档案磁带31671盘、磁盘540654盘、光盘234436张，缩微胶片平片3183289张、开窗卡238460张、卷片180786780幅。

2011年度我国各省、自治区、直辖市各级国家档案馆馆藏，共有案卷240111700卷，以件为保管单位的档案95901221件，录音磁带、录像磁带、影片档案749119盘，照片档案19078416张，底图档案881609张，电子档案磁带192823盘、磁盘5345856盘、光盘323882张，缩微胶片平片3201411张、开窗卡238392张、卷片197315885幅。[①]

2010年度我国各省、自治区、直辖市各级国家档案馆共收集了以案卷

---

① 数据来源于《中国档案年鉴》，馆藏数据会动态变化，有些会有大幅增加，有些会鉴定后销毁等。

为保管单位的档案 15668767 卷，以件为保管单位的档案 19402097 件，录音磁带、录像磁带、影片档案 54589 盘，照片档案 1259788 张，底图档案 108297 张，电子档案磁带 1668 盘、磁盘 4210 盘、光盘 46295 张，缩微胶片平片 311479 张、开窗卡 498387 张、卷片 1707100 幅。

2011 年度我国各省、自治区、直辖市各级国家综合档案馆共收集了以案卷为保管单位的档案 11762137 卷，以件为保管单位的档案 18240335 件，录音磁带、录像磁带、影片档案 49421 盘，照片档案 1509610 张，底图档案 39497 张，电子档案磁带 15654 盘、磁盘为 4900746 盘、光盘 77010 张，缩微胶片平片 222988 张、开窗卡 517676 张、卷片 1677298 幅。

从 2010 年与 2011 年度的数据来看，我国档案信息资源的增长速度非常快，如以案卷为管理单位的纸质档案增长了 5.08%，以件为保管单位的纸质档案增长了 21.27%，电子档案（磁带、磁盘、光盘）则增长了 627%，主要是磁盘的大规模增长导致 2011 年电子档案数量大量增长。这种增长现象，可以从部分地区公共档案馆所获得的数据中得到印证，如 2014 年，江西省各级国家档案馆共接收进馆档案 620324 卷，1363519 件，照片 3522 张。征集档案 499 卷，3055 件，照片 10793 张。全省各级国家综合档案馆共接收进馆文书类电子档案 131760 件，数码照片 15054 张，数字录音数字录像 164 小时。① 随着信息技术的广泛运用以及档案界对电子档案收集的重视，相信未来馆藏电子档案信息资源所占比重将会越来越大，包括文本、视频、音频、网络等多种形式的数字档案资源。针对这种变化的环境，制定公共档案馆发展战略规划必须创新资源建设模式与机制，以利用者及其需求为中心，重构资源建设的渠道与模式，同时要慎重考虑档案信息资源建设、运行方式、宏观调控以及有效管理等方面的影响，要考虑到公共档案馆短期任务、中长期任务以及未来的发展方向，采用科学的行动策略。

---

① 数据来源：《2014 年度全省档案事业基本情况统计综合摘要》，江西省档案馆网站，2015 年 12 月 31 日，http://www.jxdaj.gov.cn/id_2c90819851f64d210151f676dbef0085/news.shtml。

（2）公共档案馆社会服务情况。公共档案馆作为一个公益性社会服务组织，满足社会所有合法主体对档案信息资源的利用需求并尽可能地提供有价值的增值服务是公共档案馆应该秉承的服务宗旨。随着信息技术的广泛运用以及在 Web 2.0 环境下各种社交媒体（QQ、微信、Blog 等）的不断出现，公共档案馆的社会公共文化服务已经不仅仅限于纸质载体档案信息资源的借阅利用，电子档案信息资源的远程服务越来越成为利用的主流。而且，公共档案馆必须不断创新服务方式并革新服务理念，从过去的被动式坐等用户上门变为主动上门服务，由过去被动地你问我答式咨询服务变为你想我送式主动推送档案信息资源咨询服务，并且，要始终把个性化服务、人性化服务等放在首要位置，并以此来衡量公共档案馆的社会服务。

但是从当前我国公共档案馆的社会服务情况来看，大部分还基本是以传统的服务形式为主，在创新服务方式、革新服务理念以及充分运用各种信息技术特别是社交媒体技术方面还有待改进。

2011 年度各省、自治区、直辖市各级国家综合档案馆开放以案卷为保管单位的档案共计 55503444 卷，以件为保管单位的档案 12118988 件，档案利用 5372288 人次，总共利用卷件 15578000 卷件次，举办档案展览 3213 个、6204276 人次参加，利用资料 375930 人次、650949 册次，利用现行文件 285193 人次、1234265 件次，复制档案资料 32311072 页。

2010 年度各省、自治区、直辖市各级国家综合档案馆开放以案卷为保管单位的档案共计 52543199 卷，以件为保管单位的档案 10520752 件，档案利用 4249527 人次，总共利用卷件 13987289 卷件次，举办档案展览 3240 个、5508743 人次参加，利用资料 353260 人次、631665 册次，利用现行文件 433773 人次、1447439 件次，复制档案资料 15234974 页。

由于中国档案年鉴出版的滞后性，上述数据有一定滞后，但并不影响对问题的分析，也不会对结果产生太大的偏离。而且，从调研所获得的某省公共档案馆数据来看，这种社会公共服务的格局基本没有多少改变，2014 年该省全省各级国家档案馆接待利用档案及资料 172439 人次，提供利用档案资料 256112 卷（册）次，185178 件次。举办档案展览 73 个，基本陈列展 26 个，接待参观档案展览 38557 人次，共编研档案资料公开出版 14 种 453 万字，内部参考资料 58 种 396 万字。

虽然当前还主要以传统的档案信息服务方式为主，但是，各级国家档案馆也在不断尝试创新各种服务方式及服务手段，如在网站上开展在线访谈、在线答疑、网上调查、在线咨询、网上预约等。从这些尝试中可以看到公共档案馆在开展公共服务上所做的努力与创新，更应该看到传统服务模式与现代化服务模式的多元化并存发展必将给公共档案馆的公共服务带来全新的发展契机，所以在进行公共档案馆发展战略规划制定的过程中必须充分考虑全新的公共档案馆服务方式、特征以及未来的发展趋势。就如《美国国家档案与文件局 2014－2018 财政年度战略计划》中所提到的，"NARA 必须实现档案接收、存储及提供利用的现代化，从而管理好数量日益剧增、规格日益庞大、格式日益多样的电子文件和档案。'大数据'、社交媒体、政府数据的公共利用及再利用正在改变政府文件的特性，向传统的文件和档案管理实践提出挑战"。NARA 还要求自己"不断促进客户服务，培育公众参与，使人们对档案在民主社会中的重要性有新的了解。我们将继续与包括个人、组织及其他联邦机构在内的客户保持密切联系并向他们学习。我们将建立长期、积极、有效的客户关系，在各个项目、平台及馆舍之间提供连贯一致的客户体验"。①

公共档案馆的公共服务是公共档案馆的核心工作之一，它的服务方式、服务内容以及服务手段等一直都处于不断的变化发展中，因此，公共档案馆在制定发展战略规划时需要及时且准确地把握这些变化，以便制定出科学且合理的公共档案馆发展战略规划。

（3）公共档案馆人力资源环境。万事人为先，人作为任何战略的核心是任何社会组织制定发展战略时必须重点关注的对象，并应被作为组织内

---

① 《美国国家档案与文件局 2014－2018 财政年度战略计划》，李音译，《浙江档案》2014 年第 5 期。

部的基础性环境来进行分析与考量，可以说，组织成员所掌握的知识与经验是发展战略成功的关键要素。[①] 公共档案馆也不例外，其主要的人力资源就是其所有工作人员，既包括普通工作人员，也包括领导层。因此，在公共档案馆发展战略规划中必须重视对工作人员队伍结构、综合素质等方方面面的综合分析，要对组织的人员优势与劣势了如指掌，做到心中有数，并以此为依据制定适合组织实际情况的发展战略规划。

从调研所获得的数据来看，我国各级公共档案馆的人力资源建设情况总体来看有了不少进步，专业化人才以及高学历人才开始不断被充实到各级公共档案馆中，如某县级公共档案馆过去一直没有档案学专业出身的专业人才，但在2014年实现了历史突破，当年招聘了一名档案学专业毕业的本科生充实到该县级档案馆中。某市级公共档案馆自从1989年招聘了一名档案学专业的大专毕业生以后，在人才队伍建设上一直未能有所突破，直到2013年才打破这个用人困局，招聘了一名档案学专业本科毕业生充实到该馆中。某省级公共档案馆虽然工作人员有100多人，但是出身于档案学专业的工作人员还停留在个位数。全国的总体情况也不乐观。

2010年度各省、自治区、直辖市各级国家档案馆工作人员总计19126人，其中女性11308人。从年龄结构来看，49岁以上的有3329人，35~49岁的有11139人，35岁以下的有4658人。从文化程度（学历）来看，博士研究生14人，硕士研究生234人，研究生班研究生266人，双学位63人，大学本科毕业生8599人，大专毕业生7597人，中专毕业生1192人，高中毕业生1004人，初中及以下学历者157人。从档案学专业学历层次来看（毕业于档案学专业），博士研究生1人，硕士研究生31人，研究生班研究生53人，大学本科毕业生1456人，大专毕业生1527人，中专毕业生335人，职业高中毕业生50人，接受在职培训教育者5657人。从馆员专

---

① 〔英〕格里·约翰逊、凯万·斯科尔斯：《战略管理》，王军等译，人民邮电出版社，2004，第306页。

业技术职务来看，具有研究馆员技术职称的有113人，具有副研究馆员技术职称的有1062人，具有馆员技术职称的有3914人，具有助理馆员技术职称的有3160人，管理员（无技术职称）819人。

2011年度各省、自治区、直辖市各级国家档案馆工作人员共有19360人，其中女性11518人。从年龄结构来看，49岁以上的3453人，35~49岁的11310人，35岁以下的4597人。从文化程度（学历）来看，博士研究生8人，硕士研究生330人，研究生班研究生283人，双学位56人，大学本科毕业生9212人，大专毕业生7327人，中专毕业生1130人，高中毕业生889人，初中及以下学历者125人。从档案学专业学历层次来看（毕业于档案学专业），博士研究生2人，硕士研究生46人，研究生班研究生54人，大学本科毕业生1454人，大专毕业生1456人，中专毕业生314人，职业高中毕业生40人，接受在职培训教育者5611人。从馆员专业技术职称来看，具有研究馆员技术职称的有103人，具有副研究馆员技术职称的有963人，具有馆员技术职称的有3444人，具有助理馆员技术职称的有2918人，管理员（无技术职称）743人。① 从上面的数据可以看到，当前我国公共档案馆中高学历的人员所占比例不高，档案学专业高校毕业的工作人员的比例也不高。另外，因为我国公共档案馆在1993~2018年实行的是"参公"用人体制，工作人员不走技术职称发展这条晋升路线，导致他们对业务的钻研能力与热情不高，严重影响到了他们业务能力的提升。

我们通过调查还发现了一个公共档案馆用人方面的更大隐患，随着档案（文件）管理要求越来越高，越来越受重视，我国各级政府行政管理机构越来越希望有专业人才来管理他们机构的档案（文件），这些机构想到的最为快捷有效的找到合适人才的办法就是直接到各级公共档案馆选调档案管理人才，这些机构凭借其在政府机构中的优势地位，对公共档案馆人才具有很大的吸引力。公共档案馆里的优秀档案学专业人才往往就成为这

---

① 数据来源：根据2011~2012年中国档案年鉴整理而来，该年鉴分别于2014年1月、2015年1月出版。由于中国档案年鉴出版时间滞后，这是目前所能查到的最新数据。

些政府行政机构的目标,某省级档案馆最近几年引进的几位档案学专业毕业生都是以这种形式被其他政府行政机构调离的。面对这种强力政府行政机构的选调,公共档案馆也表现出了诸多无奈,既不能不放人,也不能为这些优秀的人才提供更加优惠的条件留住他们。这在很大程度上严重地影响了我国公共档案馆工作人员专业化程度的提升,与我国公共档案馆对专业人才的需求形成了严重的矛盾与冲突。虽然近些年,各级公共档案馆也引入了不少高学历的工作人员,但是职业认证的缺乏导致了很多公共档案馆在人力资源结构上的不合理现象,一些不具备相关学科专业背景的人员被获准进入公共档案馆中工作。而现有的一些工作人员在观念上、服务意识上、服务理念上都存在不少缺陷,他们传统的学科知识和业务技能难以适应现代社会的发展要求。当前我国各级公共档案馆中存在的人力资源建设问题严重地影响了其发展战略规划的制定与实施。

6.3.2 公共档案馆的辅助性环境

(1) 公共档案馆行政管理分析。一个组织资源配置权利结构的合理与否将会严重地影响到该组织决策的科学性、管理的效率性及其社会职能的发挥。公共档案馆作为一个公益性的社会组织,也毫不例外,它的行政管理结构将直接影响到其发展战略规划的制定与实施。只有良好的行政管理能力与管理方式,才能为公共档案馆发展战略规划的正确制定和成功执行提供坚实的组织基础。而且,良好的行政管理结构将有助于培育公共档案馆管理层的管理能力,提高管理层的认知水平,随着领导层认知水平的不断提升,其对制定与实施公共档案馆发展战略规划会越发重视。只要能够得到领导层的重视,公共档案馆发展战略规划实施所需要的人力、物力以及资金上的支持就必然会得到领导层的大力支持。

从调研所获得的反馈信息来看,当前公共档案馆的行政管理环境既有有利于其发展战略规划运行的一方面,也有不利于其发展战略规划运行的一方面。如前文所述,1993~2018年我国公共档案馆基本实行"局馆合一"的行政管理体制,这种管理体制中局长就是馆长,公共档案馆所制定与设计的发展战略规划自然会被档案局这个主管机构所认同与接受。这就犹如人的左右手之间的博弈与平衡，是一个无须多考虑的行政管理结构，从这个层面来看，这种资源配置权利结构是非常有利于公共档案馆发展的，并能使公共档案馆的组织决策在最短的时间内得到最快的实施。但从另一个层面来看，我国公共档案馆的行政管理环境也有不利因素存在，从调研所得到的数据来看，我国公共档案馆的管理层中，对公共档案馆发展战略规划制定与实施有影响力的行政管理者多半不是本系统出身，而且，多数不具备档案学专业知识背景。在调研中还发现，在省级及以上档案局（馆）中，行政管理层人员还有部分出身于本行业系统或者档案学专业，但到了市县级档案局（馆）中的行政管理层人员中，出身于本行业系统或具备档案学专业背景的人员就很鲜见了。而且，还有一个更加不利于公共档案馆发展战略规划制定与实施的因素，即多数档案局（馆）的正职领导更换频繁，某一省级档案局（馆）甚至在10年左右的时间内更换了3次正职领导，如此频繁地进行领导层的更换，而且是重要领导人员的更换，使公共档案馆的长期发展战略规划很难有连贯性，使其发展战略规划的持续性以及科学性大打折扣。因此，要想公共档案馆发展战略规划具有科学性与可执行性，一方面要让行政领导层充分认识到战略规划的重要意义与价值，另一方面也要设法保持行政领导层知识背景的科学性及其领导岗位的稳定性。

（2）公共档案馆经费投入。经费作为公共档案馆生存与发展的重要影响因素，对公共档案馆发展战略的成功实施有着决定性的影响。通过调研所获得的数据来看，国家档案局2014年收入合计33866.24万元，其中：财政拨款收入31333.46万元，占92.52%；事业收入1799.09万元，占5.31%；经营收入136.59万元，占0.40%；其他收入597.10万元，占1.76%。国家档案局2015年收入预算33032.74万元，其中：上年结转34.05万元，占0.10%；一般公共预算拨款收入30969.85万元，占93.76%；事业收入1625.03万元，占4.92%；事业单位经营收入140.00万元，占0.42%；其他收入263.81万元，占0.80%；国家档案局2016年收入预算36862.90万元，其中：上年结转4.17万元，占0.01%；一般公共预算拨款收入34445.85万元，占93.44%；事业收入2108.20万元，占5.72%；事业单位经营收入50.00万元，占0.14%；其他收入254.68万元，占0.69%。① 如上文所述，因为在1993～2018年我国实行的是"局馆合一"的管理体制，因此，档案局的处境其实也就是档案馆的处境。可以看到，虽然在2014～2016年国家档案局的收入总体来讲呈现出增长的态势，但是不管是其绝对值还是增长速度都不是很理想。从绝对值来看，在这三年里平均年增长额为998.89万元，平均年增长率大约为2.83%。而2015年我国GDP总量为67.67万亿，同比增长率为6.9%，2014年我国GDP总量为63.59万亿，同比增长率为7.4%，2013年我国GDP总量为58.8万亿，同比增长率为7.7%。

从全国情况来看，我国2011年全国档案事业经费总额为692280.66万元，2010年为146107.71万元，从调研所获得的数据来看，2011年全国档案事业经费总额之所以比2010年有一个大幅提升，主要是因为黑龙江省的档案事业经费由2010年的3002.19万元突然增长到2011年的444714.11万元，同时山西省的档案事业经费由2010年的7933.4万元增长到2011年82977.17万元，② 其他地方的经费基本保持稳定，没有太大的变化。这两个省份在当年是进行馆舍等硬件设施的建设而带来经费的突然增长，这并不是常态经费。

从这两组数据可以看到，我国宏观层面的经济环境虽然在这些年保持了比较乐观的发展，但是对公共档案馆投入的经费总量还是不多，有待大幅提高。而且，根据调研，各省、市、县级公共档案馆普遍反映经费比较紧张，在一定程度上限制了更进一步工作的开展。因此，在制定公共档案馆发展战略规划时，必须考虑其所获得的经费总量以及增长态势，切不可不切实际地人为拔高发展战略规划。同时，在制定公共档案馆发展战略规划时，更要意识到不管以何种方式来分析公共档案馆经费对于公共档案馆

---

① 数据来源为2016年、2015年、2014年国家档案局预算与决算。
② 数据来源：2011～2012年中国档案年鉴，该年鉴分别于2014年1月、2015年1月出版。由于中国档案年鉴出版时间滞后，这是目前所能查到的最新的数据。

未来发展的意义，经费的重要性都是不容忽视的，它一定是公共档案馆制定发展战略规划时必须正视的重要内部环境要素之一。

（3）公共档案馆设施设备。公共档案馆的设施设备是其制定发展战略规划的重要物质基础，其建设情况将在很大程度上决定公共档案馆开展社会公共服务的优劣，主要包括公共档案馆的馆舍及其所拥有的各种硬件设备。当前我国公共档案馆的建设已取得了显著的成绩，公共档案馆的网络建设、数字档案馆建设等更是实现了跨越式的发展，为公共档案馆快速发展奠定了基础。

2011年度我国各省、自治区、直辖市各级公共档案馆馆库面积及馆内硬件设备都有了很大的改善与提升。公共档案馆馆舍总建筑面积达到5392956平方米，档案馆库房建筑面积2295556平方米；缩微设备方面，缩微摄影机288台，冲洗机63台，拷贝机94台，阅读器230台，阅读复印机123台；消毒设备方面，物理方法消毒设备为1907台，化学方法消毒设备552台；电子计算机方面，服务器3020台，微机41370台；其他设备，复印机4357台，集中式空调机708套，去湿机8603台。

2010年度，公共档案馆馆舍建筑面积方面，总建筑面积达到4851491平方米，档案馆库房建筑面积2174841平方米；缩微设备方面，缩微摄影机267台，冲洗机60台，拷贝机86台，阅读器223台，阅读复印机112台；消毒设备方面，物理方法消毒设备为1737台，化学方法消毒设备503台；电子计算机方面，服务器2699台，微机36174台；其他设备，复印机3964台，集中式空调机656套，去湿机8224台。

两年的数据情况总体来看还是不错的，并且呈现出增长的态势，但是还有待改善与提升。如这两年全国公共档案馆的数量达到3000多个，平均下来每个公共档案馆的库房面积不到800平方米，缩微摄影机、冲洗机、拷贝机、阅读器、复印机、服务器、消毒设备等很多公共档案馆都没有。

再以江西省公共档案馆的情况为例来进行分析，截至2014年，全省各级公共档案馆总建筑面积为326162平方米，较上年增加95349平方米；档案馆库房建筑面积172620平方米，较上年增加49043平方米；档案技术用房建筑面积 20140 平方米,较上年增加 1435 平方米;对外服务用房建筑面积 18409 平方米,较上年增加 3812 平方米。从江西省 2014 年数据来看,不管是总建筑面积还是库房面积都增长比较快,这是因为 2010 年国家发改委与国家档案局共同组织实施了《中西部地区县级综合档案馆建设项目》,该项目是以专项经费划拨的形式进行的,是政府对公共档案馆事业发展的战略规划安排,覆盖我国中西部地区 26 个省、自治区、直辖市的 2066 个县级公共档案馆,这些档案馆都会集中在最近几年投入使用,因此这几年档案馆建筑面积及库房面积会有一个比较大的改观。综合来看,制定公共档案馆发展战略规划必须充分考虑当前公共档案馆的设施设备环境情况,以及国家当前制定的全国性制度安排,并以此为依据来进行公共档案馆发展战略的制定,只有这样,才能使发展战略安排尽量合理与科学。

7

面向未来：

文化发展中的公共档案馆发展战略路径选择

7.1 倡导品牌服务战略

公共档案馆作为公共文化服务体系建设的重要主体之一，对社会公共文化服务体系的建设有着举足轻重的作用。因此，公共档案馆在制定发展战略时不仅要考虑到全方位服务于社会公共文化服务体系建设，更要考虑到在这个服务过程中如何形成自己的品牌服务，并以此来开展其战略规划。因为"品牌服务"在很大程度上将会超越"服务"所承载的内涵，它具有超越常规服务的心理暗示作用以及超强的社会认同的影响力。因此，在当前公共文化服务体系建设中，公共档案馆的服务战略不能再仅限于常规服务的开展与设计，必须进行服务战略的创新与制定，形成具有超强影响力的"品牌服务"。

7.1.1 形成积极主动的品牌文化服务战略

"酒好也怕巷子深"。公共档案馆作为社会档案信息资源的聚集地，保存着人类社会活动中所形成的主要社会记录，是服务现在、研究过去、知晓历史的依据，更是社会公众根植漂泊心灵的依据。是否可以认为因为档案对社会有着不可取代的存在价值，档案社会服务工作可以"坐等上门"，无须积极主动地走出去，并让这种服务形成一种"品牌"，一种"口碑"，答案是否定的。公共档案馆必须打破内敛的性格特征，形成一种开放的社会心态，积极主动地融入社会公共文化服务中去，这样不仅可以为社会公共文化服务体系的建设贡献自己的文化力量，同时，也将使自己的社会存在价值及存在意义得到体现与发挥，使自己的社会理想得以实现。

（1）主动开辟"请进来"的品牌服务。随着公共档案馆馆舍条件的不断完善，各种现代化的办公设施及场所也都基本配置齐全，如现在新建设的公共档案馆基本都有多功能报告厅、多媒体会议室或学术报告厅等从事公共文化活动的场所与设施，以及各种形式的档案展览厅、档案利用室等公共文化活动空间。公共档案馆应该充分利用这些公共场所来发挥其公共文化价值，如"定期邀请一些档案专家或文化学者，为公众举办各类知识讲座，宣传、普及档案文化知识。也可组织用户论坛、用户讲演比赛、名家讲坛、文化沙龙、学术研讨会，引导公众利用档案、阅读档案作品"。[①] 通过这些方式来吸引社会公众的参与、引起社会媒体的关注，达到吸引社会公众眼球的目的，可使公共档案馆的公共文化职能不断被认识与推广。这种新尝试已经开始出现在我国部分公共档案馆中，北京档案馆创新性地推出了其品牌服务——"京城讲坛"。该讲坛通过系列文化讲座"档案见证北京"来主动推广档案文化服务，并已产生了一定的社会影响，正在逐步成为该馆对外服务的一个知名文化品牌。这种类似的做法在我国各地图书馆公共文化服务中已经举办得非常成熟并已成为其品牌服务，如江西省图书馆的"赣图大讲堂"已成为江西省图书馆一个影响力非常大的文化工程。而国家图书馆的学术讲座更是形式多样、内容丰富，讲坛类包括艺术家讲坛、教育家讲坛、科学家讲坛、企业家讲坛、文津讲坛、中关村创业讲坛、国图讲坛等；沙龙类包括文津读书沙龙等；讲座类包括中国典籍与文化讲座、中国研究专题系列讲座、地方文献与地方文化系列讲座、百年辛亥专题研究系列讲座、中国古今经典小说研究系列讲座以及唐宋诗词赏析系列讲座等。图书馆这种成功的经验将为公共档案馆创办类似公共文化活动提供非常有力的借鉴。另外，公共档案馆除了可以大力组织上述学术类公共文化活动外，还可以多举办一些社会普通百姓关注且喜闻乐见的文化活动，如定期或不定期地举办当地名人手迹、字画、书稿或族谱等具有

---

① 王培三：《档案馆构建公共文化空间的有效方式》，《北京档案》2013年第1期。

地域特色的档案展览，这些具有明显地域特色的档案将向社会普通公众形象地展示当地的风土人情、发展史、文化特色等具有强烈心灵根植作用的文化元素。这些档案不仅增加了社会普通公众对公共档案馆的感性认识，提升了公共档案馆的影响力，也增加了公众的历史知识，帮助他们领略了历史文化的魅力，陶冶了他们的情操，缓解了快节奏生活给他们带来的压力，使其紧张的心灵获得了片刻的宁静。

（2）积极开展"走出去"的品牌服务。中共中央办公厅、国务院办公厅印发的《关于加强和改进新形势下档案工作的意见》明确确定："通过报送或推介相关档案信息、编辑出版档案选编、举办档案展览、制作电视节目、发布网络视频、发行音像制品、送档案信息进农村和社区等多种形式，全方位为社会提供档案信息服务。"同时还提出要"努力把'死档案'变成'活信息'、把'档案库'变成'思想库'"。目前，公共档案馆不管从人力、物力、财力还是技术、经验等角度来看都还存在不足，但公共档案馆也还是要积极地开展"走出去"的服务工作，尽可能积极地走入社会，走近百姓。一方面，公共档案馆可以采取"公开办馆"的发展策略，借助相关行业力量，通过创新服务形式来促进档案文化向社会文化转变，在实现公共档案馆公共文化职能的过程中促进我国公共文化服务体系的建设。如江苏省档案馆与南京市《扬子晚报》社签订了《档案穿越》专版合作框架协议，借助《扬子晚报》这份全国发行量最大的都市报的媒体力量，"共同开发馆藏档案资源，深度挖掘馆藏历史新闻题材，彰显档案文化独特历史价值，使死档案变成活新闻，此乃加强档案文化宣传、再现江苏悠久历史的创新之举，也是合作双方适应时代发展要求，主动融入文化强省建设、自觉担当社会责任的生动体现"。[①] 类似的做法在其他省市档案馆也陆续出现，如南昌市档案馆与《江西晨报》合作举办的《档案解密》专栏等。借助报刊媒体的做法是一种非常有效的推广档案文化进入平民百

---

① 葛霞、蔡和：《省档案局与〈扬子晚报〉社签订〈档案穿越〉专版合作框架协议》，《档案与建设》2012年第4期，封二。

姓家的措施，能够使公共档案馆的公共文化服务得到极大地延伸，进一步扩大公共档案馆的文化影响力。如《档案穿越》栏目获得了社会的巨大关注，并获得了社会及政府相关部门的认可，荣获江苏省"2012年度全省宣传思想文化工作创新奖提名奖"，这是该省档案系统有史以来首次获此殊荣。[①] 除了报刊媒体以外，也可以借助电视传媒来进行推广，如北京卫视开办的《档案》栏目，笔者认为就是一个典型的引导利益相关者积极参与档案文化推广的成功案例，它不仅使公共档案馆的档案历史文化变成社会公众文化，达到了促进公共文化服务的目的，满足了社会公众了解历史文化知识、事件的需求，同时，也为北京卫视这个传统媒体赢得了社会的另类关注，使其获得了巨大的经济利益。另外，公共档案馆还可以通过一些其他形式创新文化服务方式，开展公共档案馆的"走出去"服务战略，如通过举办"开放日""国际档案日"[②]"档案在你身边""档案走进校园""档案走进社区"等主题活动以及各种形式的档案展览，向社会公众发放活动宣传册、活动手册、环保袋等；悬挂宣传横幅；利用政务微博、微信平台及档案网站平台发布信息以及培训志愿者等。如上海市档案馆2013年开始举办以"回眸历史的足迹、讲述现实的故事、唤醒档案的记忆、书写中国的梦想"为主题的"历史的回声——档案里的故事"档案法治宣传与档案文化传播社区巡讲活动，被列为上海市该年首次举办的市民文化节秋季活动中的文化服务重要项目之一，其紧紧围绕民生，反映民情与民意，以"贴近实际，贴近生活，贴近群众"为原则，汇集档案中真实鲜活、丰富多彩的故事，涉及文化传承、家庭伦理、重大市政工程、婚姻登记、独生子女、知青返城、民生问题等各种题材。[③] 借助"走出去"的服务战略，形成一些知名的品牌服务，可以极大地促进档案文化向社会文化的发展，也能极大地延伸公共档案馆公共文化空间的范畴，激发公共档案馆的活

[①] 袁光：《〈档案穿越〉历史文化专版荣获江苏省"2012年度全省宣传思想文化工作创新奖提名奖"》，《中国档案报》2013年2月4日，总第2417期，第1版。

[②] 周林兴：《公共文化服务体系建设进程中的公共档案馆职责研究》，《档案学研究》2011年第5期。

[③] 张新、倪政华：《"档案里的故事"巡讲走进社区》，《上海档案》2013年第10期。

力，同时，这种"品牌服务"的开展，将使公共档案馆的文化价值得到最大限度的发挥。

总之，积极主动的品牌服务战略实施，一方面可以改变公共档案馆内敛的社会服务性格特征，使公共档案馆更好地融入社会公共文化服务建设中去，使公共档案馆文化向社会文化转变。另一方面，公共档案馆通过这种积极主动的"品牌服务"不仅可以提升其社会影响力与社会知名度，而且，也可以使自己的社会价值得到最大限度的发挥，使自己的社会理想得以实现。

7.1.2 构建富有特色的区域文化服务战略

随着信息技术的发展以及服务设施的不断完善，公共档案馆除了要做好一些常规服务外，完全有能力与条件去开展一些富有特色的服务项目。一方面可以实现公共档案馆的服务增值，提升其社会存在价值以及社会影响力，另一方面，因为公共档案馆所保存的历史资源具有深厚的文化根基，对社会文化的建设具有十分重要的意义，强调突出其文化特色服务将使公共文化服务体系的内涵建设富有广度和深度。公共档案馆应该向外界展现一种富有特色的文化氛围、富有特色的文化品位，构建富有特色的文化力，即要让社会充分认识到公共档案馆是特定文化的产物；公共档案馆本身是新文化现象；公共档案馆对社会文化的构建具有一定的文化张力。因此，要想让公共档案馆在当前环境中得到科学的发展，就必须认清公共档案馆自身的文化使命，并形成良好的文化形象。

（1）区域社会文化的形成者。档案馆作为一个公共文化机构，不仅应该在保存与传承社会文化中发挥极其重要的作用，更应该对社会文化的形成发挥作用。特别是在当前，社会文化建设已成为我国社会所面临的主要任务之一，如"公共文化服务体系"的建设已在我国如火如荼地开展；"文化强国战略"更是进入了国家顶层设计之中。公共档案馆应该积极行动起来，根据公共档案馆所在区域的文化特色，加强对各种社会文化资源的收集、征集工作，甚至开展田野式的文化采风，在尊重知识客观性和传承性的基础上，通过把碎片化、隐性化的文化系统化与显性化，使本区域内的民族文化、地理文化、民俗文化、名人旺族文化等特色文化得到科学且合理的解释与表述。在此基础之上还要通过提供对区域特色文化的分类、管理、开发等使其更好地为社会服务。而且，公共档案馆在对社会文化的塑造与形成过程中可形成公共档案馆自身"自强、自尊、自省与自律"[①] 的文化体系，并在服务社会的过程中尽量让公共档案馆的组织文化向社会文化转变与输出，为区域内社会文化的发展做出应有的贡献，促进多元化社会文化的形成。

（2）区域历史文化的传播者。公共档案馆拥有最为丰富的历史档案信息资源，对社会文化的积累与沉淀起着十分关键的作用，但要使这些历史文化资源被社会公众所分享并发挥其应该有的价值，就必须强化对其的传播。因此，公共档案馆领导及工作人员应充分认识自身的优势并自觉地承担起自身的历史使命。一方面，公共档案馆应该不断地挖掘其历史文化资源，通过各种活动与展览等向社会传播具有一定历史意义的文化，这种传播不但实现了公共档案馆历史文化传承者的社会价值，也使社会公众获得了了解历史文化的机会与途径。如公共档案馆可以通过举办区域内历史名人档案展、书画展，历史文化知识的学术报告、学术讲座以及学术论坛等文化活动，传播其所拥有的历史文化资源。另一方面，公共档案馆也可以积极地加强与相关传播媒体的合作来传播历史档案文化资源，使历史档案文化资源的传播范围不断扩大，同时在传播的专业性方面得到可靠的保障。如江苏省档案馆与南京《扬子晚报》合作开办的历史文化专版《档案穿越》，以及南昌市档案馆与《江西晨报》合作举办的《档案解密》专栏，都属于非常成功的案例，其定位思路非常明晰，即公共档案馆不仅是历史文化的传承者，更是历史文化的传播者，可借助其他传播者的力量，使自己的文化形象变得清晰并被社会公众认识与认可。通过这种方式不但可以使档案文化深入寻常百姓家，让档案的影响力波及社会的每一个角

---

① 周林兴：《论档案馆的文化自觉》，《山西档案》2010 年第 6 期。

落,而且,也在很大程度上提升了公共档案馆作为文化机构的知名度,使其文化形象得到提升。

7.2 资源均等化配置战略

早在《"十一五"规划纲要》中我国政府就提出了"……享受均等化基本公共服务的要求,逐步形成主体功能定位清晰,东中西良性互动,公共服务和人民生活水平差距趋向缩小的区域协调发展格局";党的十六届六中全会通过的《构建社会主义和谐社会若干重大问题的决定》对实现公共服务均等化又做了更详尽且进一步的简述;党的十七大提出了"围绕推进基本公共服务均等化"的战略部署;党的十七届三中全会则将"推进公共服务均等化"作为2020年全面建成小康社会的基本目标之一。可见,逐步实现"公共服务均等化"已成为党与政府未来工作的重点。公共档案馆作为公共服务机构中的一员,均等化、协调性发展就成为其重要的奋斗目标,也是政府应该承担起来的责无旁贷的任务。然而从目前的情况来看,公共档案馆事业发展中存在的不均等化现象还相当严重,还需要在理论与实践中不断进行探讨。

7.2.1 资源均等化配置的价值考量

(1) 符合社会公平、正义的基本理念。我国疆域宽广,由于居民构成、自然资源禀赋、社会经济发展水平等各种因素的作用,各地区的财政供给和财政需求有很大差异,这样,各地区包括公共档案馆服务在内的公共服务的供给水平也就产生了很大差别。同时,在我国现有条件下,人口无法实现自然流动,这样人们就不可能任意选择符合其偏好的公共服务,无法通过"用脚投票"来促进公共部门的资源达到有效配置。[1] 这与我国要建设和谐社会的宗旨是不相符的,它有违社会公平、公正的基本理念。

---

[1] 张春华:《公共服务均等化的问题分析及政策建议》,《黑龙江对外经贸》2009年第1期。

美国著名政治伦理学家罗尔斯曾在其《正义论》中说："公正是社会制度的首要价值，正像真理是思想体系的首要价值一样。"① 因此，我们要让全国人民都享受到改革开放的成果，在红旗下感受社会主义国家的优越性，要让那些欠发达的中西部地区的档案部门有提供发达地区公共服务的能力。要想达到这个要求，我国的公共档案馆事业就必须获得均等化发展的机会与条件。所以，促进公共档案馆事业均等化发展有着更深层次的社会价值，即能促进社会公平与正义的发展。

（2）促进公共档案馆服务网络的完善。我国公共档案馆事业均等化发展对于形成实用、便捷、高效的公共档案馆服务网络有着非常大的帮助。目前我国的公共档案馆服务网络存在诸多不合理因素，无法提供社会需要的服务手段与服务水平。如数字档案馆建设本是一项适应信息时代要求的进步之举，但在实践过程中却有违它的出发点，除了沿海发达地区少数几个发展得还算不错外，其他大部分都成了一项"面子工程"，无法提供多少实际有意义的服务。这种局面的出现，从经济的角度来讲，是因为建设能提供高效服务的数字档案馆需要大量的资金与技术支持，对于中西部欠发达地区的公共档案馆来讲那只能是望而止步的事了，但为了说明自己跟上了时代的步伐，也只好依葫芦画瓢，硬着头皮上了一些所谓的数字档案馆项目，结果是成了一种摆设。这种状况导致有人惊呼"太厉害了！中国数字档案馆已经超越美国 ERA"。要想摆脱这种尴尬，政府必须担负起相应的责任，大力推动我国公共档案馆事业朝着均等化方向发展。毕竟发达地区发展得再好也代表不了整体，只有全国的公共档案馆事业都均衡地发展起来，才能真正完善我国公共档案馆服务网络，而不至于出现过多的信息化鸿沟。

（3）有利于减少制度性公民权利差异。我国宪法赋予公民的基本权利是平等的，即从法律的层面是人人平等，没有身份、职业、性别与地区的差异。但我们的具体制度性安排却处处体现着制度性公民权利差异，使法

---

① 崔林：《政府公共服务理念创新的路径选择》，《中国行政管理》2009 年第 8 期。

律面前平等的个体在现实中却体现出三六九等的不同,没有享受到同等的权利。这一点在公共档案馆事业中也常有反映,比如发达地区的经济条件好,可以招聘到优秀的人才,还可以对现有人才进行更深一步教育,使发达地区工作人员的个体专业水平、服务水平与服务能力等都高于中西部地区的同行,使生活在这些城市的人民可以享受到便捷的档案服务,如上海市档案馆的环境以及其提供服务的水平与能力,中西部地区难以望其项背。所以均等化的实现,将有助于消除这种制度性公民权利差异的存在,使同一个基本社会制度下的公民享受到基本平等的权利,充分体现宪法的人人平等的精神。

7.2.2 经济资源均等化配置的路径选择

(1) 政府在分配社会资源时必须坚持经济效益与社会效益并重的政策。社会资源的分配一般是以市场规律为分配法则的,它解决了经济发展的效益问题,同时它讲求效率,鼓励竞争,使社会出现优胜劣汰、贫富分化的现象。但我们不得不承认富者或富裕的地区不一定就是勤劳的结果,贫者或欠发达地区也不一定就是由懒惰造成的,这里面还有许多其他的原因,如国家的政策倾斜、区域问题、自然环境的好坏等。所以为了建设和谐社会,让先富地区带动落后地区的执政理念就必须真正落到实处,由于地区经济差异是不可避免的,而且经常是巨大的,社会资源的再分配就是政府落实该项政策的最好选择,即可以通过中央政府的财政转移支付制度来实现均等化功能,以此来防止和纠正过分的贫富分化和社会不公平现象。公共服务的提供就是社会资源再分配的一种体现,它存在的目的就是要解决市场机制所不能解决的问题,而这些问题是关系到整个社会健康和谐发展的。因此政府在进行社会资源再分配的过程中更应该做到公平、公正与合理,认真贯彻《中共中央关于构建社会主义和谐社会若干重大问题的决定》:现阶段,政府公共财政资金的投入应该坚持面向农村;面向革命老区、民族地区、边疆地区、贫困地区等欠发达地区;面向基础设施和教育、卫生、文化等社会发展和公共服务领域。政府有义务和责任对他们在制度上加以保障，政策上加大扶持力度，使他们能够与富裕起来的那些人、走在前列的行业以及已经发达了的那些地方一起公平分享经济与社会发展的成果，促进中西部欠发达地区的公共档案馆事业与东部沿海发达地区的公共档案馆事业发展水平之间的差距不断缩小直至消失。

（2）政府在评价官员政绩时必须坚持硬指标与软指标相结合的考核策略。官员个体行为目标与政府社会公共利益目标常常处于一种分化状态，他们不是抽象的责任承担者，他们通常根据自身的成本—收益比较来选择个人行为。① 这就是出现诸多的"面子工程""形象工程"的原因，他们更关心的是 GDP 增长等这些硬指标，因为只有这些指标才能在短时间内突出他们的政绩，为其升迁提供数据支持。所以官员常常用手中的权力通过一些"短、平、快"业绩来为自己树立光辉形象，产生一种泡沫下的繁荣，而见效慢甚至没有经济效益的公共档案馆等公共服务自然不在其关心之列，因为这种社会效益等软指标很难定量并进行衡量。这种使用了权力却抛弃了责任的行政行为产生的直接后果就是政府在有的领域乱作为，而在另外的领域不作为，这就是平地万丈高楼起、唯独不见公共档案馆的原因。因此，为了社会的和谐发展，政府必须进行相应的监管，使官员充分认识到其肩负责任的双重性，客观、公正地使用人民授予的权力，积极、主动地履行自己的责任，在对其政绩进行评价时必须做到定性与定量、硬指标与软指标相结合。

（3）政府应该完善政策法规，促进公共档案馆资源供应的多元化。我国公共档案馆在其所属领域一般一枝独大，辖区内的档案服务工作过于依赖它的提供，当其资源有限、供给不足时，该地区的档案服务就无法满足群众日益增长的档案利用需求。为了改变这种现状，有必要改变档案供应主体的状况，可以适当地引导各种社会力量加入公共档案馆事业的建设中

---

① 赵红灿、池忠军：《主体性视阈下的我国政府责任》，《黑龙江教育学院学报》2006 年第 6 期。

来，如出台相关法律法规鼓励民间资金对档案机构的捐赠，特别是对欠发达地区公共档案馆事业的支持，对提供捐赠的企业与个人提供政策优惠；倡导发达地区与欠发达地区开展对口支援工作，如促进上海市档案馆与青海省档案馆、广东省档案馆与西藏自治区档案馆开展互助工作，真正让小平同志在改革开放初期提出的"让富裕起来的地区带动落后地区"的想法变成现实。通过资源供应主体的多元化，来改变目前供应过度依赖政府投入的单一渠道，可从真正意义上实现我国公共档案馆事业的均等化发展。

7.2.3 档案资源均等化配置的路径选择

公共档案馆所拥有的资源种类、完整与否以及覆盖面在很大程度上决定着其在履行社会职能时是否符合其社会身份与社会理想，并决定着其作为社会文化机构的职能形象的高低。"职能形象"是一个全新的概念，还没有一个权威且统一的表述，其基本内涵是指公共档案馆用户对公共档案馆履行其社会职能的职能范围、职能水平、职能质量的一种总体评价，是公共档案馆的功能展现在社会公众面前的整体印象。众所周知，公共档案馆作为一种社会存在主要承担着保存历史档案文化资源、传承历史文化知识、开展爱国主义教育、开发档案信息资源以及服务于社会建设与满足社会公众需求等方面的职责。可以看到，公共档案馆的职能形象涉及公共档案馆的基础设施建设、资源建设、服务建设以及工作人员建设、管理理念提升等各个方面，这是一种最具综合性的形象。但公共档案馆的职能形象建设在很大程度上最后的归结点都直接指向公共档案馆的服务，即体现为公共档案馆的服务形象，而公共档案馆服务形象的优劣，在很大程度上又决定于其所拥有的资源，"巧妇难为无米之炊"应该就是这个道理。因此，在对公共档案馆进行职能形象定位时必须认识到这一点，并且朝着这个方向推进，只有这样，才能构建出科学且合理的公共档案馆职能形象，为公共档案馆的可持续发展提供源源不断的动力支持。

（1）档案资源配置与社会文化需求相衔接。公共档案馆作为一个由政府设置并高度依赖社会税收而生存的公共机构，理应履行一个公益性文化事业机构的职能与使命，除了传统意义的"资政、育人、编纂"等[①]职能外，还应满足社会公众对信息的需求，而社会公众权利的实现离不开资源的保障，因此，公共档案馆必须不断强化对各种资源的建设，只有这样才能使公共档案馆的职能形象不断得到提升，也只有这种才能做到资源建设与社会需求服务相衔接。首先，公共档案馆应该加强档案信息资源的建设，切实解决好公共档案馆档案信息资源建设中的"三多三少"问题，尽量使公共档案馆中的档案信息资源能够完整地反映社会发展历史全貌，而不是在有意与无意之中选择遗忘与强化某些历史事实，即从资源内容上做到与社会需求相衔接。其次，公共档案馆也应该强化对服务设施的建设，要提供方便、周到与快捷的档案信息资源服务手段，切实解决好利用者的各种困难与障碍，如在运用各种信息技术的过程中要注意与不同的利用需求实现无缝衔接，而不是在新技术的运用中产生新的"鸿沟"，制造新的"障碍"。最后，公共档案馆在人力资源建设中要不断做到"吐故纳新"，不是根据人力资源状况来开展档案信息资源服务工作，而是根据服务需求来建设人力资源，并以此开展符合社会需求的服务，实现人力资源建设与社会服务需求相衔接的目标，使公共档案馆的职能形象不至于与其功能相脱节，树立起良好的公共档案馆职能形象。

（2）档案资源配置与潜在需求相结合。社会公众作为非专业人士，对档案管理流程、档案分类方案、档案利用工具等专门性知识缺乏一定的了解。如果得不到专业人士的指导性或引导性服务，必定会存在这样或那样的利用问题，并且可能会出现利用中的"盲区"或"走弯路"的现象，而公共档案馆作为提供档案信息资源服务的专业性服务机构，对于档案信息资源该如何提供服务，能提供什么样的服务以及如何让社会公众的需求与其自身的服务相匹配是比较清楚与专业的。因此，公共档案馆要想让自身职能得到充分发挥并给社会公众树立良好的职能形象，就不能只满足于"一问一答"的被动服务，更不应该将利用者拒于门

[①] 马仁杰、张胜春：《论我国档案利用理论的形成与发展》，《档案学通讯》2002年第5期。

外，而应该急利用者所急，想利用者所想，把"专业"语汇用自然语言表述给利用者，引导其知晓公共档案馆的各项服务内容、服务方式等直至满足其利用需求。而公共档案馆还应该激发利用者的利用需求，把其潜在的利用需求也开发出来，从而实现档案信息资源服务中的增值性服务，使利用者在利用档案信息资源的过程中得到超出其预期目标的服务。这样一来，社会公众必定会对公共档案馆形成良好的印象，并对其存在的社会功能与社会价值"另眼相看"，从而为公共档案馆社会地位的提升奠定坚实的基础。

（3）档案资源配置与社会发展相一致。信息技术的发展给社会各个领域带来了前所未有的变化，极大地加速了社会的变革，因此，公共档案馆在管理、服务工作中必须有前瞻性规划，并与社会发展相一致。在分析利用者的潜在需求时，要充分整合公共档案馆自身的服务潜能，把握公共档案馆职能的发展趋势与发展方向，实现公共档案馆职能形象的前瞻性规划。如针对当前学术界提出的"智慧档案馆""智慧档案"，公共档案馆应该意识到必须要对其所拥有的各种档案信息资源进行深度挖掘研究，使服务工作由原来的单纯意义上的"信息服务"向"知识服务"转变，把公共档案馆的服务工作推向更高层面，形成一种全新的"档案知识"服务职能。所以，一方面，公共档案馆应该充分运用现代信息技术，提升其服务能力与服务水平，另一方面，公共档案馆也应该不断加强与社会的沟通与联系，知晓社会的发展动态及发展方向，使自己的发展节奏与社会发展尽量保持一致。

（4）档案资源配置与资源共享战略。信息技术的发展为档案信息资源的共建共享战略提供了条件，有利于打破传统环境下档案信息建设与利用中容易出现的"信息孤岛"现象，使公共档案馆在进行社会文化服务的过程中不至于"无米下锅"，并且，不同区域内的公共档案馆可以充分发挥其区域资源优势，做到互相补充与互相支持。如关于民国时期的历史档案，虽然中国第二历史档案馆是集中保存地，但是它也并没有穷尽全国所有的民国时期的历史档案，还有很多民国档案散存在全国各地区的各级公共档案馆中。对于利用者而言，特别是那些进行历史研究的利用者，他们在利用历史档案资源时，最希望的就是穷尽所有他能找到的相关档案资源。而如果保存这些历史资源的各公共档案馆之间不能做到共建共享，这将给这些利用者带来非常大的麻烦，他们必须奔波于全国各地的公共档案馆之间，去寻找那些对他们的研究有用的相关资源。这对于他们而言不仅是对时间、经费以及体力的考验，更是对他们寻找相关历史档案能力的一种考验。所以，如果全国各级公共档案馆在进行资源规划时考虑到了档案信息资源的共建共享战略，使全国或区域做到资源共享，那么对于利用者而言就将是一件幸事。当然，这种资源共享战略的实施必须依赖经费的大力投入，所以可以考虑先进行区域共享战略，如在一些经济发达地区，如江浙、上海以及广东沿海地区先开展起来，待经验成熟、技术稳定以后，再分步骤有秩序地在全国推进，这种推广既可以是"以点带面"，也可以是"以线串点"的方式。

总之，公共档案馆要想在公共文化服务体系建设中发挥出应有的价值并使自己尽可能深入地融入社会公共文化体系建设中去，就必须在资源规划建设中做到全方位协调，这是做好相关文化服务工作的关键与基础。

7.3 建筑形象定位战略

何谓建筑形象？不同的学者从不同的角度会给出不同的界定，如有学者认为建筑形象是一种艺术，即通过视觉感知的方式将主题呈现出来并使建筑成为富有性格和表情的艺术；[1] 也有学者认为建筑形象是建筑所传达的信息以及其所表达的意义；[2] 更有学者认为建筑形象是一种情态，即从

---

[1] 上海世博会事务协调局、上海市城乡建设和交通委员会：《上海世博会建筑》，上海科学技术出版社，2010，第12页。
[2] 常宇：《社会心理影响下的建筑形象设计》，西安建筑科技大学硕士学位论文，2006，第87页。

拟人化的角度认为它是人们通过观看建筑的形而激发出来的一种情态。[①] 事实上，公共档案馆作为文化建筑，应传递出它所在区域的民族特征、历史文化背景、区域地理环境以及区域人情风俗等，尽量把能表示其属性特征的元素体现在公共档案馆建筑上，通过这种视觉形态来反映与传递公共档案馆的关键感知内容。

7.3.1 建筑立意要诠释独特文化属性

公共档案馆作为一个沉淀文化、传承文明的社会元素，其文化气息向社会传递的应该是一种文化自信。其结构、总体布局以及对其自身内涵的定位应该能够反映其所具有的独特属性，并拥有能与其他建筑区分开来的特征，其区分度应该是显著的，使社会公众对其的区分与辨认能够在瞬间准确无误地做到。因此，在对公共档案馆馆舍的设计、布局、装修以及外形的选择、颜色的运用上，可尽量把一些"档案"元素嵌入其中，并尽量凸显，如把"档案""档案袋""档案盒""档案装具"等以"放大"的形态在公共档案馆设计与装修中体现，使公共档案馆能够透过其建筑形象与其功能属性顺畅交流，再如对颜色的选择可以深色调为主，以表述历史的厚重与深沉，使其能够很好地与其他建筑明显区分开来，指代性意义明显。从目前我国各地公共档案馆的建筑形象来看，其已开始朝这个方向发展，如江西宜春市新公共档案馆正面外墙通过采用特殊的整体墙体造型设计，犹如一个横向放置的"档案盒"，给人以一种非常明显的识别感。

7.3.2 建筑品位彰显区域文化特征

作为一个区域性文化建筑，公共档案馆的存在形象不应该仅仅定位于物理空间的存在意义，更应该定位于反映其所在区域的文化模式、文化品位、文化水准与地域特色，以及体现一座城市的历史与文化底蕴，反映一

---

① 包雷晶：《形象关注与视觉传播——以上海世博会国家馆建筑形象为例》，上海师范大学硕士学位论文，2011，第 56 页。

座城市的精神面貌与道德风尚，并且尽量做到把当地的一些地域性文化、地域性人物甚至地域性传说等文化元素反映在公共档案馆建筑物中，充分体现公共档案馆建筑的"唯一"性、文化性的标志性存在意义。公共档案馆建筑通过融入这些区域性特征明显的典型元素，再辅以本地历史演变、艺术特色等的点缀，不仅可使公共档案馆在无形之中提升其建筑品位，而且能通过其自身的建筑立意彰显其特殊功能，使公共档案馆的建筑形象定位目标能够得到完美的体现。如革命老区在公共档案馆建筑形象设计中完全可以凸显"红色传统"的理念，体现"红色文化"以及"红色历史"。而那些改革开放的前沿阵地在公共档案馆建筑形象设计中则可以凸显其海纳百川的"开放"理念来进行设计，使不同区域文化特征通过不同的建筑形象得到彰显，为"死"的物理建筑赋予"活"的内涵。上海浦东新区档案馆坐落于外滩，这本身就是其代表上海开放前沿阵地的一种符号。

7.3.3 建筑风格匹配文化建筑格调

公共档案馆作为我国公共文化服务体系的重要组成部分，除了要在建筑形象上充分体现其自身特征外，还应该在建筑风格上尽量做到与相关公共文化服务部门相匹配，使它们尽量格调一致、样式统一。如公共档案馆建筑形象尽量做到与博物馆、艺术馆、戏剧院、歌剧院、图书馆、纪念馆、美术馆、文化馆、方志馆以及各种展览馆等和谐统一。当然，在条件允许的地方或是重新规划建设这些文化建筑时，应该尽量争取得到相关主管部门的支持，使这些建筑不仅在形象上格调一致，而且尽量让它们毗邻，使其以整体的形象形成一个文化服务建筑群。如宜春市公共档案馆与宜春市博物馆、宜春市图书馆，江西省档案馆与江西省方志馆，辽宁省档案馆与辽宁省图书馆等相关文化建筑，都是相邻而建形成了一个庞大的文化建筑群。这些毗邻的建筑物，不仅社会功能相似，而且建筑格调一致，不仅给社会公众一种全新的视觉冲击，也极大地方便了社会公众的文化休闲与文化享受，避免了社会公众参观不同文化场所的舟车劳顿之苦。

总之，档案是记录社会发展的凭证与工具，它记录着历史并传承与沉淀着历史文化，公共档案馆是国家为了管理这些档案而设立的机构，支撑其发展的人、财、物均来自政府，取自社会税收形成的财政拨款。其理应具有"公共物品"属性并行使文化机构的历史使命，理应具备向社会展现其公共性、公益性及文化性的良好社会形象。因此，公共档案馆应进一步提升其社会知名度、美誉度及凝聚力，使其社会价值得到更好的发挥，在体制因素无法改变的状况下，构建其良好的社会形象不失为一种有价值的策略。

7.4 公民文化权益实现战略

保障公民文化权益的实现业已成为政府文化工作的重要目标之一。党的十七大报告与十八大报告均指出要使"人民基本文化权益得到更好保障"，《国家"十一五"时期文化发展规划纲要》与《国家"十二五"时期文化发展规划纲要》分别多次出现了有关保障"公民文化权益"的表述。"公民文化权益"进入执政党的政治纲领，清晰地表明政府对保障人民基本文化权益的高度重视，体现出一种应有的文化自觉。针对公民基本文化权益，相关文件规定："要以公共财政为支撑，以公益性文化单位为骨干，以全体人民为服务对象，以保障人民群众看电视、听广播、读书看报、进行公共文化鉴赏、参与公共文化活动等基本文化权益为主要内容，完善覆盖城乡、结构合理、功能健全、实用高效的公共文化服务体系。"[①]从中可以看出公民基本文化权益具有基本性、福利性、均等性、保障性与时代性等特点，对于我们深化对文化权利理论的认识以及区分公民文化权益实现意义上的政府与市场职能的差异都有十分积极的指导价值。就公共档案馆而言，切实保障公民文化权益的实现，一方面是在践行其公益性文化服务机构的社会理想，另一方面也是对政府所倡导的构建公共文化服务

---

① 张晋生：《"基本文化权益"的内涵与意义》，《党史博采》（理论）2012年第1期。

体系的积极回应。因此，如何更好地保障公民文化权益的实现已成为公共档案馆未来在发展方向的把握、发展路径的选择等方面必须重点思量的问题。

7.4.1 公共档案馆保障公民文化权益实现的依据

（1）文化机构的本质属性是内在要求。虽然《国家"十一五"时期文化改革发展规划纲要》《国家"十二五"时期文化改革发展规划纲要》对公共档案馆都只字未提，[①] 各项文化政策也离公共档案馆渐行渐远，各种文化发展专项经费更难得惠及公共档案馆，但这些都无法否定公共档案馆拥有保障公民文化权益实现的义务，以及履行其相应义务的责任，因为这是来自公共档案馆本质属性的内在要求。首先，法定的文化属性。我国《档案法》第八条以及《档案法实施办法》第十条都明确规定各级公共档案馆属于文化事业机构，这种法定地位的权威界定最为直接，也是最为有效的。其次，自身的文化属性。公共档案馆作为人类文化发展到一定阶段的产物，它的出现本身就意味着一种新文化的萌生，它存在的意义是文化的传承、启蒙与沉淀。因此，从本质上来讲它就是一种文化存在，具有任何其他文化机构都具备的"文化化人、文化励志、文化开智、文化养心的效果"。[②] 最后，资源的文化属性。虽然我国公共档案馆在资源建设方面还有很长的路要走，但它们已经汇集了大量包含人类最为重要的文化内容的档案资源，它们所汇集的文化资源给人们漂泊的心灵找到了根植的家园，为曾经消失与断裂的文明提供了恢复的可能与机会。因此，公共档案馆这种文化的本质属性是其保障公民文化权益实现最为直接的内在要求与责任使然。

（2）公共文化服务体系建设是外在要求。自从党的十六大提出"为人民群众提供良好的公共文化服务"以及《国家"十一五"时期文化改革发

[①] 章燕华：《从国家"十一五"文化纲要看档案文化事业的发展》，《档案管理》2007年第4期。

[②] 周林兴：《论档案馆的文化自觉》，《山西档案》2010年第6期。

展规划纲要》强调其是文化建设的重要组成部分以来,公共文化服务体系建设就成为我国理论研究与实践探讨中的一个重点领域。保障公民文化权益的实现业已成为公共文化服务发展的动力因素之一,就如有学者所言:"提供公共文化服务是保护公民文化权利的根本途径,公共文化服务的目的就是要维护公民的文化权利,满足公众的文化需求。"① 而公共文化服务的公共性、公益性等特点决定了其提供的主体责任必然要落到政府身上,但政府不可能直接去行使满足公民文化权益需求等具体职能,而只能以各种公益性文化机构的形式进行相应的制度安排。公共档案馆就是这种制度性安排的典型产物或代表。"提供公共文化服务,保护公民文化权利,是其不可推卸的文化责任。"② 因此,公共档案馆在保障公民文化权益实现的问题上,不仅有来自其自身文化属性的内在要求,更有来自公共文化服务体系建设的外在要求。当然,这对于公共档案馆来说既是一种使命,一份责任,一种追求,更是参与建设社会文化的一项权利,一种实现其社会理想的方式。

(3) 公民权益意识的凸显是根本要求。"人是文化的存在。"③ 同时,人也是追求文化权益最为直接的高级动物,因为"文化利益涉及人类生存与发展的方方面面"。④ "近年来,随着市场经济体制的建立和文化繁荣政策的实施,我国人民的文化权利意识获得了普遍的提升。"⑤ 公民的权益意识正在不断凸显,文化权益业已成为公民在现实生活中的一种基本价值诉求,并且随着公民主体性意识的不断提升,文化权益也正在逐步从"理论权利"向"实在权利"发展。在这种意识背景之下,公民的文化自主选择、文化自由表达、文化自我需求以及要求人的自由且全面发展的文化权益意识正在不断得到强化。对于公民的这种正当性的文化权益诉求,政府

---

① 李灵凤:《公民文化权利与档案馆公共文化服务》,《山西档案》2010年第2期。
② 李灵凤:《公民文化权利与档案馆公共文化服务》,《山西档案》2010年第2期。
③ 欧阳光伟:《现代哲学人类学》,辽宁人民出版社,1986,第207~236页。
④ 蒋永福:《文化权利、公共文化服务体系与公共图书馆事业》,《国家图书馆学刊》2007年第4期。
⑤ 骆小平:《文化权利大众化的哲学解读》,《职教论坛》2009年第6期。

应该给予足够的回应与满足,因为"文化观念是解决社会其他活动的思想根源,文化权利是人民实现文化利益的保证,权利意识的广泛理解(觉醒)和作用,有利于社会健康有序和谐发展"。① 因此,公共档案馆作为公益性的公共文化机构,拥有悠久的历史文化资源,其有条件也有义务去保障公民文化权益的实现,更有责任去"保证全体民众享受到基本的精神文化产品(服务),保障人民群众最基本的文化权益"。② 同时,要尽量把满足公民的这种基本文化权益诉求变成一种常态性的制度安排,使其与公民不断凸显的权益意识相互呼应,这一方面可以保障公民文化权益得到切实的保障,另一方面也是公共档案馆自身社会功能发挥的一种理想方式。

7.4.2 公共档案馆保障公民文化权益实现的障碍分析

(1)公共档案馆在价值维度方面的价值取向上有待纠正。当前,不管是从社会层面还是从公共档案馆自身来看,对公共档案馆的价值认识都还存在不小的缺失。从社会层面来看,由于大部分公共档案馆对外的形象过于严肃与内敛,公共档案馆的公益性、公共性等属性无法得到真正的发挥,③ 造成公众对公共档案馆的存在价值与存在意义在认识上存在非常大的偏差,社会公众在对公共档案馆进行解读时更多是从政府行政机关的角度,而非从一个公益性文化机构的角度,认为公共档案馆是一种纯政府行政机构,是为维护社会秩序而存在的。从公共档案馆自身层面来看,我国大部分公共档案馆对自身的价值取向的定位也还有待科学化,一方面,在进行政策法规、规章制度制定的过程中,其价值取向更多站在管理者的角度,而非一个文化提供者与服务者的角度,导致其服务水平、服务方式与服务态度离满足公众的文化利用需求渐行渐远。另一方面,很长一段时间以来,公共档案馆对自身社会使命、社会理想的认识也出现了很大的价值

---

① 骆小平:《文化权利大众化的哲学解读》,《职教论坛》2009 年第 6 期。
② 程结晶、彭小芹:《以公民文化权利为基础的档案馆服务体系研究》,《档案学通讯》2011 年第 3 期。
③ 周林兴等:《论档案馆竞争力的脆弱及其提升的对策》,《湖北档案》2005 年第 5 期。

取向偏差，其把过多的精力放在了承担原本由档案局等行政部门承担的对社会秩序的维持以及对相应管理责任的担当上，而没有把维护社会公正、公平与正义的社会理想作为其日常行为准则。

（2）公共档案馆在功能维度方面的公众认识上有待科学化。公共档案馆在价值维度上存在的偏差必然导致公众对其功能在认识上的非科学性。公共档案馆既然是法定的文化事业机构，而非法定的行政管理机构，那么其社会文化服务功能就应该是其主要功能。但是受到传统档案机构高度"政治化"的影响，长期以来公共档案馆多以存凭、资政、留史等功能示人，社会文化功能已成为公共档案馆的一种附属功能或者说已沦为一种"术"层面的功能解读，如有学者认为公共档案馆的功能是以"资治"为源、"存史"为本，"文化传承"为实的辩证关系，① 甚至有学者认为公共档案馆仅有社会记忆功能、知识储备功能、资政决策功能、文件与教育功能、市场服务功能等，② 却唯独没有文化功能。而且，公共档案馆在解读公众文化利用需求的取向上也存在认识不到位的情况，如公众希望建立一种公正、公平的社会文化。公共档案馆有建立这种社会文化的条件与资源，但令人遗憾的是我国公共档案馆在培育这种文化氛围的过程中总是显得不那么自觉与自信。而且，其行为方式的中庸，③ 导致其在开展公共文化服务时总是缺乏应有的自信与霸气，有时档案部门好不容易有一个勇敢的同志站出来维护社会正义，结果却被以"程序正义"更为重要为由受到撤职查办，④ 这种"屋漏偏逢连夜雨，船迟又遇顶头风"的遭遇必定也会严重影响到公共档案馆行使其维护社会公正与公平的决心与信心。因此，当前对公共档案馆功能上存在的认识误区，在很大程度上限制了公民文化

---

① 张照余：《档案馆"资治"、"存史"和"文化传承"功能辩证》，《档案学研究》2004年第5期。
② 宗培岭：《新时期应当强化档案馆的研究职能——兼谈档案馆的职能与功能》，《档案学研究》2003年第4期。
③ 黄振原、姚红叶：《关于公共档案馆保障公民文化权利的思考》，《北京档案》2011年第2期。
④ 《举报"房叔"岂能受处分》，2013年1月1日，http://news.163.com/12/1226/08/8JKSMFJJ00014AED.html。

权益的实现。

（3）公共档案馆在资源维度方面在选择上有待完善。由于历史原因，我国公共档案馆"长期具有机关档案室的性质，由此造成了党政机关的文书档案一统天下"。[①] 档案信息资源在内容构成上形成鲜明的"三多三少"[②]现象。档案信息资源不管从深度上还是从广度上都存在非常大的缺陷，作为社会记忆的汇集地，公共档案馆在资源建设上并没有做到兼顾社会、国家、民族、家庭与个人记录保全，"几乎是清一色的'红头文件'"。[③] 而那些与社会公众日常生活有关的房产、婚姻、计生、保险、信誉、学籍、医疗保险、知青、退伍军人等专门档案以及那些反映乡村记忆的礼仪、婚庆、契约、族谱、庙堂、祠堂等档案信息资源，很少被收集到公共档案馆中来。还有就是那些涉及地方特色的科学技术、人文景观、自然资源等特色档案信息资源以及反映区域民俗文化的名曲、名调、曲艺、方志、票据、信函等档案信息资源，在公共档案馆更是难得一见。公共档案馆在资源选择的过程中强化对政府"红头文件"的收集，而弱化其他档案信息资源的做法，极大地限制了其服务社会公众的能力，偏离了其保障公民文化权益的宗旨与原则，在一定程度上阻碍了公民文化权益的实现。

7.4.3 公共档案馆保障公民文化权益实现的发展策略

（1）凸显公共档案馆的文化存在。公共档案馆本质上不仅是一种文化存在，它的出现与形成本身就意味着一种新文化的产生与形成，再加上法律层面的权威认定，其作为一种文化存在的符号意识必须得到强化，其文化服务功能必须得到凸显，这不仅是其实现自身社会理想的途径，更是保障公民文化权益实现的前提条件。首先，公共档案馆应该积极地参与到当

[①] 黄振原、姚红叶：《关于公共档案馆保障公民文化权利的思考》，《北京档案》2011年第2期。
[②] 丁玉宇：《论档案信息资源的开发利用》，《山东档案》2011年第4期。
[③] 蒋冠：《国家综合档案馆馆藏资源建设策略探析》，《档案学研究》2011年第5期。

地的文化活动中去,如参与到非物质文化遗产的保护、口述史的形成、城市文化记忆与乡村社会习俗记忆的构建以及城市文明形象的塑造中,用实际文化行动告诉社会,公共档案馆是社会文化的构建者、参与者与服务者,更是文化的使者与文化的象征。其次,公共档案馆应该利用现代传播技术传播自己的文化形象,与电视媒介、网络媒介合作宣传自己的文化形象,如江苏省档案馆与南京《扬子晚报》合办的报刊专栏《档案穿越》、北京档案馆与北京卫视合办的电视专栏《档案》等,这些节目从运营的情况来看都取得了不错的效果,为公共档案馆历史文化资源的开发与传播找到了一种非常合适的方式,使"死的档案"变成了一种"活的文化",使公共档案馆的文化存在形象深入寻常百姓心中。最后,公共档案馆应该积极行动起来,改变过去过于内敛与严肃的文化形象,形成自己开放与自信的特有文化气质,并且,要让这种文化形象获得可持续发展,形成一种应有的公共档案馆的文化自觉,构建起自省、自尊、自强与自律的文化品格,[①]为公民文化权益的实现提供切实且名副其实的可靠保障。

(2) 强化社会性服务的价值取向。公共档案馆作为公益性的公共文化事业机构,虽然其由政府建立并由政府提供经费支持,但应该清醒地认识到我国政府作为民主政府,是由人民选择并对人民负责的,而且来自政府的经费也是来自人民的税收所得,可以说人民是政府、公共档案馆的衣食父母,政府设立并支持公共档案馆的发展只不过是在行使人民赋予它的管理社会的权利。因此,强调公共档案馆社会性服务的价值取向是毫无争议的,公共档案馆在开展服务工作的过程中,不仅要做到服务好政府机关,满足政府维护社会秩序的档案利用需求,更要做好社会性服务工作,服务好社会普通公众,满足公众的基本文化权益需求,使公众的基本文化权益切实得到保障,体现社会主义国家人民当家做主的制度优势。如果社会公众的基本文化权益都得不到保障,那还何谈人民的政府、人民的国家。因此,公共档案馆"在实现其管理职能的过程

---

① 周林兴:《论档案馆的文化自觉》,《山西档案》2010年第6期。

中，应打破政府的垄断，以最大限度地满足社会公众的需求为追求目标，本着以人为本的基本理念提高服务质量"，①做到真正以社会公众的满意度为服务质量的衡量标准。②公共档案馆只有本着这种服务社会的价值取向，力争使公众的基本文化权益得到最大限度的实现，其服务才是符合其存在的宗旨与意义的。

（3）实现档案信息资源的社会化。公共档案馆在保障公民基本文化权益实现的过程中离不开资源体系的支持，科学且合理的馆藏资源体系是公民文化权益得到有力保障的基础，因此，公共档案馆必须在资源体系的建设上做好文章，实现档案信息资源的社会化，即做到"实现档案资源体系对民生、对社会的全覆盖"。③首先，档案资源内容的社会化构建。公共档案馆所收藏的档案信息资源必须能够覆盖全社会的活动状况，不仅要有反映政府行政职能的"红头文件"，也要有反映企事业单位以及民间团体的活动记录，更要有反映民生状况的馆藏内容，如婚姻、社保、健康、保险、医疗、住房、就业等，以及反映城市记忆与乡村习俗的社会记录，只有资源齐全，才有帮助公众实现文化权益的可靠保障。其次，档案资源利用方式的社会化共享。封闭且分散的档案利用方式使档案利用者在利用档案的过程中费时费力，给档案利用者带来极大不便，同时还极大地增加了公众文化权益实现的时间与经济成本，严重地影响到公众实现其文化权益的愿望。为了破解这种困局，公共档案馆系统应该从横向上与纵向上都打通馆际的"信息孤岛"障碍，实现体系内档案信息资源的互通有无与共建共享，真正实现档案信息资源的社会化利用。应该说，这种内容的社会化与利用的社会化将为公众文化权益的实现提供最为可靠的资源保障与条件保障。

---

① 任汉中：《试论档案馆社会化服务与功能拓展》，《档案学通讯》2011 年第 1 期。
② 任汉中：《档案馆社会化服务的理论探讨》，《档案管理》2009 年第 3 期。
③ 宁宇龙：《国家档案局提出与全面建成小康社会相适应的档案工作目标》，《中国档案报》2012 年 12 月 31 日，总第 2402 期，第 1 版。

7.5 强化社会合作战略

现代化社会的一个重要标志就是分工与合作。任何国家、组织机构都不可避免地会与外界发生联系，这是一个组织在当今时代健康发展的必要条件。合作已成为当今社会的一个主要特征，它不仅是一种互利行为，更是一种自觉行为，虽然各合作者有各自不同的目的，但结果总是在一定程度上具有利他性，因此，合作变得越来越流行，越来越受欢迎。作为社会信息服务机构的公共档案馆在传承已有职业价值规范的同时，不断地调整和完善自身职能，积极参与社会合作，焕发出特有的职业魅力，这既是当前公共文化服务体系建设大环境下对公共档案馆发展的时代要求，更是公共档案馆获得发展的机会。

公共档案馆作为社会的公益性文化机构，其存在的任务之一是维持社会发展所需要的文化环境，并通过这种文化环境的力量去改造人以达到改造社会的目的，最终形成人的基本自我认同，并在这种认同的基础上促进文化的集体认同。当然，社会在发展的过程中应当具备可以供给足够文化资源的文化环境，这种文化环境的培育与维持对于单个文化机构来讲是一个无法完成的任务，也是一种无法承受的历史责任。公共档案馆与公共图书馆、博物馆、戏剧院、文化馆、展览馆、艺术中心等文化机构，以及与社会公众、其他社会领域的企事业单位等社会主体之间必须进行紧密的合作。这一方面是为了完成共同的目标，即为社会的发展提供一个足够的文化资源供给环境，另一方面，也是为了实现其自身的社会理想及提升其自身的社会竞争力，并在这种提升中使自身的社会存在价值得到广泛的社会认同，最终为自己赢得更多的社会发展机会与发展空间。公共档案馆一方面在作为机构意义存在的同时也作为一种社会制度意义而存在，另一方面，它也作为一个生长的有机体而存在，不是独立于社会生态系统之外的"独行侠"，因此，其必须走向与其他社会主体的联动与合作。

7.5.1 公共档案馆社会合作的内涵及原则

（1）公共档案馆社会合作的内涵。社会合作是指不同的个体或集团之间自觉地采取互相配合的方式以实现某种目的的行为，其具有三个基本特征：第一，合作是一种行为。从机制上说，合作属于实践范畴，它是一种调整人们之间社会关系的基本实践活动，但可以渗透到其他实践活动中。第二，合作是一种自觉的行为。从意愿上来说，社会合作是各社会主体之间本着一种自愿的意志，为了共同的目标而进行的一种社会行为。第三，合作的本质是互利。合作者各自的目的可以不同，但合作行为的结果必须在一定程度上利人利己。

公共档案馆的社会合作是一个相对比较笼统的泛概念，从狭义上讲，公共档案馆的社会合作是指公共档案馆为了完成机构自身的职责与任务，实现自身的社会理想与社会使命，与自身法人实体以外的其他社会机构和社会公众之间开展的各种形式的合作与共建。从广义上讲，则是指公共档案馆为了完成机构自身的职责与任务，实现自身的社会理想与社会使命，与员工、与利用者、与同行以及与其他机构和社会公众之间开展的各种形式的合作与共建。

（2）公共档案馆社会合作的原则。从利益相关者理论可知，在对公共档案馆利益相关者的关系管理中必须坚持统筹兼顾、平衡各方的基本原则，不能单纯强化或弱化任何一方的利益诉求，否则这种社会合作就有可能缺乏继续的基础与动力。总之，在公共档案馆的社会合作中应坚持如下原则。

①分工合作原则。与所有其他社会机构一样，公共档案馆也是社会分工的产物。有社会分工就必然会有社会合作，社会分工是产生社会合作的基本前提，但社会分工并不必然会导致社会合作或有效社会合作的产生。在社会分工的前提下开展社会合作，在社会合作的基础上进行协调，在协调的背景下进行控制，就可以实现有效合作。因此，公共档案馆在开展社会合作战略的制定、实施等过程中，必须重点处理好分工与

合作的关系，即该分工处理的事情必须做到分工明确，该合作的事情必须做到充分合作与协调，而不能需要合作时相互掣肘，需要分工时又理不清关系。

②以人为本原则。任何事情都是靠人来推动和执行的，必须做到以人为中心进行设计与实施，公共档案馆的社会合作也不能例外，不管是与图书馆、博物馆、艺术馆还是与社会公众之间的合作，归根结底是人与人之间的合作。因此，在公共档案馆的社会合作中，一方面要尽量避免人走茶凉、人走政息的短期行为以及合作中可能出现的不愉快现象，尽量通过合同、协议等手段，将合作的目的、意义、形式、时限等进行契约化。另一方面也要尽量理解和尊重合作双方的意愿和要求，特别是要将人的发展与单位的发展相结合，在合作中体现以人为本，尊重和帮助人的发展。因为只有人获得了发展，机构之间才有合作的基础与前提，才有持续合作的动力与基础。

③平等互利原则。公共档案馆与其他任何组织机构、社会公众之间开展任何合作时，各合作主体在人格地位上都是平等的，不存在你强我弱，我居主导地位你居次要地位的问题。因此，公共档案馆在与合作对象的关系定位上既不能以势压人、恃强凌弱，也不能唯唯诺诺、唯命是从。一旦合作双方中出现强势与弱势主体，合作就不可能取得预想的效果，也不会获得持续发展的动力与基础，因为这种合作常常容易将合作关系演变成主从关系甚至依附关系，难以形成牢固的合作基础，也难以形成和谐的合作氛围。当然，在合作关系中，需要有完成不同工作的不同角色定位，这是一种客观存在，也是一种合理存在，另外，合作者之间资源占有的优劣和能力才智的差距也是一种客观存在，因而在合作过程中不同主体的作用不会完全相同。但既然是合作，就要靠平等相待和互相尊重作为维系这种关系的纽带，合作的任何一方不应存在什么天然特权。

总之，在公共档案馆开展社会合作过程中，各合作者可能有各自不同的合作目的，但合作行为的结果必须在一定程度上利人利己。合作的一方只有通过履行义务给对方或他方以一定的实际利益，才能得到对方或他方相应的报偿。在合作中要注意不能随意侵犯或伤害合作方的利益，要在契约、制度和法律的框架体系下，最大限度地实现利益各方的平衡。

7.5.2 基于资源交换的社会合作

基于资源交换的社会合作主要是源于公共档案馆与其他相关机构、社会个体对相关资源优化的需求。目的主要是尽量让自身的资源最大限度地完善与丰富，使其在进行社会服务的过程中所提供的服务能够满足不同社会利用主体的利益诉求。

（1）公共档案馆馆际资源交换合作。公共档案馆的馆际资源交换合作可以是检索资源的合作，也可以是备份资源上的合作。因为，网络技术的广泛运用，为公共档案馆之间的检索资源合作提供了可靠的技术保证，有利于打破公共档案馆之间的信息"孤岛状态"。[①] 公共档案馆检索资源的合作可以从两个层面来开展，一方面是纵向层面的检索资源合作，即国家、省（自治区、直辖市）、市、县公共档案馆之间检索资源的合作，各级公共档案馆可以通过网络技术等实现档案检索资源的共建共享，社会公众可以通过一站式检索准确定位到其所需要的档案信息所在的位置，并进行合理的利用。另一方面是横向层面的检索资源合作，即各级公共档案馆可以与专门档案馆、部门档案馆等其他相关档案馆之间进行检索资源之间的合作，使社会公众不仅可以获得存放于公共档案馆的档案信息资源，也可以及时地获得还未存放在公共档案馆中的资源，为这些档案信息资源及时地发挥社会效益提供机会与可能。通过馆际检索资源的合作，可大大提升社会公众的利用效率，节省社会公众异地利用档案信息资源的成本。

另外，随着安全意识的不断提升，公共档案馆之间在备份资源上的合作越来越被重视，档案异地备份制度已被越来越多的公共档案馆所采用，如江西省档案馆与海南省档案馆、四川省档案馆与甘肃省档案馆、江苏省

---

① 迪莉娅：《云环境下数字档案馆资源的管理过程研究》，《档案学研究》2014年第5期。

档案馆与湖南省档案馆、黄山市档案馆与淮南市档案馆、宁波市档案馆与长春市档案馆、宜春市档案馆与黔南州档案馆等已签订档案数据互为备份基地协议。这既是资源交换保存，更是资源交换合作，一方面可以提升自身的社会服务能力，另一方面也可以提高对灾害的防御能力，这种馆际社会合作值得提倡。

（2）公共档案馆、公共图书馆与博物馆的资源交换合作。由于历史原因，我国一些公共图书馆中收藏了不少档案资料，如国家图书馆就藏有清乾隆至光绪年间内阁及吏、户、礼、兵、刑、工六部的保额档案；上海图书馆收藏有盛宣怀档案等，类似案例在全国屡见不鲜。另外，在我国一些公共档案馆中，也收藏了不少图书资料，如李宏均编著出版的《乐园之变·巴山方言》一书被重庆档案馆等多家单位收藏；周林兴所著的《公共档案馆管理研究》一书被宜春市档案馆收藏；等等。我国一些博物馆中也收藏了一些公共档案馆收集范围内的材料，如郭沫若、老舍等的手稿收藏于国家典藏博物馆。对于这些资源不能说其存放的地点不对，因为这其中有着各种各样的原因。在无法改变当前这种资源存放"错位"的状况下，公共档案馆、公共图书馆与博物馆之间的资源交换合作就显得十分必要。一方面，这些馆之间可以通过交换检索资源（即当社会公众去利用时，服务人员能够准确地知道其所要利用的资源存放在什么场馆），减少社会公众查找的困惑。另一方面，这些馆之间也可以实行原件与复印件关联的方式，如可以把那些存放于公共图书馆的档案材料复印一份存放于公共档案馆中当作资料保存，这样不仅可以解决社会公众查找相关材料时需要在不同资料场馆之间奔忙的问题，也使档案馆的材料在形式上得以齐全完整。总之，公共档案馆与公共图书馆、博物馆等的资源交换合作具有十分重要的现实价值，是一个值得探讨的领域。

（3）公共档案馆与高等院校的资源交换合作。公共档案馆除了要加强馆际资源合作以及与公共图书馆、博物馆等相关社会机构之间的物质性资源交换合作外，还应该积极强化与其他社会主体之间智力资源等方面的合作。因为公共档案馆工作人员虽然拥有扎实的实践性操作经验，并且形成了比较完善的管理方式、服务手段等，但是由于在1993~2018年我国公共档案馆"参公"的特殊性管理体制，使公共档案馆工作人员把更多的精力放在了行政提升层面去考量其自身所存在的社会价值，而没有把更多的精力放在业务提高层面去评价其所存在的社会意义，因此他们的业务能力、业务知识与业务水平在很大程度上受到了制约。在当前社会转型、知识加速更新的大环境下，难免会出现一些工作人员知识不足、业务能力有待提升的困境。公共档案馆应该加强其与相关社会主体的资源交换合作，以实现社会共同发展的愿望。如公共档案馆可以考虑与高校档案学教育部门合作，借助他们的师资力量，以培训、咨询、指导等方式，有针对性地提升公共档案馆工作人员的相关知识。当然，高校在档案学教育中也可以借助公共档案馆工作人员丰富的实践性操作经验来指导档案学专业学生实践性知识的提升，使他们在学习理论知识的过程中掌握熟练的实践性操作技能。

这种资源交换合作将有利于相关主体发挥各自的优势，并使各自的不足尽量得到弥补，是一种双赢的社会合作，值得提倡。

7.5.3 基于服务拓展的社会合作

服务拓展合作主要是指公共档案馆与其他社会机构及社会主体之间通过合作，开拓、扩大与深化其职责与任务。主要目的是希望借助这种合作使公共档案馆的服务形式更加灵活，服务内容更加丰富，更加方便、快捷地满足社会公众的档案利用诉求。

（1）公共档案馆与新闻媒体之间的服务拓展合作。公共档案馆长期以来所形成的内敛性格特征，导致其总是被动地提供信息服务，在一种半封闭的状态下与社会其他主体进行交流，严重地影响了其服务质量及服务效果的提升，而新闻媒体外向的性格特征正好可以弥补公共档案馆内敛性格特征的不足。一方面，公共档案馆可以借助新闻媒体受众广泛的长处来提升其社会影响力与知名度并提升服务水平、服务效果。如北京卫视创办的《档案》栏目，不仅使公共档案馆的档案历史文化变成了社会公众文化，更为重要的是满足了社会公众对历史文化知识、事件了解的需求;① 借助南京《扬子晚报》创办的历史文化专版《档案穿越》,江苏省档案馆得到了社会公众的广泛关注并获得了政府相关部门的高度认可,荣获"2012年度全省宣传思想文化工作创新奖提名奖",② 是该省档案系统有史以来首次获此殊荣;南昌市档案馆与《江西晨报》合作举办的《档案解密》,使社会公众了解到了一些以前不曾了解的历史事实与历史真相,应该说类似的服务拓展合作还有很多,还在不断地进行。另一方面,这种合作提供给了这些新闻媒体独家报道档案里的历史故事的机会,不仅使这些新闻媒体赢得了社会的另类关注,使其在社会公众中的影响力得到了极大提升,获得了不少社会效益,也使这些新闻媒体的发行量及收视率得到很大的提升,给他们带来了巨大的经济利益。因此,这种合作具有广泛推广的社会价值与意义。

(2) 公共档案馆与中小学教育之间的服务拓展合作。公共档案馆不仅具有提供档案信息资源服务的社会功能,更是肩负着播撒与传承社会文明、提升国民文化素养的重要历史使命。而中小学生是祖国的未来与希望,公共档案馆与中小学教育之间开展服务合作,将不仅把"爱国主义"教育基地的功能固定在公共档案馆,更是要让"爱国主义"走进课堂。一方面,公共档案馆可以开展档案馆走进中小学课堂的活动,开展"公共档案馆在校园——中小学文化与信息素养推进计划",与中小学共建集教学、休闲、观摩等为一体的综合性观众参与空间——"历史教育",在历史档案资源中发掘中小学生感兴趣的历史故事、历史人物以及中小学的发展史等,然后以故事讲解、报告会、宣传会等形式来具体实施。如上海市档案馆与光明中学合作开设了《从法文书馆开始的光明中学》讲座。另一方面,公共档案馆也可采取请进来的方式,积极地邀请中小学生到公共档案

---

① 周林兴等:《档案馆公共文化空间的 SWOT 分析及优化策略》,《档案学通讯》2014年第5期。
② 袁光:《〈档案穿越〉历史文化专版荣获江苏省"2012年度全省宣传思想文化工作创新奖提名奖"》,《中国档案报》2013年2月4日,总第2417期,第1版。

馆里参观，开展一些中小学生感兴趣的档案历史展览，如上海市外滩新馆常设的《城市记忆——上海近现代城市发展历史档案陈列》主题展。① 而且，公共档案馆还应该积极成为当地中小学开展档案教育的社会实践基地，为中小学生的社会实践教育提供相应的场地、素材等。如浦东新区档案馆开展的"学档案知识，过快乐暑假"活动，取得了非常好的社会效果，2014年初至2015年7月，在一年半的时间里，"浦东新区档案馆中小学生档案教育社会实践基地累计接待来馆参观12所学校、12场次，进校教学、展览20所学校、20场次，参与学生总人数达3万余人次，累计发放档案宣传资料和读物1万余册，完成问卷调查2000余份，获得了广大中小学师生的肯定"，② 取得了良好的社会效益。

（3）公共档案馆与其他社会主体之间的服务拓展合作。当前的社会是一个快速发展的社会，公共档案馆要想提供足够多的服务以满足社会公众的利用诉求，仅靠自己的力量还远远不够，必须充分利用社会分工合作，借助其他社会相关主体的力量来弥补公共档案馆在拓展业务时所面临的人员能力和专业资源等方面的不足，以此来降低其开展服务的成本。如公共档案馆可以借助相关技术性公司所拥有的技术优势来促进公共档案馆管理向现代化方向迈进，以此来拓展其服务能力与服务方式并改变其服务模式。同时，这些技术公司也可以借助公共档案馆工作人员的专业知识，使他们的技术与档案管理无缝链接，为其赢得更多的市场竞争力与竞争优势。另外，随着《中华人民共和国政务信息公开条例》的实施，公共档案馆、公共图书馆与行政机关都成为法定的政务信息查询场所，而且，都要求配备相应的设施、设备等，对这种重复性社会投入有必要进行资源优化配置，并且在进行服务拓展时做到全方位合作，最大限度地降低资源的冗余。这样一方面可节约有限的社会资源，提升社会资源的使用效率，另一方面也能在一定程度上优化服务，提升服务的质量与效果。

---

① 倪政华：《市档案馆与光明中学举行馆校共建活动》，《新上海档案》2006年第1期。
② 《上海档案馆：学档案知识，过快乐暑假》，2015年11月30日，http://www.pudong.gov.cn/website/html/shpd/pudongNews_ JRPD/Info/Detail_ 643212.htm。

基于服务拓展的社会合作,不仅可以有效地优化服务质量,提升服务效率及办事效果,更可使公共档案馆有效地融入社会信息服务的信息生态圈。

7.5.4 基于价值认同的社会合作

基于价值认同的社会合作主要源于社会主体对公共档案馆作为社会公益性事业的认可,进而通过合作履行双方的职能,并在这种社会合作中体现其各自存在的社会意义。

(1)公共档案馆与基金会的价值认同合作。"经费不足一直是困扰公共档案馆事业发展的瓶颈,它导致公共档案馆各项服务难以完善,新的项目亦难以开展。"[①] 因此,公共档案馆作为公益性文化事业机构除了要积极地寻求政府加大投入以满足不断增长的开支需求外,还应该广开财路,积极争取各种基金会或慈善机构的支持。在这方面,公共图书馆已走在前列,获得不少基金会的支持与赞助,如国外著名钢铁大王卡耐基、软件天才比尔·盖茨等成立的基金会为公共图书馆事业发展提供了大额的捐助,国内著名的香港同胞邵逸夫创办的基金会、香港杏范教育基金会、百草园公益图书馆项目等也是如此。同为公共文化服务机构,既然公共图书馆能够争取到这些基金会的支持,公共档案馆只要策略得当、服务到位,相信其价值理念必定会得到其他社会主体的认同,合作行为动机就会自然而然地产生。一方面,这种价值认同的合作可以有效地解决部分公共档案馆特别是一些落后地区公共档案馆资源与人员严重不足的问题,缩小落后地区与发达地区的信息鸿沟,在一定程度上消除所存在的不平等、不公正,并在一定程度上缓解社会矛盾,形成一个和谐的社会环境,这也是所有社会主体追求的社会价值所在。另一方面,这些基金会或社会主体通过与公共档案馆的合作,能促进其社会价值的自我实现,这种合作也是其社会存在的自我体现与有效践行,同时,也是这些社会主体担当社会责任和传承社会文明的一种具体表现。从当前社

[①] 周林兴、陈勇:《公共档案馆的社会援助:可行性、策略、方式》,《档案管理》2006年第4期。

会的经济环境与文化环境来看，我国完全拥有这种社会合作所需要的文化根基。

（2）公共档案馆与社会个体的价值认同合作。公共档案馆作为一个历史资源的聚集地，其资源采集是面向所有社会主体的，是要充分反映全社会的历史面貌，而不只是社会记忆中的某一部分。长期以来，我国公共档案馆在馆藏资源上过度偏向政务信息资源的采集取向一直受到学界的诟病，"三多三少"[①] 的馆藏体系反映的是一个畸形的社会存在，它在强调某些历史事实的同时也在弱化某些历史事实。因此，公共档案馆必须打破这种馆藏资源的价值取向，在加强对政务信息资源进行采集的过程中，也应该加强对社会个体所拥有的历史档案资源的采集。而且，由于历史原因，社会个体往往保存了非常多的珍贵历史档案资源，这些档案资源对于公共档案馆馆藏资源的丰富与完善具有十分重要的价值。因此，公共档案馆应该加强调研，了解当地社会个体可能拥有些什么性质的历史档案资源以及其历史价值、学术价值等，对这些社会个体加强宣传与引导，使其与公共档案馆形成一致的价值认同，形成一种基于价值认同的合作。一方面，通过一些政策优惠、物质奖励、精神奖励等方式，鼓励社会个体将其所拥有的珍贵历史档案资源捐赠给公共档案馆，另一方面，也可以鼓励社会个体把其所拥有的珍贵历史档案资源通过寄存等方式存放于公共档案馆，当然，在适当的情况下，公共档案馆也可以考虑以购买的方式来获得社会个体所拥有的珍贵历史档案资源。另外也可以采用复制件的方式来采集一些特别珍贵的历史档案资源。这样将大大丰富公共档案馆的馆藏资源，为其社会价值的实现以及社会责任的承担提供保障。

基于价值认同的社会合作，不仅可使这些社会主体的社会价值得到更好的体现，也可在很大程度上使其更好地承担社会责任，同时也使公共档案馆获得了更多的资源，使其社会价值更多地被社会主体所认同。

[①] 周林兴、周振国：《面向社会的档案信息资源规划实现机制研究》，《档案学通讯》2013年第5期。

总之，社会转型使公共档案馆事业发展面临着很多机会与挑战，其需要不断地调整自身职能，切实顺应社会需求，方能赢得社会认同与社会尊重。开展多种形式的社会合作是社会主体自觉适应社会需求而进行的一种自我功能调整，这种功能嬗变与调整还将随着社会变迁而继续。这一方面，使公共档案馆能够更好地适应不断变化的社会环境，另一方面，也为公共档案馆的生存和发展拓展了空间，使其社会使命与社会存在价值能够得到更好的实现。

7.6 构建组织文化战略

人是社会的主要存在物，有其存在的地方就需要管理，而需要管理的地方就需要沟通，只有通过沟通才会使管理更加顺畅与有效。也正是基于此对管理沟通的研究才成为管理学领域持续关注的焦点，其作为一种特殊的沟通现象，是组织为了达到管理目标而进行的信息与情感的交流。管理沟通是从组织行为学和社会心理学的研究中引申出来的一门独立学科，自20世纪70年代以来逐渐受到管理者的关注。但目前有关管理沟通的研究大多是针对企业等营利性组织的，对非营利性组织则鲜有关注，针对公共档案馆的管理沟通研究更是鲜有涉及。公共档案馆不仅是属于法律规范范畴的文化事业机构，更是一种事实上的文化组织，与文化有着天然的紧密联系，而同时，公共档案馆作为社会组织必然又有其自身的管理目标。因此，公共档案馆在管理过程中强调各种信息、情感的交流与沟通，并借助这种交流与沟通来推动公共档案馆组织文化的形成与发展，为公共文化服务体系的构建贡献其应有的力量。

7.6.1 公共档案馆组织文化建设的价值分析

管理沟通是在一定的组织文化背景下进行的思想意识的双向传递,[1]

---

[1] 胡冰:《档案馆组织文化构筑之我见》,《机电兵船档案》2006年第1期。

有效的管理沟通对组织文化的建设将起到举足轻重的作用。公共档案馆组织文化的建设期望通过统一工作人员的人生观、价值观对其进行规范和约束，使其在工作实践中自觉地将个人目标纳入公共档案馆的管理目标中来。① 因此，从管理沟通视域来研究公共档案馆组织文化具有重要的意义。

(1) 缓和公共档案馆内部人际关系。公共档案馆工作人员中女性占大多数，2011年女性工作人员占到总人数的59.49%，② 且从近年来的高校档案专业学生招生情况来看，这个数字仍会居高不下。俗话说"三个女人"一台戏，说明女性工作人员多的机构人际关系容易受到影响，容易产生一些"口舌是非"，而根据相关研究，女性工作人员工对人际和谐的需求又往往高于男性。因此，公共档案馆作为一个女性工作人员占大多数的社会组织，不仅会有资源配置不均、奖金分配不合理、工作分派不均衡等导致的利益冲突，由价值观、文化背景、成长环境等不同造成的个体认知差异而产生的情感冲突，更为特殊的是它还经常会由于女性员工较多可能存在一些特殊的人际关系问题。因此，公共档案馆中的这种组织冲突是公共档案馆建设和谐组织文化氛围亟待解决的问题，而有效的管理沟通不仅可以缓解公共档案馆的内部冲突，降低摩擦，在很大程度上消解这种冲突带来的工作人员之间的感情伤害以及对工作人员积极性的打击，避免引起工作人员之间的不良感受甚至相互之间的人身攻击等使内部关系紧张的现象，同时，也可以避免造成工作人员之间的互不团结、互不信任以及拉帮结派等现象的出现，而且可以使各部门协调运作，提高组织效率，活跃公共档案馆文化氛围，建立一种"和而不同"的文化环境，实现公共档案馆的和谐管理并形成良好的人际关系。

(2) 提升公共档案馆领导者的领导力。组织行为学专家麦克沙恩认为，领导者所要做的唯一的重要事情就是创造和管理组织的文化，③ 而良

---

① 李筑宁：《试论"组织文化"与档案馆文化建设》，《贵州档案》2003年第3期。
② 数据来源：《中国档案年鉴》(2012)，中国文史出版社，2015年1月。因为中国档案年鉴出版的滞后性，这是所能找到的最新官方数据。
③ 胡翔、李燕萍、李泓锦：《新生代女性员工的人际和谐需求与工作满意度》，《武汉大学学报》(哲学社会科学版) 2015年第3期。

好的组织文化又有利于提升领导者的领导力，这是一个互为因果的关系。公共档案馆馆长等领导大部分是从别的行业调动而来的，不是档案基层出身，未经历过基层档案部门的历练与熏陶，缺乏对档案行业的感性认知与直观感受，特别是档案馆的正职领导，在笔者的调研中，一个省级档案馆、一个市级档案馆、两个县级档案馆的正职领导都来自其他毫不相关的部门，缺乏对公共档案馆事业管理的专门经验以及情感归属，有效的管理沟通将有利于弥补这种行业缺陷。一方面，有效的管理沟通可以使公共档案馆领导的领导力得到科学的发挥，并有助于领导者掌握更全面的专业信息，进行全面科学的判断，做出科学的决策，提高对公共档案馆事务的决策能力。另一方面，有效的管理沟通也可以进一步促进公共档案馆组织文化的不断完善，一个公共档案馆的领导，不论其能力有多强，其领导力的发挥都需要通过与馆员有效沟通个人想法来体现出来，恰当的沟通方式可以使馆员在心理和行为上做出积极反应，而这其实就是公共档案馆组织文化的一种具体体现。良好的组织文化将使领导与员工之间能够建立起相互信任、相互欣赏的良性关系，有利于领导者培养合作精神、调解矛盾、增进信任、加强凝聚力，使工作人员愿意做其追随者，心悦诚服地按照其指示完成任务，形成一种具有领导魅力的公共档案馆组织文化。

（3）增强公共档案馆凝聚力。文化具有凝聚功能，[1] 其蕴含的价值观一旦被工作人员认可并接受，就会产生强大的向心力和凝聚力，能够让工作人员齐心协力实现公共档案馆组织建设的目标，积极参与馆内组织的活动，更好地为公众服务。一方面，有效的沟通可以提升工作人员的工作满意度。公共档案馆馆长民主式的管理沟通风格可使工作人员合理地获取相关信息，在心灵上找到一种自我价值感与存在感，不断提高其在工作环境中的适应能力，使馆内关系更为融洽，有利于形成公共档案馆自由活跃的文化氛围。另一方面，有效的管理沟通可以消除信息的不对称性，减少公

---

[1] 崔佳颖：《组织的管理沟通研究》，首都经济贸易大学博士学位论文，2006，第117～124页。

共档案馆由于组织分工和专业化的不同而产生的信息不对称现象，消除信息鸿沟所导致的工作人员之间的不信任感。并且，能够形成一种良性的信息交流和共享环境，提升工作人员内心的平衡感，增强组织的向心力。因此，沟通力是凝聚力的主要测度指标，[①] 有效的管理沟通必然会增强组织的凝聚力，并促使公共档案馆形成一种良性的组织文化。

7.6.2 公共档案馆组织文化建设的障碍分析

由于体制原因，我国公共档案馆工作人员与领导素养普遍不高，或多或少地在沟通渠道、沟通媒介等方面存在沟通障碍，导致沟通的延迟、信息的失真、水平方向沟通的缺乏等。因此，为了培育有效的沟通，并最终形成科学的公共档案馆组织文化，在探讨如何建设公共档案馆组织文化时必须先对这些沟通障碍进行合理的分析。

（1）公共档案馆内部沟通意识较薄弱。我国公共档案馆虽然属于文化事业机构，在2018年档案机构体制改革中，改变了长期以来的"局馆合一"体制，实行了"局馆分设"的体制，但由于长期以来在用人方面属于"参公"制度，其内部的"行政"氛围一时难以消除。"领导意志"以及"服从意识"还是比较突出。在大多数情况下，领导与下属的沟通基本是以"会议"布置以及"文件"下发的形式进行的，很少有面对面的情感交流与业务沟通，下属所要做的只是遵照执行。久而久之，大家会认为领导的决策自有道理，馆内制度也很合理，养成不思考由领导决策的惰性，同时，沟通反馈渠道不理想也在一定程度上影响了档案馆内部沟通意识的形成与发展。笔者走访的15位基层工作人员中，13位认为应该无条件接受馆内政策和制度，他们潜意识里认为这是高层领导商议确定之后通过会议传达下来的文件，必须遵照执行，只有2位表示有时会持异议，但如果领导坚持也最终会接受。可以看到，合理的相互沟通意识的缺乏使公共档案馆的管理活动变成了一个强制性的执行过程，缺少必要的人文关怀以及良

[①] 胡冰：《档案馆组织文化构筑之我见》，《机电兵船档案》2006年第1期。

好的交流与互动。而且，我国很多公共档案馆馆长，兼任各种小组主任、各种组长等职务，导致会议众多，分身乏术，分散了过多的精力，无法专心致力于公共档案馆的管理，缺乏适用于公共档案馆管理的专门的沟通理念。另外，笔者所调查的五位（局）馆长（三位正二位副）中有四位表示并不是因为自己对档案事业的热爱而是听从组织的安排走上这个岗位的，再加上档案馆属于权力系统的边缘地带，导致其工作的热情以及创新力都受到一定程度的影响。只有一位副职具有档案学专业背景且出身于档案系统并且是从基层一步步做起的，也只有他对档案事业具有一份浓浓的眷恋和谋划热情。

（2）公共档案馆的机构设置有待优化。组织沟通网络与内部机构设置密切相关。从当前情况来看，我国公共档案馆的机构设置主要有两种：一种是按业务流程设置的，一种是按档案馆类型设置的，[1] 形成的主要是金字塔形的层级制组织结构。这种结构经过多年的发展，虽然具有一定的稳定性和高度的集中性，利于公共档案馆的决策形成以及政策贯彻，但是从管理沟通的角度来看，这种结构又存在一定的缺陷。一方面，公共档案馆的这种机构设置导致管理层次多，如从馆长、处长、科长、科员到普通工作人员等。层次是信息的过滤器，[2] 信息经过多层过滤会流失越来越多，而信息噪声也会越来越多，使信息越来越失真。另一方面，公共档案馆内部的横向沟通也非常缺乏，在该结构下档案馆内部各职能部门之间相对较独立，基本属于各管各的"自留地"，人性是自私的，绝大多数情况下各部门的人员只会关心本部门的发展，部门之间很少有就共同发展问题进行交流和协调的情况，更缺乏合作与沟通。

（3）公共档案馆馆务信息公开有待提升。不管哪类组织的工作人员都有了解组织内部各类信息的意愿，有的可能是与自己切身工作利益相关的信息，有的可能是与组织发展相关的信息，他们通过这种方式来寻找在组

---

[1] 杨文士、焦叔斌、张雁、李晓光：《管理学》（第三版），中国人民大学出版社，2010，第137页。

[2] 包海峰：《高校档案馆组织结构优化研究》，《黑龙江档案》2013年第4期。

织环境中的舒适感和归属感。然而，从当前情况来看，我国公共档案馆的内部馆务信息公开并没有呈现出常态的透明化与科学化，在笔者调查的几个发达地区的档案信息网站上，网站内容多是档案政务、政策法规、查阅服务、档案展览、档案论坛等，缺少与工作人员切身利益相关的信息。接受访谈的公共档案馆工作人员也大都反映其所关注的档案馆财务预决算方案、收入分配制度、重大基建和固定资产设备的添置、奖金分配等信息没有通过正式的沟通渠道有效公开。他们基本认为自己不能及时知晓馆内信息，往往是在政策执行中才能获得信息。信息获取的不及时会产生沟通延迟问题，这一方面会使小道消息流传，而小道消息可能是不完整甚至错误的信息，会增加猜疑；另一方面，馆务信息公开不到位还涉及工作人员的知情权保护问题，知情权是公民作为民事主体必须享有的人格权的一部分，基本的权益得不到满足，工作人员在组织内的工作满意感就会降低，进而影响公共档案馆的服务水平。

7.6.3　公共档案馆组织文化建设的策略选择

公共档案馆组织文化的建设离不开有效的管理沟通，其精神文化决定了员工的沟通理念和沟通积极性，制度文化决定了沟通方式和沟通风格，物质文化决定了沟通媒介和沟通渠道。同时，有效的管理沟通又反过来会促进公共档案馆组织文化的建设。针对当前公共档案馆在管理沟通方面所存在的上述问题，可以从以下几个方面来进行完善以达到建立科学的公共档案馆组织文化的目的。

（1）公共档案馆主体应树立良好的沟通意识。公共档案馆馆长及处室的领导等必须树立正确的沟通意识，并且要意识到管理沟通应贯穿公共档案馆的整个管理过程，时时刻刻树立沟通意识，鼓励工作人员开诚布公地交流，疏导他们由收入整体偏低、社会地位不高等原因带来的工作懈怠以及工作热情不高等问题。通过积极主动与其沟通，增进亲民性，淡化领导权威，用欣赏、关怀等情感因素做到情感留人、事业留人，提升工作人员的工作热情与积极性。在交流与沟通中要注意表达方式，注意选择恰当的沟通渠道并把握沟通时机，同时还要注重收集反馈信息并学会与工作人员换位思考，考虑其切身需求。另外，也要鼓励工作人员树立必要的沟通意识。鼓励工作人员遇事要养成积极主动与领导沟通的习惯，寻求最优化的解决办法。而且，要给予工作人员对于领导下达的决定以及制定的制度进行积极回应的渠道以及反馈的方式，通过公共档案馆主体之间良好沟通意识的树立，实现提高公共档案馆工作人员归属感、责任感与使命感的目标，提高其职业忠诚度，为组织营造自由和谐的文化氛围，赋予组织更深的内涵。如根据笔者调查，在我国实行"局馆合一"时期，档案馆的"参公"用人体制并不是所有工作人员都感到满意的，因为受到领导岗位"金字塔"形的限制，大部分工作人员在这种制度下没有上升的通道。因此，当时有一些业务能力比较强的工作人员希望能够有选择的机会，即允许他们通过职称评定的方式使自己得到提升，针对这种现象公共档案馆领导与工作人员之间就应该进行具有建设性的沟通，在政策允许的情况之下，尽可能地帮助他们达成愿望，以实现留住人才的目的。但从实际情况来看，当时绝大部分公共档案馆领导好像并没有为此进行过努力或可能努力了但没有成效。

（2）公共档案馆组织结构设置的科学化。公共档案馆的组织结构要与管理结构相结合，使工作人员及时获得准确无误的信息，为此，公共档案馆应该采用矩阵型①的二维组织结构。首先，横向上根据专业分工设置职能部门。公共档案馆根据专业分工的不同可设置综合办公室、收集指导部门、管理利用部门、技术编研室、信息自动化等职能部门，各部门各司其职。如果按照档案管理流程来设置职能部门，因为档案管理中有八大流程，环节太繁杂，流程太多，会使信息噪声不断累积与增加，不利于信息的保真，同时也有可能工作人员专业不对口，导致他们业务不熟悉等，影响到正常工作的顺利开展。其次，纵向上依照工作任务设置项目组。可依据不同阶段的不同工作重点、工作项目设置跨部门的工作小组，如资料收

---

① 曾萍：《论现代企业的管理沟通技巧》，《企业经济》2008年第10期。

集工作组、网上资源整合工作组、数字化工作组、信息服务工作组等，统筹利用各部门的专业优势更好地完成工作任务。这种组织结构一方面便于领导管理，各部门各司其职，领导的决策和目标可以准确下达到各部门；另一方面，纵向上的部门交叉加强了部门间的协作，实现了公共档案馆人力资源的充分利用，增加了工作人员的组织归属感和参与感，可有效解决部门之间的沟通协调问题。一些公共档案馆已经开始采用矩阵式的组织结构，并且取得了不错的效果，专职档案人员在担任科室任务的同时也负责特定的工作项目，员工的自我价值得以实现，工作满意度得到提升，其对待工作的态度也越来越严谨，使组织文化越来越和谐。

（3）公共档案馆馆务信息公开的透明化。公共档案馆馆务信息公开的透明化离不开沟通渠道的科学安排。一方面，公共档案馆应该不断拓宽正式沟通渠道，在传统的文件层层传达、召开会议、电话、电子邮件的基础上引进办公自动化系统，并嵌入意见反馈系统。同时，充分运用 Web 2.0 技术，采用即时沟通工具，如 QQ、微信等，并通过建立主题论坛，搭建新型的内部沟通渠道，提高信息传递的及时性。另一方面，要合理运用非正式沟通渠道，如进行社交性活动用餐、郊游、晚会以及个别谈话等方式，在轻松自由的氛围中进行沟通。在此基础之上，公共档案馆馆务公开内容还必须做到务实，所公开的内容要从实际出发，着眼于工作人员比较关注的薪酬福利、规章制度、财务、人事等信息。如可以在公共档案馆大厅设置"馆务公开"专栏，及时全面地公布大家所关注的热点信息。而且，馆务公开要做到尽量民主，在注重工作人员知情权的同时也要保护工作人员民主参与的权利，公开措施要从深度上保障工作人员的民主权利。如可以建立会议制度，会议成员由领导班子和各部门代表人员组成，涉及公共档案馆机构改革、人员聘任等问题由党政联席会决定；涉及工作人员切身利益的职称评定、评优等工作提交馆务公开会投票决定；涉及馆藏建设、职工福利、岗位津贴分配等内容时可以由党员和职工代表举行听证会。组织内部良好的沟通机制和畅通的沟通渠道一方面可以保证工作人员的知情权和民主参与权，另一方面也可避免小道消息的流传，营造公共档案馆良好的组织文化氛围。

（4）公共档案馆建立沟通审计来指引组织文化良性发展。沟通审计在公共档案馆中的运用可以帮助管理者了解沟通现状，融洽沟通氛围，是公共档案馆组织文化建设的必由之路。首先，通过调查问卷，可了解公共档案馆人员的沟通意识、沟通理念、沟通意愿，以及他们对当前的沟通渠道、沟通方式、现有信息公开方式的满意程度等相关内容，并进行数据分析，了解沟通现状。其次，可聘请外部专业的沟通顾问，借助他们丰富的专业知识和经验对公共档案馆的沟通现状进行审计，他们独立的身份有利于他们保持客观中立的态度，可以保证结论的真实性。最后，可成立专门的讨论小组进行讨论，根据专家顾问给出的定性分析和对调查数据的分析，结合本馆实际情况，制定改进沟通质量的策略，并最终形成沟通审计报告。此外，要注重审计工作的宣传，在进行沟通审计之前，要通过海报、文件、网络平台甚至是小范围的针对性沟通等形式进行宣传，[①] 使馆员对调查问卷事先有清楚的认知，自愿参与调查，提高调查问卷的参与率和问卷答案的真实性。沟通审计既是公共档案馆管理沟通的测评手段，也是整个公共档案馆组织文化良性发展的根本保障。

总之，公共档案馆内部的管理沟通对其组织文化的建设具有重要作用，完善的沟通体制需要馆领导和馆员相互配合来扫除管理沟通中的障碍，营造和谐、民主、自由、活跃的组织文化环境，形成科学且和谐的公共档案馆组织文化。

7.7 融入公共文化服务体系战略

公共文化服务体系建设是我国在文化体制改革背景下进行文化建设的新举措，日益受到党和国家领导人的高度重视，2012年召开的"两会"及"十二五"规划都将公共文化服务体系建设工程作为文化事业发展的重点工

---

① 麻思蓓、武夷山：《沟通审计的兴起与发展》，《科学学与科学技术管理》2008年第1期。

程，提出大力发展文化事业和文化产业，弘扬中华文化，建设和谐文化，满足人民群众不断增长的精神文化需求。构建一个结构合理、发展平衡、网络健全、运营高效、服务优质、覆盖全社会的公共文化服务体系已成为建设和谐社会的重要工作。公共档案馆作为重要的公共文化基础设施和法定的公益性文化服务机构，是政府履行公共文化服务职能、构建公共文化服务体系的重要组成部分，是政府实现面向广大群众的文化关怀、文化享有、文化提高、文化创造的重要方式。[①] 如何正确定位，利用自身特色创新服务和管理，更好地融入公共文化服务体系建设中去，更大地发挥自我效能等问题已经成为公共档案馆在发展过程中亟待正确认识的领域。

7.7.1 融入公共文化服务体系的角色定位

（1）公共档案馆承担着公共文化服务科学塑造的职责。首先，公共档案馆文化事业单位的性质是法定的。《中华人民共和国档案法》规定：中央和县级以上地方各级各类档案馆是集中管理档案的文化事业机构；《档案馆工作通则》也规定：档案馆是党和国家的科学文化事业机构；《档案工作基本术语》指出：档案馆是集中管理档案的文化事业机构。其次，公共档案馆的属性决定了其公共文化性的存在。一方面，其是政府为社会提供的一种公益性制度安排，融入社会公共文化服务体系是其责任，更使其得到了一次发展机会；另一方面，其所拥有的各种馆藏资源，是人类历史发展长河中最为重要的文化沉淀与文化积累，是最为本质与最为纯真的文化源泉。而公共文化服务体系建设中的具体执行主体是各种文化事业机构，因此，作为文化事业机构重要组成部分的公共档案馆就有责任更有义务为公共文化服务体系的建设贡献自己的力量，利用保存的大量人类文化遗产开拓文化展示、文化教育、文化交流等公共文化服务功能，把自己定位成为弘扬和发展社会主义先进文化的主要角色之一，成为政府为全社会

---

① 卢林春：《浅谈公共图书馆在公共文化服务中的地位与作用》，《图书情报工作》2010年第1期。

提供公共文化服务的重要场地。

（2）公共档案馆承担着公共文化服务信息提供的任务。公共档案馆作为人类历史文化资源的集聚地，其丰富的历史资料与深厚的文化底蕴是其他文化机构都无法比拟的，它是公共文化服务体系建设的中坚力量，是任何文化机构都无法取代的。如果说公共图书馆有提高人类智慧的功能，戏剧院、电影院具有文化娱乐功能，纪念馆、烈士馆具有爱国主义教育的功能，博物馆具有见证人类发展的功能，那么可以说公共档案馆有传播与提升整个人类文明的功能。因为它所保存的原始历史文化资料比其他文化机构都要齐全完整，而且，它所保存的资源都是社会活动的原始记录，而不像图书资料等属于二次甚至三次资源，它的权威性与真实性是其他文化资源无法比拟的。正是因为其拥有开展公共文化服务所需要的丰富的文化信息，公共档案馆完全可以成为构建公共文化服务体系的主要信息枢纽之一，通过整理、开发、加工其丰富而多元化的馆藏文献信息资源，以信息查询、科研定题、项目咨询、辅助决策、特色资源服务等方式参与文化建设，为先进文化理论研究、文艺精品创作、文化知识传授服务、文化传播服务、文化娱乐服务、文化传承服务等提供信息支持。

（3）公共档案馆承担着公共文化服务文化休闲的功能。随着我国物质生活水平的提高，人们可以自由支配的业余时间日益增加，越来越渴望在工作之余得到欢愉的精神享受，这就要求有关部门在构建公共文化服务体系的过程中，应该把满足人们的文化休闲需要作为一个重点问题加以考虑。档案是人类社会文化的记录，是宝贵的历史文化资源，在真实性、完整性、系统性等方面具有无可比拟的优越性。公共档案馆通过进行爱国主义教育的档案展览、组织中小学生参观、开设档案论坛、编辑出版有历史研究价值和可读性的编研成果、拍摄历史专题片等，[①] 不仅能使人们获得科学文化知识与信息，而且可使人们在思想品德、科学态度、行为规范等方面得到提高，提升他们

---

① 胡珀：《强化档案馆文化休闲功能服务和谐社会——以哈尔滨市档案馆为例》，《中国档案》2011年第1期。

的文化品位和精神境界。应该说，公共档案馆完全可以成为人们文化休闲的主要去处之一，在公共文化服务体系中扮演为公众提供文化休闲服务的主要角色。

7.7.2 融入公共文化服务体系的策略选择

公共档案馆融入公共文化服务体系是以保障公民文化权利为逻辑起点，以满足公众档案文化需求为目的的，向社会和公众提供档案文化产品与档案文化服务。

（1）提高公共档案馆文化产品供给能力。馆藏代表着公共档案馆信息资源的总体实力和服务潜能。受历史传统因素的影响，公共档案馆的馆藏内容比较单一，结构很不合理，保存的基本上都是反映政府政务活动的文书档案，而反映社会普通公众日常生活方方面面的档案材料以及人们感兴趣的档案很少，这样的馆藏很难满足社会公众的文化消费需求。因此，公共档案馆应研究和把握社会的档案需求及其发展趋势，扩大档案收集范围，整合档案资源，建构内容丰富、结构合理的馆藏，这样才能为公共档案馆吸引公众、开展公共文化服务提供坚实的基础保障。其一是民生档案，主要是指与公众自身利益密切相关、涉及私人事务的档案，如家谱、族谱、地契、婚姻、医疗、户籍等；其二是非物质文化遗产档案，主要是指口头传说和表述、表演艺术、社会风俗、礼仪、节庆、有关自然界和宇宙的知识和实践以及传统的手工艺技能等；其三是特色档案，主要是反映本地区历史、地理、文化、经济、教育、旅游、风土人情等内容的特色档案资料以及名人档案、重大事件档案、重要活动档案等。

（2）拓展公共档案馆文化延伸服务能力。在信息化社会，公共档案馆开展文化服务工作不能满足于传统的阵地服务，应结合时代背景更新服务理念，利用新兴网络技术和数字化技术实施重大文化工程，实现信息资源共建共享，以此来延伸其文化服务内容，拓宽其文化服务领域，延展其文化服务范围。公共档案馆可以在"全国文化信息资源共享工程"建设的指导下，依托全国文化事业信息资源机构，充分利用互联网等现代通信技术，采用统一的业务管理平台、标准，整合文化信息资源，共同构建虚拟的信息服务平台，[1] 实现文献资源、数字资源和特色数据库的共建共享，形成一种文化合力，优化公共档案馆在人员、设备、资源、管理等方面的格局，扩大公共档案馆的社会覆盖面与服务半径。[2] 在此种公共档案馆服务模式下，公众可以突破地域、时间、馆藏内容等限制快捷迅速地得到自己所需的信息，使公共档案馆的文化服务在互联网上得到延伸，一定程度上有助于缓解社会文化服务不平衡的状况，最大限度地保障每个公民的文化权益。

（3）完善公共档案馆的便民性措施。公共档案馆提供的文化产品和服务最终要通过公众的利用才能实现其价值。然而与图书馆、博物馆相比，目前我国各级公共档案馆的公共文化服务有太多不方便公众利用的地方，比如地理位置较偏僻、节假日不开放等，[3] 这些严重影响着其公共文化服务的开展，进而影响到公众对其公共服务的接受。因此，公共档案馆在参与构建公共文化服务体系时，除了要保证丰富的文化产品和优质的文化服务外，还应改善服务机制，为公众享受良好的文化服务创造条件。其一，公共档案馆应科学规划馆址，选择本地区人流比较集中的热闹区域，而且最好与文化馆、博物馆、图书馆、美术馆、科技馆等公共文化设施集中设置，形成一个大众文化活动区域，[4] 构建文化集群的文化优势；其二，公共档案馆应适当调整开放时间，尽量不与利用者的休闲时间相冲突，因为正常的朝九晚五的开放时间，把绝大多数上班族都拒于门外了；其三，公共档案馆应合理布局内部厅室，设置爱国主义教育展厅、特藏档案室、珍品档案展厅、多媒体演示厅、阅档室等功能厅室，达到以各种形式传播档案文化、满足不同利用需求的目的，有条件的公共档案馆还可以设置休息厅和咖啡厅，保证用户在浏览档案

---

[1] 程结晶、彭小芹：《以公民文化权利为基础的档案馆服务体系研究》，《档案学通讯》2011年第3期。
[2] 于帆、郭人旗、屈菡：《文化民生的重大课题》，《中国文化报》2011年3月7日，第1版。
[3] 马璇：《我市将加大投入与力度满足民生文化福利》，《深圳特区报》2007年6月27日，第1版。
[4] 黄振原：《公共档案馆公共文化服务研究》，南昌大学硕士学位论文，2010，第29页。

之余，还能享受到公共档案馆带来的人文关怀。①

（4）提高公民的档案意识和信息素养。文化权利的实现与普及是一个国家与公民共建、互动的双向过程，是一种文化自觉的衍生。在档案文化权利的实现过程中，公共档案馆具有责任主体的文化自觉性，主要体现为实现并保障公众的文化享有权，但仅仅依靠公共档案馆自身是远远不够的，还需要公众的回应和积极参与。② 公众作为信息客体，必须有能力感知并获得信息，这就要求公众具备较强的档案意识和信息素养。但公共档案馆不能被动地等待公众素养的提高来促进其文化事业的发展，必须根据国情主动对外开展宣传教育。其一，可以在上电视、挂标语、发材料、办展览等常规手段的基础上，在国内外游人必去的景点派专人引导介绍馆内的展品和资料，注重公共档案馆的网页制作，将社会的焦点问题、热点新闻的相关文献及时地放在网页上，争取旅游部门把公共档案馆当作重要的科学文化设施和参观项目列入旅游指南等。这些都是扩大对外宣传的有效手段，有利于提高公众的档案利用意识。③ 其二，应充分发挥教育职能，针对不同层次、不同需求的读者开展各种信息普及教育活动，设置信息用户培训课程，内容可以涉及公共档案馆布局、馆藏和服务介绍、搜索引擎使用、馆际互借、咨询服务、数据库的检索利用等方面。通过这一系列的信息素养培训，可以大大提高公众利用公共档案馆获取信息的能力，最大限度地发挥公共档案馆为社会公众提供公共文化服务的作用。④

7.7.3　融入公共文化服务的价值阐释

（1）有利于重塑其文化形象。公共档案馆与图书馆、博物馆一样都属于文化事业单位，都是社会主义文化事业的一部分，但其与生俱来的与政

---

① 崔建卫：《如何突出档案馆的文化品位》，《档案管理》2006 年第 1 期。
② 黄振原、姚红叶：《关于公共档案馆保障公民文化权利的思考》，《北京档案》2011 年第 2 期。
③ 黄项飞：《论现代档案馆的文化性及其保障体系》，《档案与建设》2002 年第 4 期。
④ 邓攀：《充分发挥图书馆在公共文化服务中的公益教育职能——以武汉图书馆为例》，《图书馆工作研究》2010 年第 18 期。

治的关联，造成其文化属性的削弱与政治敏感性的强化，导致其文化服务功能日渐被忽视，公众更多地将它看成政府的附属品或保密机构。公共档案馆的文化机构属性正面临着被边缘化的危险，长期下去，它终究会脱离文化事业发展的轨道，这将不利于公共档案馆事业的整体发展及其文化功能的发挥。因此，拓展公共档案馆的文化功能、重塑公共档案馆的文化形象、提升公共档案馆的社会影响力显得十分迫切。构建公共文化服务体系是公共档案馆走出机关大院、贴近百姓生活的重大机遇，它可以丰富的馆藏资源为基础，充分发挥档案工作人员的积极性和创造性，为群众在休闲之余提供怡情养性的文化产品和服务，满足人们的精神文化消费，充实他们的精神生活，这无疑能拉近公共档案馆与公众之间的距离，公共档案馆在公众心目中的形象也会由过去的政府机构转变为全心全意为人民服务的文化机构，公共档案馆的社会影响力也会发生质的飞跃。公众的大力支持和积极参与将是促进公共档案馆发展的不竭动力，公共档案馆势必会以一种全新的面貌呈现在世人面前。

（2）有利于消弥社会信息鸿沟。建设和谐信息社会，是和谐社会构建的必要条件。和谐信息社会的根本精神是维护信息公平，保证每个公民都能平等地获取公平的信息利益。然而在信息时代，由于信息载体、传播途径及阅读设备等发生了革命性的变化，信息获取要求的条件更高，这加重了信息获取的不平等性，信息鸿沟应运而生。信息鸿沟会引起信息资源的畸形流向，损害公民平等获取信息的权益，加深信息供求矛盾，这必然会影响社会公平，进而影响社会稳定，从根本上也会破坏和谐社会的构建。[①] 公共档案馆从公众的视角考察其在公共文化服务体系中的定位，自觉承担起保障社会成员平等获取知识与信息的职责，采用现代通信技术和网络技术建设文化共享工程，让文化信息资源能够快速、高效地传送到全国各地，这不仅有利于消弥信息鸿沟，而且能满足广大基层群众的文化信息需求，让广大人民群众共享信息资源和文化发展成果，为构建我国社会主义

---

① 李晓东：《"数字鸿沟"与公共文化服务体系的构建》，《图书馆学刊》2011年第1期。

和谐社会、建设和谐文化做出贡献。

（3）有利于促进人的全面健康发展。随着人们生活从"温饱型"向"小康型"转变，家庭消费开始从"物质型"向"精神型"延伸，越来越多的购买力投向精神文化消费领域，文化权利逐步成为公民生存权和发展权的有机组成部分，满足人们的精神文化需要已经成为当前政府的重要任务。公共档案馆是政府行使公共服务职能的文化设施及制度安排，在深入研究群众文化需求的基础上，充分利用其馆藏、人力、物力资源，加工创造出各类文化产品，打造全方位、多层次、宽领域的文化产品和服务体系，并提供宽松的政治环境和舒心的活动场所，为公众展示现代文明成果，传播先进文化知识，满足群众的精神文化需求，这样有利于充实人们的精神世界，提升群众的文化品位，提高群众的思想素质、文化素质，让人们在活动和休闲中享受快乐，在快乐中感受到生活的美好。

构建公共文化服务体系是我国在新时期开展文化建设的新举措，也是作为其重要组成部分的公共档案馆展示自我价值、提高社会影响力的良好机遇。公共档案馆应找准定位，认清形势，结合自身的资源优势，不断开拓创新，积极地融入其中，为公众提供文化产品和文化服务，保障公众的文化权利，这是时代赋予公共档案馆的历史使命，也是公共档案馆自身发展的需要，这是一种责任，也是一种权利。

7.8 服务社会文化战略

7.8.1 培育文化服务理念

目前，我国公共档案馆的文化职能难以体现，文化功能难以发挥，主要原因在于档案工作人员工作积极性不高及公共文化服务理念缺失。[1] 公共档案馆作为公益性的文化事业单位，有必要以文化服务理念作为档案工

---

[1] 舒畅：《综合档案馆文化职能实现障碍及策略探析》，辽宁大学硕士学位论文，2013，第34页。

作实践与发展的指导性思想,使文化观念渗透于档案工作的各个环节之中,并内化为每个档案工作者的职业素养。尤其是在自觉回应公共文化服务体系构建的背景下,坚持文化服务理念已成为公共档案馆文化发展的最深层动力,公共档案馆应突破传统档案观念的束缚,坚持文化自觉,文化化人。

(1) 坚持"文化自觉"。"文化自觉"最早是由著名社会学家费孝通先生提出的概念。他指出:生活在一定社会中的人应该对其文化有"自知之明",明白它的来历、形成过程、所具有的特色和它发展的趋向,只有这样才能与各种文化"和平共处、各抒所长、联手发展"。[①]就此看来,档案文化自觉应是档案工作者在档案具体实践过程中意识到档案工作的价值及其所具有的特色和未来发展方向,是一种持久的档案文化意识与价值观。坚持档案文化自觉就是要最大限度地满足不同层次群体对社会信息、教育、休闲娱乐等方面的文化需求,自觉为公众提供类型多样的档案文化产品与服务。一方面,公共档案馆要努力提升档案工作人员的文化素养。档案工作人员对档案文化的认知是其完成文化使命的前提,同时也决定了公共档案馆公共文化服务的品质。随着社会化程度的不断提高,公共档案馆公共文化服务建设对档案工作人员文化素养的要求也在不断提升。档案工作人员不仅需要对档案所涉及的文化知识有一个全面的把握,而且应该对当地的时事政治、经济发展、社会风俗、地理风貌以及历史名人有基本的了解,在档案利用者利用档案时主动提供服务。另一方面,公共档案馆要积极促进档案文化创新。公共档案馆应在遵循档案自身文化规律的前提下,自觉吸取社会文化的有益因素,并注入社会发展的有益元素,让档案文化与社会文化形成一种相互促进、相互接纳的互动关系。如美国国家档案与文件管理署依据公众"休闲观"对公共档案馆内部设施进行改造,设立了网吧、书店、商店、咖啡厅等文化休闲场所,使利用者在利用档案之余充分享受了精神生活的愉悦。总之,文化自觉作为一种文化意识、一种

---

① 李艳:《档案文化自觉在档案文化建设中的重要性》,《黑龙江档案》2012年第2期。

文化精神，其意义不仅在于自觉回应文化建设的现实需求，还在于其有助于增强公共档案馆的文化自主创新能力，是公共档案馆参与公共文化服务建设的理性前提。公共档案馆要以档案人的"自知之明"积极投身档案文化建设之中，打造一个全社会共同认可的公共档案馆文化环境。

（2）坚持"文化化人"。在我国，"文"与"化"的联用最早出现于《周易·贲卦》："观乎天文，以察时变；观乎人文，以化成天下。""文化化人"就是通过文化的影响和作用来感化个人以及人与外部环境的关系。对公共档案馆来说，其本身就是一种文化的存在，坚持"文化化人"是公共档案馆文化性的基本要求，是公共档案馆文化性的应有之义。一方面，档案作为人类的"文明之母"，承载着重要的历史文化遗产，蕴含着丰富的文化魅力；另一方面，档案有着显著的精神内涵，是人们进行爱国主义教育及社会风气教育的生动教材，具有强大的教化作用。公共档案馆要扩充其文化张力，发挥更大的社会作用，必须将"文化化人"作为公共档案馆工作的出发点和归宿，探索档案文化化人的有效途径。一是塑造公共档案馆的文化形象。"档案馆形象是档案馆文化的综合体现和外在反映。"[①]一座设计优美、具有文化气息的公共档案馆，可以拉近其与公众之间的距离，使每位入馆者在其独特的文化氛围中得到潜移默化的熏陶。因此，公共档案馆在规划设计时应结合公共文化服务的需求，使公共档案馆在外观设计及馆内基础设施等方面蕴含文化元素，以提升公共档案馆的社会吸引力。如美国国家档案与文件管理署展厅里常年悬挂着反映美国重大历史事件的巨幅油画，包括其中最引人注目的三件镇馆之宝：《独立宣言》《宪法》《人权法案》，许多入馆参观者都被这样的画面所吸引，产生强烈的精神震撼。二是提炼公共档案馆的文化精神。档案是人们在实践过程中直接形成的原始记录，翔实记录了人们创造历史的曲折历程和奋斗足迹，以及社会生活的方方面面，具有很强的说服力和感染力。公共档案馆应该充分

[①] 王立萍：《档案馆文化：档案馆可持续发展的秘诀——由〈基业长青〉所引发的思考》，《山西档案》2008年第5期。

提炼馆藏档案中的文化精神，以其充满文化魅力的内容与内涵感染人们、教育人们、影响人们。如公共档案馆可以通过举办展览、公益讲座等多种方式揭示档案文化的精神内涵与实质，发挥公共档案馆"文化化人"的重要作用。三是加强档案文化宣传。开展档案宣传是使公众了解档案、认识档案的重要途径。公共档案馆应主动与当地的新闻、报社、广播电台等大众媒体合作，以扩大档案的社会影响；与此同时，要加强与社会公众的互动交流，以适应社会文化的方式推介档案特色文化，使公众在档案宣传中得到档案文化的滋养。

7.8.2 完善文化服务资源

（1）构建多元化馆藏文化资源。"文化是公共档案馆的发展之源"，[1]公共档案馆开展公共文化服务建设离不开档案文化资源体系的支持。迄今为止，我国公共档案馆各项功能的发挥都不尽如人意，其中很重要的原因就在于馆藏档案内容远离公众文化需求，文化底蕴不足。虽然近年来公共档案馆在基础设施方面有所改善，但公共档案馆的总利用率仍然不高。公共档案馆要面向社会公众提供档案服务乃至档案文化服务，必须增加入馆档案的"文化"特色，提高公共档案馆藏品的文化含量。同时，在进行档案信息资源规划时必须考虑到不同社会层面的多元文化需求。公共档案馆的档案，从内容的角度来看，不仅要包括政府文书档案，也应该包括地方历史文化、社会重大事件甚至家庭个人形成的各类档案；从载体的形式来看，不仅要包括纸质档案、照片档案、声像档案、实物档案等，还应该包括以数字形式存在的电子档案等。

①将"公共部门"档案纳入依法接收范围。档案接收是我国馆藏档案的主要采集方式，是公共档案馆开展各项工作的基础。档案接收应有一个系统的规划，以用户的需求为导向，遵循全面完整的原则，确保各种门类和不同载体的档案收集齐全完整，确保将与公众利益密切相关的档案材料

---

[1] 郭红解：《论我国公共档案馆建设的实践基础和理论准备》，《档案学通讯》2008年第5期。

及时接收进馆。然而，由于历史等原因，我国公共档案馆主要接收党政机关部门在各项活动中形成的档案，而对于其他"公共部门"①——即介于政府组织与工商企业之间的一些非营利组织——的档案，往往没有将其纳入接收范围。公共档案馆加强馆藏建设，应在保障党政机关文件的基础上，将公共部门档案（包括公共企业或公益企业以及非政府公共机构形成的具有长期保存价值的文件）纳入依法接收范围，如公民出生证明、婚姻登记、学历教育、社会保障、养老保险、医疗保险等具有社会文化利用价值的民生档案资源，以此来完善馆藏结构，使其更加贴近公众的需求。此外，公共档案馆既要保存纸质档案，也要保存电子档案。

②强化具有文化特色与地域特色的档案资源的征集工作。对普通公众而言，档案不仅要涉及政府的职责和保护公民的个人利益，还要为他们提供根源感、身份感、地方感和集体记忆。② 然而，目前我国公共档案馆的馆藏大多是党政机关形成的公务档案，这些档案大都以政治性为主，缺少公众感兴趣的内容。公共档案馆要吸引公众注意力，改变传统馆藏公务档案"一统天下"的局面，需要更多征集具有文化特色与地域特色的档案资料。首先在内容上，要加强对具有地方文化特色的档案资料的征集力度，特别是与公众生活息息相关并能反映特定历史时期社会文化的档案资料。如反映本地区自然资源、名胜古迹、民风习俗、民族宗教、家谱宗谱、名人档案（名人日记、手稿、照片等）、工艺美术、民间文学及非物质文化等的特色档案资料。当然，在社会主义文化大发展大繁荣过程中，还有很多反映当代社会的档案文化资源，如反映本地区企业文化、社会团体文化、社区文化、乡村文化等的档案文化材料。公共档案馆要积极参与当下社会文化的互动与交流，适时地根据社会的需求扩大档案的征集范围，提高馆藏档案的"文化"含量。其次在征集手段上，要突破传统档案征集的定势，采取灵活多样的征集方法。公共档案馆除可以采取惯常的捐赠、购

---

① 刘家真：《实现档案馆向公共档案馆的转化》，《档案学研究》2007 年第 1 期。
② 于学蕴：《公共档案馆：我们离你还有多远》，《中国档案》2007 年第 1 期。

买、翻拍复制、代管代存等征集手段之外,还应该主动出击,全面加强主动记录工作,用文字、照片、录音、摄像、考证等多种方式为那些即将消失的文化现象建立档案,为现今和后世的历史文化研究夯实基础。如近年来各地如火如荼开展的"城市记忆工程",可以看作档案部门主动开展档案征集工作的成功典范。

(2) 强化历史档案文化性开发。公共档案馆丰富馆藏档案的"文化性"含量,仅仅是提升公共档案馆文化功能的第一步,它们还需对其自身拥有的文化资源进行整合与开发,特别是对馆藏资源中历史档案的开发。历史性是档案最主要的文化属性,历史档案记录着当地历史文化和民俗风情的发展与变迁,更能凸显其文化特色。此外,强化历史档案的开发对公众有文化陶冶的作用,有利于实现公共档案馆"文化化人、文化励志、文化开智、文化养心"的最终目标。因此,公共档案馆参与公共文化服务体系建设,必须挖掘沉淀在馆藏档案中的文化瑰宝,使其成为公共档案馆开展公共文化建设的不竭源泉。

①围绕文化主题挖掘馆藏。公共档案馆要满足公众的档案文化需求,需要对其馆藏原始文化资源进行深层加工与整理,以通俗生动的形式更好地诠释档案的文化价值。具体来说,公共档案馆可以在深入调查社会文化需求的基础上,选择若干具有地域文化代表性的主题作为一定时期档案馆藏建设的重点,以档案出版物、档案微缩复制品等形式对这些具有重要社会意义的档案文化资源进行挖掘整理,以实现档案文化资源在更高层次上的优化与整合。一般来说,"时事政治、文化习俗、社会热点"等与公众息息相关的话题更容易引起公众的关注,公共档案馆如果以此为主题进行档案文化产品的设计、开发和包装,将会取得较大的社会效益。这一方面有利于尽快改善公共档案馆的文化形象,使它们做出切实的文化贡献;另一方面也能促使公共档案馆深入认识其现有馆藏文化资源,更加充分地开发档案文化资源。如2014年深圳市档案馆出版了《不一样的精彩》一书,深入挖掘深圳市档案馆馆藏大运会档案,在查阅考证诸多单位档案资料的基础上,对深圳大运会从申办、筹办到举办的全部历程进行梳理,并对深

圳大运会的办会理念进行诠释，真实再现了深圳大运会"不一样的精彩"，借此大力弘扬了深圳大运会精神，促进了深圳特区实现新的跨越。

②加快档案文化资源数字化建设。当前，利用现代信息技术手段建设档案文化资源专题数据库，为广大群众与专家学者搭建一个了解与研究当地档案文化的数字化平台，具有现实的紧迫性与必要性。档案文化资源数字化建设是指利用数据库技术、数据压缩技术、高速扫描技术等信息技术手段，将纸质文件、声像文件等传统介质文件和已归档保存的电子文件，系统组织成具有有序结构的文化资源数据库。[①] 档案文化资源数字化建设不仅可以保护档案原件，解决档案利用与档案保护之间的矛盾，同时也是实现网络化服务、开展文化产品生产的基础，有利于更加深入地挖掘档案的文化价值，提升公共档案公共文化服务的能力与效力。需要说明的是，在进行档案文化资源数字化转化过程中必须遵循"规范性原则、安全性原则与效益性原则"，只有这样档案文化资源数字化建设才能健康有序地进行。其具体内容可以分为以下几个方面，一是要加强馆藏档案目录数据库建设，方便用户检索与利用。做好这项工作的关键在于严格规范档案信息的著录标引，并科学选定档案目录数据库结构。二是要加强历史档案全文数据库建设，实现档案文化资源的跨时空快速传输与交流，这不仅有利于档案用户直接获取档案信息资源，还可以使档案文化资源得到综合开发与利用。三是要加强馆藏特色资源数据库建设，以凸显公共档案馆自身文化个性与特色，扩大其社会文化影响力。四是要加强多媒体数据库建设，便于对多媒体档案资源的整合与共享。五是要加强电子文件的管理，将电子文件归档管理纳入电子政务和办公自动化建设的总体规划之中，实现文档一体化管理，及时为公众提供免费的政府信息服务。

③将公共档案馆门户网站打造为公共文化休闲平台。英国档案学家迈克尔·库克曾说过："社会应该将档案馆看作一个文化机构，即使贴上文化娱乐和消遣的标签也无可厚非。"在社会文化大发展大繁荣的过程中，公共档

---

① 冯惠玲、张辑哲：《档案学概论》（第二版），中国人民大学出版社，2011，第67页。

案馆网站作为重要的文化传播平台应注重发挥其学习和文化休闲的功能,将公共档案馆网站建设为查阅现行文件、宣传档案知识与传播地方历史文化"三位一体"的文化平台。这对于拓展公共档案馆文化空间具有重要意义,可以更好地发挥其"文化载体、文化宣传、文化教育"等功能。其一,彰显公共档案馆网站的"人文关怀"。公共档案馆应从"以人为本"的角度出发,并结合档案文化元素设计公共档案馆网站整体架构与风格,如深圳市档案信息网在首页设立了诸如"信息公开、办事服务、场景式服务、在线服务、表格下载"等体现"人文关怀"的栏目,便于公众对馆藏档案查阅利用流程的理解与运用。其二,开辟"公共文化服务"专栏。公共档案馆可以在网站平台上开发以"公共文化服务"为基调的多元化档案文化服务栏目。如深圳市档案馆网站推出"深圳大事、深圳掌故、深圳印象、深圳非遗、馆藏精品、网上展览、视频点播"等富有特色且亲和力强的档案知识服务栏目,以提升公众浏览兴趣。其三,深化网站互动体验空间建设。公共档案馆网站建设不应仅是资源与服务的网络提供平台,还应该是互动交流的公共服务网络平台。

7.8.3 聚焦文化运行服务

(1)开展公益性文化活动。公共档案馆作为公益性文化事业机构,是公共文化服务机构的重要组成部门,承担着提升公民思想道德水平与文化素养的重要职责,特别是在开展爱国主义教育、进行历史文化熏陶方面有着突出的功绩,是其他机构所不能取代的。根据这一基本职责,公共档案馆开展文化服务活动必须坚持公益性原则。公共档案馆开展各种公益性文化活动是其打开通向社会大门的钥匙,是公共档案馆融入社会、传播文化的有效手段,特别是在公众文化权益诉求日益凸显的今天,公共档案馆唯有从"公众"角度衡量自身价值,追求公共档案馆的"公益使命",[①] 才有可能使我国的档案事业永葆生机。公共档案馆举办的公益性文化活动是不以经济利益为目的,而以追求社会效益为特点的活动,其实质是要求公

---

① 李雅梅:《基于公益性探讨公共档案馆的建设原则》,《兰台世界》2009年第18期。

共档案馆文化建设必须面向最广大的人民群众，满足公众基本文化需求，保障公众基本文化权利，建立和完善使全社会共同受益的公共文化产品与服务体系。[1] 这是体现社会文明的重要标志，也是构建公共文化服务体系不可忽视的重要环节。具体来说，公共档案馆开展公益性文化活动应考虑到社会各层次人群的需求，形成多样化、优质化的档案系列文化产品，并以广大人民群众喜闻乐见的形式推广档案产品与服务，吸引公众到馆参观；与此同时，公共档案馆还应采取多种宣传手段来扩大自身的社会影响力，让社会关注公共档案馆的发展。这主要包括以下几个方面：①"送讲座"，利用公共档案馆丰富的历史文化资源的优势，将历史文化档案的闪光点及其背后的故事打造成一系列的主题讲座，让公众在讲座中受到历史文化的洗礼与启迪。如上海市档案馆举办的"学生课堂"系列文化讲座，成为当地文化生活的重要内容；[2] ②"送展览"，公共档案馆可以将纸质材料档案与照片档案、录音档案、摄影档案等特殊载体档案有机结合，并利用现代技术使固定的档案展览流动起来，使公众更加深刻地认识历史；③"送节目"，将公共档案馆静止的特色馆藏资源转变为话剧、座谈会、诗歌朗诵会[3]等文化艺术形式，使公众在休闲娱乐的同时增长知识、了解文化。④"送培训"，公共档案馆可以向社会开展"档案知识服务""档案进社区"等内容丰富、生动直观的档案培训活动，以此传播档案文化，普及档案知识；⑤"送活动"，公共档案馆可以定期开展一些文化主题活动，如在每季或每月设定一个本馆的文化主题或者围绕全年重大节日以及纪念日开展主题鲜明、形式多样的档案文化活动，如南京市档案馆与南京新闻广播电台联合举办了"看民国户籍卡片，寻祖辈南京印迹"[4]的大型活动，

---

[1] 闫平：《文化产品和服务的公共性与公益性文化事业建设》，《山东社会科学》2008年第12期。
[2] 黄二卫：《现代城市文化需求与档案馆文化品牌建设》，《重庆行政》（公共论坛）2010年第6期。
[3] 贺冰：《中国公共档案馆：公众休闲的好去处》，《档案》2001年第1期。
[4] 王宇：《探索公益性服务新思路——南京市档案馆"看民国户籍卡片，寻祖辈南京印迹"活动纪实》，《中国档案》2015年第9期。

该"寻根活动"一经电台宣传,立刻引起南京市民的强烈关注,是公共档案馆深入开展公益性服务的一次卓有成效的尝试。简而言之,公共档案馆开展公益性文化活动有助于吸引更多的人走进公共档案馆,感受档案文化魅力,可以培育公众档案意识,提升公众文化修养,真正做到把公共文化服务"送出去",将公共档案馆文化服务延伸到社会的每个角落。

(2)打造大众化文化品牌。品牌是企业的无形资产,体现着企业的文化与形象。优秀的文化品牌能够凝聚大量的群众基础,得到社会的支持与认可。在公共文化服务活动中,对档案文化进行宣传与标示,有利于获取公众的认可,提升档案的价值,形成良好的品牌效应。与此同时,打造档案文化品牌还有助于提升地方文化形象,促进地方文化的大发展与大繁荣。因此,公共档案馆在参与构建公共文化服务体系过程中,必须树立牢固的文化品牌意识,从文化品牌的角度开发馆藏文化资源,使公共档案馆的文化特色得到突出与彰显。主要途径有:①立足馆藏,开发彰显地方特色的档案文化产品。各公共档案馆由于所属区域不同,形成了各具地域特色与个性的档案馆藏资源。它们打造文化品牌必须对这些特色档案文化资源进行深入挖掘,利用地方文化特质(如结合地方民族历史源流、非物质文化遗产、地域风情、开发建设等文化资源),打造具有地方特色的档案文化精品,使档案文化精品在众多文化产品中脱颖而出。如深圳市档案馆推出的《十大元帅手迹》《将军书画》《大运足迹》,上海市档案馆推出的《老上海的电影》《老上海的商业》《老上海的学校》以及北京市档案馆推出的"档案见证北京"系列文化讲座等都成了当地颇具影响力的文化品牌。②注重创新,打造历史元素与现代创意相结合的文化精品。在开发档案文化精品过程中可将档案元素与文化创意完美地结合起来,并用现代文化符号的形式进行包装与设计,努力将"档案原料"转化加工为集"文化性、艺术性、实用性和趣味性"于一体的优秀档案文化产品,形成文化品牌。如北京故宫依托其悠久的历史文化资源,并根据公众文化休闲的需求,推出了一组"雍正萌萌哒"动态图片,将雍正皇帝与"卖萌"的现代风格结合起来,受到了公众的广泛喜爱与认可。③面向社会，尊重和贴近大众文化需求。大众需求是文化生产活动的唯一导向，只有时刻瞄准大众的文化需求才能够生产出具有强大生命力的文化产品与服务。公共档案馆可以通过问卷或网络调查等方式探寻大众文化需求的方向，并建立信息反馈机制，有针对性地开发档案文化精品，树立档案文化品牌。此外，打造大众化的档案文化品牌还需以开放的眼光加大社会活动的参与面和互动性，主动向社会展示档案文化的魅力，强化文化品牌效应，如杭州市档案馆连续举办了九届"杭州印象"纪实摄影比赛，吸引了大量群众参与，取得了较好的社会效益，进一步打响了"杭州城市记忆工程"的文化品牌。

7.8.4 引入文化市场机制

近年来，随着我国公共档案馆事业的不断发展，其公共文化服务质量有了很大的提高。然而，公共档案馆作为文化事业单位，很长一段时间存在较严重的政事不分、机制不活，公共文化服务总量供给不足，服务方式单一，服务质量不高以及服务经费不足等问题。这些问题严重制约着公共档案馆公共文化服务的健康发展，究其根本在于其管理方式不合理，管理制度不够完善。合理引入文化市场机制，不仅能够提高公共档案馆的工作效益，在一定程度上还有利于化解公共档案馆管理体制与运行机制长期存在的问题。其一，有助于明确公共档案馆各部门自身的职能定位。很长一段时间内，我国实行的是"局馆合一"的管理体制，在很大程度上混淆了公众对公共档案馆的认识，引入文化市场机制将有助于建立和完善"政务分开、政资分开、管办分开"①的现代档案管理制度，促使公共档案馆各部门重新明确各自的职能定位，使它们能够围绕公共档案馆总体目标各自管理、各司其职。其二，有助于改善公共档案馆的用人机制。公共档案馆遵循"优胜劣汰"的市场经济规则，实行聘任制、合同制、人事代理等新

---

① 程结晶、彭小芹：《以公民文化权利为基础的档案馆服务体系研究》，《档案学通讯》2011年第3期。

的人事管理制度，不仅可以使公共档案馆能合理选拔、配置符合岗位需要的人才，还有助于提高档案工作人员工作的积极性与主动性。其三，有助于建立多渠道经费筹措机制。公共档案馆通过引入市场文化机制，鼓励与倡导社会资金的投入，有助于保障多元化经费来源渠道，促进公共档案馆更好更快地发展。其四，有助于完善公共档案馆的服务评估机制。当前我国公共档案馆的服务评价机制仍然是以自我评价为主的封闭式内部评价，社会参与度相当有限。引入市场文化机制将有利于引导社会公众的监督，建立社会化与动态化的服务监测评价机制，推动公共档案馆的可持续发展。此外，政策的保障为公共档案馆参与公共文化建设提供了前所未有的机遇。2015年伊始，中共中央办公厅、国务院办公厅印发的《关于加快构建现代公共文化服务体系的意见》强调，"公共文化建设要引入市场机制，激发各类社会主体参与公共文化服务的积极性，提供多样化的产品与服务，增强发展活力"。国务院办公厅转发了文化部、财政部、国家新闻出版广电总局、国家体育总局《关于做好政府向社会力量购买公共文化服务工作的意见》，并相应出台了政府购买公共文化服务指导性意见和目录。简言之，公共档案馆引入文化市场机制不仅是可行的而且是必需的，通过文化市场竞争机制，吸引社会力量构建多元化公共档案馆服务体系，是公共档案馆在新时期努力调整自身发展的有益尝试。

（1）引入市场文化主体。公共档案馆引入文化市场机制可以采取"档案馆+市场文化主体"的新模式，即在公共档案馆的主导下，积极与新闻报社、广播电台、影视公司、文化创意公司、信息咨询机构等市场文化主体联合开发档案文化资源，推进公共档案馆文化服务效益的最大化。具体来说，"公共档案馆+市场文化主体"包括以下两种模式：其一，"公共档案馆业务外包"模式。公共档案馆的业务外包是指公共档案馆将部分业务处置权承包给外部中标团体，中标团体按照与公共档案馆签订的合同提供产品与服务，公共档案馆根据合同履约情况支付费用。如四川省南充市档案馆在抢救清代南部县衙门档案的工作中，为解决修裱与微缩等技术性较强的问题，与当地高校的专业人员签订了承包协议，由高校专家组建专业人员工作组对其馆藏历史档案进行了文件级著录。① 其二,协同合作模式。② 协同合作模式指公共档案馆构建多元化主体的协作模式,即公共档案馆引进多元文化开发主体,充分发挥各个开发主体的优势,实行优势互补,并在人力、物力、财力、信息等资源方面形成合力,实现档案信息的最大功效。这是一种基于合作模式的设计,在这个结构中,各开发主体相互影响、共同运作,共担风险、共同受益。如2013年云南省档案馆与云南省普洱茶协会、云南日报报业集团《大观周刊》,充分利用馆藏普洱茶档案资源,合作出版了《山水茶事别样云南——云南省档案馆馆藏普洱茶档案画册》,通过打造普洱茶档案文化产品,宣传云南茶文化,助推普洱茶产业发展。③ 需要注意的是,由于档案具有保密性并具有经济效益与社会效益相统一的特点,公共档案馆引入市场化运作模式务必要保证公共档案馆公益性与档案安全性这一基本前提,在适宜档案信息服务业市场化的领域引入竞争,便于市场文化主体参与提供档案服务,满足公众对档案服务的多样化、多层次的需求。

(2) 开发市场文化产品。公共档案馆作为公共文化服务体系的重要组成部分,越来越以"开放、亲民、文化、服务"④ 的姿态面向社会公众,理应适应市场经济的发展开发具有档案特色的文化商品,为社会公众提供多样化的文化体验与精神熏陶。一方面,利用馆藏资源开发衍生产品已成为世界上许多知名博物馆、档案馆的通行做法。在我国,当越来越多的人走进公共档案馆时,他们也会产生这样的文化需求。另一方面,档案文化产品市场化不仅可以更好地宣传档案文化,还有助于提升档案文化产品的服务能力与竞争力。目前,我国公共档案馆开发的档案文化产品主要包括:一是档案学术类,利用馆藏资源编研的学术资料、图书报刊、电子出

---

① 《创新举措强力抢救》,《四川档案》2007年第4期。
② 〔美〕D. C. 科多瓦、卡罗尔·戴萨特、林伟贤:《创业者的赚钱系统》,北京大学出版社,2009年,第118页。
③ 殷俊燕:《云南:打造档案文化产品助推普洱茶产业发展》,《中国档案报》2013年3月29日,第001版。
④ 杨红:《把档案文化产品带回家》,《中国档案报》,2012年1月16日,第002版。

版物等；二是档案复制类，依托馆藏特色资源制作的档案复制件与档案仿制品等；三是文化用品类，利用档案元素制作的具有实际功能与用途的档案文化日用品与工艺品等。在对各类档案文化产品进行研发的过程中应注意以下几个方面：其一，紧扣公共档案馆文化内涵，避免"空心化"。档案的精神内涵和馆藏档案资源特色是档案文化产品区别于其他文化产品的最独特的标志，档案文化产品的研发应从载体、内容、表现形式等多方面突出档案的历史文化特色及馆藏特色，使产品的设计与档案的内涵一致。其二，紧贴公众文化需求，避免"粗泛化"。开发档案文化产品要进行前期的市场调研，探寻公众文化需求的方向，有针对性地开发档案文化产品，形成多种类、多档次的产品系列。其三，紧跟时代发展，避免"教条化"。对档案文化产品的研发应坚持与时俱进，以发展的眼光去适应时代的变化。

7.9 技术支撑文化服务战略

信息技术的发展为公共档案馆文化服务的实现提供了更多的手段与方式，如档案网站的大量建设为公共档案馆文化功能的超时空发挥提供了平台与机会，档案虚拟社区的构建对于推进档案文化进入普通社会公众生活有独特的作用，以微信为代表的各种社交媒体在公共档案馆中的大量运用，更是使档案文化能以一种全天候的方式服务于社会。

7.9.1 重视档案网站的文化服务功能

国外档案网站的建设大都采用了分众传播的信息服务理念，有些是将主题细分，有些是对用户进行细分，目的都是提供有针对性的服务。其中，美国国家档案与文件署网站（NARA）是分众传播应用最突出的网站，其用户划分最细致，导航系统、组织系统、标识系统最清晰，检索系统也比较完善，最方便大众利用。我国公共档案馆可以借鉴 NARA 的经验，基于分众传播理念来提升我国档案网站的文化服务水平。

（1）划分用户群体，整合档案信息资源库。可将用户划分为不同的群体，分析不同群体的需求差异，针对不同利用需求提供丰富、有序的档案信息资源，实现用户信息需求与数据库资源的完全映射。NARA 网站在其首页的显著位置将服务对象划分为 7 个"族群"，分别是：普通公众、联邦雇员、家谱学家、国会议员、档案专业人员、文件管理者、新闻记者等，① 这种划分基本涵盖了档案的各类利用者。由于我国档案网站目前用户较少，网站利用率不高，所以可以将我国档案网站的受众根据利用目的划分为工作型、学习型、休闲型三大类。首先，档案网站可将工作型用户人群依据职业划分为若干小类，如行政人员、普通公众、会计、医生、建筑师、法官等，追踪日志挖掘用户的需求，建立不同用户组的信息资源库。其次，针对学习型受众（包括档案馆工作人员、学校师生、各类学者等），借鉴 NARA 网站的教育专栏"teachers' resources"，我国档案网站可以提供如虚拟教室、历史教程、档案培训、档案出版物等整合后一目了然的档案信息资源服务。此外，还要考虑公众休闲利用的需求，开设网上展览、特色馆藏数字化、焦点话题论坛等专区，开通微博、微信等公众服务平台。青岛数字档案馆对分众传播做了初步尝试，把用户分为职工、社区、农民三类，职工专页有 197 条记录，社区专页有 1782 条记录，农民专页有 8575 条记录，② 取得了不错的社会效果。

（2）根据用户需求，提供多元化检索工具。NARA 开发了多种检索工具，包括档案目录检索系统（ARC）、档案数据库检索系统（AAD）、缩微档案目录、联邦文件指南、档案出版物及资料检索等。以档案数据库检索系统（AAD）为例，它提供分类浏览和关键词检索两种查找方式。分类浏览提供按用户类别、主题、时间等浏览查找档案的功能，关键词检索有"基础检索"和"高级检索"，用户可以根据需要组合多个关键词进行检索，并可全文检索。我国档案网站的检索功能薄弱，必须健全检索功能。

---

① 美国国家档案与文化管理署，2015 年 5 月 27 日，http：//www. archives. gov/。
② 青岛数字档案馆，2015 年 5 月 27 日，http：//digital. qdda. gov. cn。

首先，要丰富检索工具，建立包括站内检索、站外检索、复合式检索、目录检索、全文检索、模糊检索等在内的一站式检索方式，设立 FAQ（常见问题解答）方便用户自主检索，也可以将档案资源按字母 A~Z 的顺序排列，方便用户查找。其次，要嵌入个性化检索技术，如 Cookie 技术等，对网站用户进行识别，跟踪其访问日志，记录其访问足迹，为其推荐信息或者自动筛选符合其利用规律的信息。此外，还可设立网站地图，大多数网站有一级目录、二级目录，甚至三级目录，网站地图可使整个网站结构一目了然，解决因网站导航烦琐而找不到所需信息的困境。最后，对检索结果的处理也应引起注意，用户需求不同，对检索结果的选取就不同，档案网站可以设置检索结果按时间、来源、相关度等排序，并可使用户对检索结果进行全文阅览、下载、打印等操作。

（3）针对利用特点，策划差异性服务方案。对于工作型、学习型等现实用户，档案网站应该为他们提供以下服务：一是分类定制服务。即考虑不同类型用户的信息需求差异，分析其需求，为不同需求的用户组定制档案信息，提供一系列已经描述好的资源和服务给用户，让其从中选择符合需求的信息。二是信息推送服务。即获取用户访问日志和网页点击率，挖掘数据信息，分析用户需求，根据用户的访问规律和访问兴趣，为其搜寻相似用户群浏览过的信息，通过网页主动为用户推送档案信息。Web 2.0 应用中的 RSS 和邮件订阅功能大大提高了信息定制和推送服务的可实现程度。NARA 充分利用了 RSS 和邮件订阅功能，为用户提供定制服务。江苏省档案信息网也提供了 RSS 订阅，有专门的链接网页，网页对什么是 RSS、RSS 如何工作、阅读器下载都有详细介绍，用户通过 RSS 订阅可以从网站提供的聚合信息目录列表中订阅感兴趣的内容。而对于休闲型潜在用户，网站可以以视频的形式提供网站检索实例，一方面可以避免用户因不熟悉网站而失去浏览兴趣，另一方面可让用户发现档案网站的功用与价值，吸引用户再次访问。NARA 通过"recent news"提供最新信息，通过"shop online"吸引用户眼球。我国可以设置大众感兴趣的专栏，如当地特色档案、历史发展、民间趣事等吸引访问者的注意力。最后就是要实时更新网站内容，实时添加最新业界动态、最新状况，及时丰富网上展厅的内容。

（4）建立反馈机制，实现与用户的多维互动。与用户的交互性强是档案网站开展分众传播的一大优点，反馈是网站和用户双向互动的过程，反馈的信息决定了档案网站的内容调整和优化建设，档案网站必须建立科学且合理的反馈机制。NARA 每个链接网页右下角的醒目位置都有"Connect With Us"，并提供多种联系方式，如 Blog、Facebook、Flickr、RssFeeds、Twitter、YouTube 等，实现实时的在线互动交流。首先，应该开通多种联系渠道并保持渠道畅通，网站常见的反馈方式有在线咨询、电子邮件、网页链接问卷、意见箱等。如上海档案信息网为用户提供了博客、邮箱、网上问答、用户调查等交互方式。其次，还可以设立档案网站手机客户端 App，一方面突破时空限制，为用户利用档案信息提供便利；另一方面，手机客户端可以提供语音、短信等多种咨询方式，用户与公共档案馆能够实时互动，实现网上与网下的信息对接。如浙江档案馆 App 已经上线，用户可以通过扫描二维码或者使用手机浏览器打开网页下载。最后，可通过收集和分析用户的反馈信息，了解用户在网站使用过程中的困境，对档案信息内容和检索工具进行相应的优化和改进，提升网站的服务质量，促进档案网站的不断完善。

7.9.2 构建 UGC 机制下档案虚拟社区文化服务功能

随着自媒体的迅速发展及其被广泛运用，人开始变为更加社交型的存在，社交网络成为维系人与人关系的重要媒介，其中虚拟社区亦成为公众交流的重要媒介与平台，各行业都开始了网络服务"社区化"的探索。也正是在这样一种社会背景之下，国家主席习近平在 2015 年 12 月 16 日第二届世界互联网大会上提出了关于共同构建网络空间命运共同体的五点主张，指出要打造网上文化交流共享平台，促进交流互鉴。[①] 档案界作为社

[①] 习近平：《第二届世界互联网大会开幕式发言》，2016 年 3 月 17 日，http://www.Wicwuzhen.Cn/system/2015/12/15/020953822.shtml。

会的一个重要文化群体，也必须正视这种社会存在，并积极主动地融入其中，进行各种创新性的尝试。UGC（User-Generated-Content）这种用户生成内容机制通过运用互联网所提供的各种平台，可将具有个性化、开放化、随意化的原创内容及作品进行展示。UGC是数字时代用户思想行为解放的缩影，是互联网主体颠覆性变化的典型表达，更是网络民主惠及众生的真实体现，从UGC的角度探讨档案用户虚拟在线社区的建构对于公共档案馆文化服务的促进具有非常积极的意义。

（1）融入社会化标签，构建档案社区组织元模式。Tag即标签，由可以表述事物特征的短语构成，区别于传统的目录式分类机制，具有平行性、导向性、随意性与聚合性的特点，因此可将Tag机制自由嵌入社区的诸多功能之中，包括：①Tag用户自我定义。已注册用户在进入档案虚拟社区时，选择符合自身情况的一个或多个具有代表性的、简洁的短语，用以表明个人兴趣，便可拥有一种与他人不同的"籍贯"，集易用与个性于一体。新浪微博推出的"印象"玩法，就是围绕用户的兴趣与话题，基于大数据分析，最后总结出相应的短语标签，即所谓的"印象"。档案社区可以借鉴此法，允许用户选择自身擅长的领域，如使用档案实体整理、档案数字化、档案保护技术等词语为自己选择标签，方便社交。②Tag搜索资源。基于Tag的信息检索可将复杂的检索策略转化为简洁易懂的短语，近乎"傻瓜式"的搜索方式，使用户与机器的交流更加"有血有肉"。档案虚拟社区内的用户与发帖都可标记分类，简化其他用户的搜索策略，使社区内的信息资源结构明晰化。目前档案界论坛就采取了热门标签（100个）与随机标签（100个）相结合的方式，"软性"分类站内发帖资源。③Tag共享资源。此举与检索功能相辅相成，经过用户自我或系统选择定义，用户生成的内容会被冠以各式各样的标签，便于社区内资源上传与共享。因为系统就可根据内容自动生成标签，用户也可自己添加标签，这大大简化了站内资源的上传归类问题。④其他，如背景阅读、分类订阅、消息过滤、个性空间管理等，方便社区用户的自我知识管理，这种方式对于促进档案文化的交流有着非常积极的意义。

（2）简化注册流程，改善传统的 SNS 接纳态度。传统的社交网络用户注册手续复杂，所需用户隐私数据繁多，在降低用户耐心度的同时，极易造成用户隐私泄露，因此多数用户都尽量选择以游客的身份浏览网站。根据档案界系统内统计，社区内会员共计 852018 人，而游客数量却达 89476953 人次。[①] 据此比例预想，如若留住潜在用户，则更有利于影响力的扩大。面对此现象，社区首先应简化用户注册机制，提高游客入社比率。目前大多数网站采用的注册流程如下：选择"注册邮箱"或"手机号码"→"用户密码"设置→"邮箱验证"或"短信验证"，三步即可完成，方便快捷。其次，应有层次、有节制地采集用户的其他信息，避免一次性输入过多，使其产生抗拒情绪。可采用调查问卷、建议反馈等方式，循序渐进地收集，并逐步放大注册会员的权限。浙江档案网所属论坛将访问者分为七个不同等级，依次为"限制会员""新手上路""注册会员""中级会员""高级会员""金牌会员""论坛元老"，依据信息完善度、活跃度与贡献值划分等级，等级越高，相应享受的特权越多，例如注册用户可以使用论坛导航功能，论坛元老阅读权限值为 90，而金牌会员只有 70，相应的新手的阅读权限只有 10。最后，可适当开放第三方授权关联登录。目前多数网站以及 App 都允许用户使用站外账号关联登录，以此简化准入流程，依托微信、SINA 微博、QQ 等庞大的用户群体，扩大目标受众群体。南昌大学档案学社区就采用了 QQ 账号授权的方式，方便用户完成相关认证，纳入之后，用户可自行决定是否继续完善信息，相对提升了用户好感度，为档案文化的传播打下了坚实的基础。

（3）把握话题发展，推进档案社区舆论演进。社交网络中话题的形成，是用户社会责任感的体现，也是今后互联网用户舆论演进的新常态，话题也是新浪微博用来宣传讨论热门事件的常用方式。2015 年 6 月 9 日前后档案用户发起了"国际档案日""走进档案"等话题，向公众阐释节日的意义，其中前者阅读量为 73.1 万次，讨论量为 445 条，多个档案政务微

[①] 《档案界论坛》，2016 年 3 月 17 日，http://www.danganj.net/bbs/stats.php。

博账号自带话题宣传，在博文中讲述各地举办的活动，取得了较好的效果。鉴于此，在社区话题的建设中，既要酌情放开权限，允许社区用户自行设立话题，自由推举主持人，调动社区用户发言的积极性，活跃社区氛围，集合集体智慧，增加社区文化的多元性，亦须注意把握话题发展轨迹，及时控制话题走向。每个话题都会经历潜伏期、爆发期、蔓延期、反复期、缓解期、长尾期，[1] 对正面性的话题，可在潜伏期即加以引导，集中宣传，增加其影响度，加快其进入爆发期与蔓延期，反之，则需及早遏制，防止其恶性蔓延。另外，必须重视意见领袖的作用，善于利用其推广话题。因为"观念常常从广播和报纸流向舆论领袖，然后由舆论领袖流向人口中不太活跃的部分"。[2] 意见领袖是掌握信息势差的一方，在特定场域中具有决定性作用，应自觉承担起推送正能量的责任。"国际档案日"的话题参与者多为各地公共档案馆官方微博，一定程度上保证了话题的铺陈范围。而浙江档案网论坛对于各等级的会员都有不同的权值加分，"论坛元老"相对于"新手成员"，在发文标准和话语权上存在数倍的差距，在档案界论坛中，论坛元老的追随者众多，其发布的帖子，会集聚大量的用户，这些意见领袖对于社区意见的发声，有着不容忽视的影响。因此，必须注重对这些"领袖"进行科学的引导，借助他们的影响力来推广档案文化。

（4）优化答案生成，完善档案知识推荐机制。档案学社区作为一个专业性的社会化问答网站，工作交流和专业性知识答疑为其主要目的与作用，因此 UGC 的生成、挖掘和传播，一定要遵从社区的服务理念。

首先，可设立邀请回答机制。在用户遇到专业性较强的问题时，系统应根据问题涉及的范畴，提供对应的专业人士，用户可邀请其进行答疑，此举不仅可以在一定程度上保证答案的权威性，更可增加用户之间的友好感与信任度。目前的虚拟档案社区中，一般做法为@目标用户，笔者认为

---

[1] 陈福集、胡改丽：《网络舆情热点话题传播模式研究》，《情报杂志》2014 年第 1 期。
[2] Paul F. Lazarsfeld, Bernard Berelason, Hazel Gaudet. *The People's Choice：How the Voter Makes Up His Mind in a Presidential Election* [M], NewYork：Columbia University Press, 1948. P151.

此举有失庄重性，因为成熟的邀请机制实则是一种表彰机制，可增加回答者的威望与自豪感，鼓励其更好地为社区服务。

其次，可设立评价 DIGG 机制。DIGG 作为典型的用户驱动型推荐模式，体现了一定的网络民主性，目前已被应用于众多社区论坛的答案推荐机制中，即由其他用户对已有答案进行表决，若认为回答中肯，则可选择赞成或点赞，反之则选择不支持或反对，系统根据集体的最终表决，将得到赞成最多的答案顶格排列，否定的答案则会被隐藏或降级。DIGG 机制不仅有利于正确信息的挖掘，亦能缩短用户寻找答案的时间，是真正以用户为中心的互联网式思维方式。

最后，可加入 WIKI（多人协作写作系统）机制。WIKI 机制的加入是互联网集体智慧的彰显，也是一种网络民主的体现。WIKI 允许有权限的用户对最佳答案进行修改与完善，容百家之所思，最大限度地使用户接触到最中肯的知识。档案界论坛也渗透着此种思想，其针对自身特点，采用了"打报告"的形式，允许用户对任何答案提出个人意见，可以"推荐"，亦可"举报"，在保护回答者名誉与隐私的前提下，做到对知识与民主的维护。

（5）可跟进移动终端服务，提升档案社区跨屏体验。据 CNNIC 数据统计：截至 2015 年 12 月，中国移动网民数量已达 6.20 亿人，在整体网民中的渗透率已接近 90.1%，说明上网载体已完全由 PC 端向移动端游移与迁徙。[①] 基于移动设备大屏化设计的成熟以及移动客户端 App 服务体验的不断升级，档案界应在完善 Wap 型社区的同时，积极建设与发展移动应用市场。传统 Wap 网站兼容性高，支持多数移动端访问，准入性较低，如档案界在线论坛；Native App 则以第三方应用的形式独立运行，支持更新改进，实时互动性更强，如"辽宁档案馆"App、青岛档案信息网附带的"青青岛"社区 App。然而，无法忽视的是，用户体验从未停止变化，据

---

① CNNIC：《第 37 次中国互联网络发展状况统计报》，2016 年 3 月 17 日，http://www.Cnnic.cn/Hlwfzyj/Hlwxzbg/201601/P020160122469130059846.pdf。

《2015 年移动互联网行业发展报告》，BAT 三家的超级 App 已占领应用市场制高点，在 TOP20 应用列表中，BAT 占据 16 席，[①] 因此其他大量 App 在上架之时即被纳入"长尾"部分，新生 App 陷入巨大分发困境。令人欣喜的是，档案界开始了新的尝试，依附超级 App 微信，借助 Light App 的方式，建立公众号，吸纳用户。据统计，截至 2016 年 3 月 5 日，已有 102 个各级公共档案馆建立了认证微信号，用户关注微信号即可与之进行互动，如"浙江省档案馆"服务号，用户在"浙江档案"导航之下，可以了解该馆的其他政务账号，在"档案服务"导航下，可以咨询了解档案相关内容，并可提出建议与留言。无论是 Wap App、Native App 还是 Light App，社区开发者均要尊重用户习惯，坚持简单易用、界面友好、功能全面的宗旨。

7.9.3 重视社交媒体的文化服务功能

以微信、QQ 等为首的社交媒体是互联网发展的一个显著趋势，它将给社会公众以及各种社会机构发展带来诸多影响。公共档案馆要想运用这种技术服务自身，一定要做到有的放矢，绝不能"人云亦云""随波逐流"，毕竟公共档案馆有其存在的特殊社会意义，档案亦有其存在的社会价值，借助这些社交媒体来实现档案文化服务功能是公共档案馆在当前环境下必须充分考虑的重要议题。

（1）微信公众平台与其他社交媒体的并行存在。当前，社交媒体的种类非常多，除了微信以外，还有 QQ、Facebook、Twitter、Flickr、YouTube、RSS、Blog 等。从笔者所调查的 12 个开通了微信公众号的公共档案馆来看，个别公共档案馆还开通了"新浪微博"及"App"，但大部分都没有运用其他形式的社交媒体，这种单一的社交媒体平台在进行社会服务的过程中存在诸多不足，如用户群体单一、信息发布与传播过程中手段单一以及用户不愿改变其使用习惯等，导致不能充分发挥其他社交媒体的优势，无法做到相互

---

① BAT，即中国互联网公司三大巨头，百度公司（Baidu）、阿里巴巴集团（Alibaba）、腾讯公司（Tencent）三大巨头首字母缩写。《2015 年移动互联网行业发展报告》，TalkingData，2016 年 3 月 17 日，http://www.talkingdata.com/index/files/2016-01/1454056329890.pdf。

补充与相互支持。在此方面，虽然 Facebook 在国外已成为社交媒体中的主要手段，其用户所占比率与微信在中国用户中所占的比率不相上下，但是在档案服务中，国外档案馆还是充分运用了各种各样的社交媒体以满足不同群体的用户需求。如美国国家档案与文件管理署运用的社交媒体多达 20 种，主要为 Amara、Blogs、Citizen Archivist、Facebook、Flickr、Foursquare、GitHub、Google +、Google Cultural Institute、Historypin、Instagram、IdeaScale（Have Your Say）、Mobile Apps、Pinterest、RSS Feeds、Storify、Today's Doc Mobile App、Twitter、Tumblr、YouTube 等。根据相关学者的调查，78% 的被调查者运用过 Facebook、45% 的被调查者运用过 YouTube、45% 的被调查者运用过 Blogs、34% 的被调查者运用过 Twitter、34% 的被调查者运用过 Wikis、23% 的被调查者运用过 Flicks、11% 的被调查者运用过 Tumblr、11% 的被调查者运用过 Foursquare 等社交媒体来获取档案信息服务。① 因此，公共档案馆要想真正做好社会文化服务工作，仅运用微信公众平台这种单一的方式还是远远不够的，还必须充分运用其他社交媒体，使它们并行存在，相互支持，相互补充，形成一个共同服务社会的集群。

（2）用独特的精品资源吸引不同用户群体的关注。微信平台最为重要的一个特征就是可以让信息方便、快速地传播，用户可以通过"收藏、发送给朋友、分享到朋友圈、复制链接、分享到手机 QQ"等诸多功能使信息呈几何级数传递。因此，公共档案馆微信平台在进行信息发布时，必须充分运用独特的文化精品资源去吸引用户的关注，使其有转发、收藏、推荐给朋友、分享到朋友圈的欲望，并且有持续关注的动力。而对于一般用户不感兴趣的领导讲话、行业新闻、行业动态等信息则建议不在微信平台上发布，因为这样不仅会使用户失去继续关注的兴趣，使本就不多的用户资源不断流失，也会使那些有限的精品文化资源信息被淹没在一般用户不感兴趣的信息之中，浪费用户的查找时间，可以说这是当前信息时代最为忌讳的信息呈现方式。

---

① Lina Bountouri, Georgios Giannakopoulos. The Use of Social Media in Archives［J］. *Social and Behavioral Sciences*, 2014（147）：510－517.

因为在信息时代，不是信息太少，而是信息太多，所以大家都希望用最少的时间找到其最感兴趣的资源。另外，在进行历史文化资源推送的过程中，不仅要推送内容完整的档案信息资源，也要把与这些档案信息资源相关的重要历史人物、历史事件的来龙去脉等进行详细交代。只有这样，才能使用户在阅读的过程中找到知识点、兴趣点，才能"感动"用户内心深处的关注神经，使其对公共档案馆微信平台有一种流连忘返的依恋以及情不自禁的转发与分享欲望。这样一来，"六度空间"理论在微信等社交媒体中就能得到最为高效的体现，不同用户群体想不关注都是不可能的了，这就是社交媒体的力量与优势。

（3）用专业快速的反应回复社会公众的需求。"即时通信"最为独特的特征就是反应及时，能够迅速地进行互动式交流，及时解决用户的问题，而如果公共档案馆微信平台失去了这个最为本质的特征，那么其存在的社会意义与社会价值必然会大打折扣，被边缘化也就是早晚的事。因此，公共档案馆微信平台必须改变交流不畅、反应迟钝的行事风格，安排专门的工作人员来维护与打理微信平台，使其保持一种全天候的服务状态，而这些维护与打理微信平台的工作人员必须是专业能手，要能够专业地回复来自不同用户群体的专业性问题。笔者在美国利用社交媒体进行相关问题咨询的经验令人印象深刻，晚上10点进行相关咨询，不仅及时地得到了回复，而且在他们的在线帮助之下，笔者顺利地解决了相关问题，使人不得不佩服其效率之高，专业技能之熟练。虽然，公共档案馆属于一种特殊的社会行业，具有很强的行业特征，但是如果公共档案馆微信服务平台也能达到国外这种运用社交媒体的水准，何愁吸引不到用户的关注，何愁公共档案馆的社会影响力以及社会形象得不到改变，也根本不用考虑档案文化服务功能得不到实现的问题。

总之，微信作为社交媒体中的"翘楚"，已深得社会的广泛认同与运用，在公共档案馆社会服务的运用中，可以考虑结合公共档案馆的实际情况及其特殊的社会属性来进行布局与安排，并采取相应的措施与方法，充分发挥微信的优势，推动公共档案馆文化服务功能的完善。

8

保障体系：

文化发展中的公共档案馆发展战略实现保证

公共档案馆提供公共文化服务是涵盖面非常广泛的一项综合性工程，关系到多个行业领域、部门，涉及档案信息资源的整合、档案管理体制的变革、档案人员队伍的建设、各方利益的协调及各种相关制度等，只有各方面相互配合才能完成公共文化服务体系建设的大任。因此，公共档案馆要想在其中体现"实然价值"和"应然价值"的统一，需要加强政府的公共服务职能，重视公共档案馆事业发展；需要实现政策供给的科学性，重塑政府和公共文化事业单位的关系，加强财政投入的支持，实现经费来源的多元化，实现法律制定的系统化，提供法律法规方面的便捷；需要实现公共档案馆的共建共享，打破条块分割、各自为政的档案管理行政体制；需要完善公共档案馆用人体制，建立有效的问责机制，提高工作效率；还要对档案工作人员进行专业、系统的职业培训，提高档案工作队伍整体素养等。

8.1 体制保障：政策供给的科学化

8.1.1 文化发展体制的理顺

中国共产党十七届六中全会通过的《中共中央关于深化文化体制改革、推动社会主义文化大发展大繁荣若干重大问题的决定》提出，文化是民族的血脉，人民的精神家园。公共文化服务体系建设需要自上而下的顶层设计和整体规划，那么文化发展体制的理顺就成为公共档案馆参与其中的重要支撑，是推动各项政策体制改革发展的社会背景。21世纪，伴随着经济体制改革浪潮的兴起，我国综合国力大大加强，文化反映国家综合实力的重要性日渐凸显，文化发展体制的改革也逐渐被提上国家发展的重要议程。在社会发展的新形势下，需要进一步深化文化发展体制改革，梳理现有的改革政策；推进文化部及相关直属单位的改革，对现存的事业单位职能进行梳理、分类，提高服务、管理水平；推进公益性文化事业单位内部人事分配制度改革，积极试用推行聘用合同制度和人才代理制度、岗位绩效工资制度等；完善相关的财政保障政策、鼓励社会力量参与公益性文化事业的税收减免政策等；建立覆盖全社会的公共文化基础设施设备，以直接的奖金激励或间接的基金设立等方式帮助国家级、省级、地市级等文化产业项目的发展，孵化优秀的公共文化产品，加大税收优惠力度。[①] 总体上，要推进文化管理部门自身的内部改革，形成以提高效率和透明度为主要目标的依法行政、依法管理的文化管理体系，逐渐实现从微观向宏观、从直接向间接的管理方式的转变。

（1）理顺公共档案馆与文化主管部门之间的关系。从部门的归属来看，公共档案馆属于档案事业发展中的事业性机构主体，其对应的行政管理机构是各级档案局，似乎与文化行政主管部门没有多少业务与隶属关系，现实中也的确是如此操作与运行的。但只要稍稍关注公共档案馆事业发展动态，人们就自然会发现，这些年来档案/公共档案馆与"公共文化服务""文化""文化遗产""文化空间""文化休闲""文化产业"频频联系在一起，这可以以专业期刊中出现的大量探讨档案/公共档案馆与文化关系的叙述为佐证。特别是随着上海市档案馆新馆与广东省档案馆新馆落成并成为各自城市的"文化品牌"，"档案/公共档案馆—文化"可以说成了档案理论与实践领域一道亮丽的风景线。档案/公共档案馆与文化的"联姻"揭示了档案/公共档案馆与文化之间存在某种内在联系。在当前这种"档案文化热"的背景下，有必要科学地理顺公共档案馆与文化主管部门之间的关系，只有理顺了它们两者的关系才有可能使公共档案馆所开展的文化活动与文化服务"师出有名""名正言顺"。但从现状来看，当前公

---

① 《我国文化体制改革历程》，新浪网新闻中心，2016 年 1 月 25 日，http://news.sina.com.cn/c/2006-04-03/16239518895.shtml。

共档案馆与文化主管部门之间的关系还处在一种"一厢情愿"的认知模式之下。因为从《国家"十一五"时期文化发展规划纲要》《国家"十二五"时期文化改革发展规划纲要》（以下简称《纲要》）中可以看到，在近三万字的《纲要》中并没有出现让档案学界心跳的"档案"或"档案馆"、"公共档案馆"等相关字眼，相比之下图书馆、博物馆出现多达10余次，文化馆、美术馆、科技馆、纪念馆、工人文化宫、青少年宫等也是重墨所在，"档案"、"档案馆"或"公共档案馆"为什么没有一席之地呢？又是谁冷落了公共档案馆？虽然，《国家"十三五"时期文化改革发展规划纲要》有两处提到了"档案"两字，即"推进全科医生（家庭医生）能力提高及电子健康档案等工作"以及"建立信息披露和诚信档案制度，加快完善各类市场主体和社会成员信用记录"，但"档案"在此并非作为被关注的"主体"，真正意义上的"档案"并没有得到体现与叙述。另外，在我国颁布的《中共中央关于深化文化体制改革、推动社会主义文化大发展大繁荣若干重大问题的决定》（以下简称《决定》）中也同样没有见到"档案"或"档案馆"、"公共档案馆"等字样。这些《纲要》及《决定》等中未涉及"档案""公共档案馆"等字样，已成事实，再怨天尤人抑或满腹牢骚自然没有多大意义。但我们应该认识到，档案是重要的历史文化遗产已是公认的事实，对公共档案馆是文化教育场所公众也已基本达成了共识。而且，我国法律已经明确了公共档案馆科学文化事业机构的地位，因此，公共档案馆自然可被推定为属于《纲要》《决定》所指文化事业机构之外延，发展档案文化事业当然无可争议地属于《纲要》《决定》之要求范围。因此学习《纲要》《决定》精神，积极地研究档案文化事业发展之道，恐怕是档案界目前迫切需要做的事。

因此，各级公共档案馆在发展战略的制订及实施中，除了要考虑处理好与各级档案局之间的工作关系外，还必须考虑处理好与各级文化主管部门的关系，如国家档案馆要处理好与文化部之间的关系，各省级公共档案馆要处理好与文化厅、文化局等之间的关系。一方面，要尽量从认知层面说服他们，使他们认识到公共档案馆不仅隶属档案局，在横向层面，也与文化主管部门之间有很大关联，是其支持发展的社会主体之一。另一方面，要尽量从政策制定层面说服他们，让他们在制定政策的过程中把"档案""公共档案馆"等社会存在与社会主体明确地写入相关《纲要》《决定》中去，为公共档案馆获得支持提供直接的依据，使公共档案馆"有文可查""有法可依"，可"明正言顺"地发展公共档案馆的文化事业，并且得到各种文化政策的支持。

（2）理顺公共档案馆与公共图书馆等机构的关系。文化发展体制不仅要理顺公共档案馆行业与文化主管机构之间的关系，也要理顺公共档案馆与公共图书馆、博物馆等相关文化机构之间的体制关系，使这些社会公共文化服务主体能够在相互竞争中做到相互依存，并在这种相互依存中促进大家共同发展，争取为社会公共文化服务体系的建设贡献各自的力量。

当前有些档案文献遗产，其社会属性在进行界定时存在一定的难度，既可以说它们是档案，也可以说它们是资料，甚至也可以说它们是文物，如郭沫若同志的诸多手书原稿以及老舍的《龙须沟》等手稿，现多藏于国家典籍博物馆中，陈景润同志的陈氏哥德巴赫猜想"1+2"论文简要手稿也是保存在中国国家博物馆中。这些手稿从档案学的理论以及依据档案学界的观点来界定的话，属于档案是没有任何问题的。当然，图书馆界认为它们属于图书资料也有一定道理，博物馆的同志认为它们属于有重要价值的历史文物也有理有据。因此，在认定这些档案的社会属性的过程中就必须要求公共档案馆、公共图书馆以及博物馆等相关社会文化机构进行合理的协商，理顺彼此之间的社会关系，处理好这些特殊的历史档案的社会管理归属问题。我国《档案法》第十二条规定："博物馆、图书馆、纪念馆等单位保存的文物、图书资料同时是档案的，可以按照法律和行政法规的规定，由上述单位自行管理。档案馆与上述单位应当在档案的利用方面互相协作。"因此，理顺公共档案馆、公共图书馆以及博物馆之间的关系，不管是从管理现状还是从法理的角度来看，都是很有必要的。

这些有竞争关系的公共文化机构主体，当前对各自的藏品都本着"谁先拥有谁保存"的原则，但它们可以通过以下方式来实现这些特殊档案的价值发挥。一方面,保管这些档案的文化机构之间可以互通有无,即保存原件的机构可以送一份电子版或通过"做旧"的方式给其他相关的文化机构提供复制件,这不仅有利于原件的保护,也可使其社会价值的发挥有更多的渠道。另一方面,各社会文化机构之间也可以通过举办联合展览或者联合保管的方式来推进这些特殊档案文化价值的发挥。总之,要想让这些档案发挥其最大的社会价值,就必须理顺这些社会文化机构之间的相互关系。

8.1.2 局馆关系的理顺

档案管理体制是指一个国家档案管理和档案工作的方式与组织制度,包括各级各类档案行政、业务机构的设置及其隶属关系、职权的定位和组织管理方式方法等的总和。在1993～2018年,我国档案局馆采取"合一"的体制安排,使公共档案馆在隶属关系方面有些混乱,有的归属党委管理,有的归属政府办公厅管理,有的归属党委和政府合管,这种步调的不一致,使档案工作不能快速、有效地开展。开展公共档案文化服务需要各级公共档案馆的各方面资源、资金、人力等相互配合,而档案行政管理部门对档案工作更多承担的是规划和业务指导的职能,条块分割的管理体制特征对各部门档案工作的开展影响极大,很难有效地整合各相关部门的资源。因此,在2018年下半年开展的档案机构改革中,省级及以下档案局与档案馆之间结束了"局馆合一"的关系,实现了"局馆分设"。这种安排明确了档案行政管理部门和公共档案馆各自的地位和功能,使它们各司其职,明确各自的社会目标,有效防止了政事不分的局面,加强了相互监督。这种安排调整了档案部门的职能分配和机构分工,在明确各级档案管理部门职责的基础上,建立了一致的管理、监督机构,通过法律、制度、政策等措施充分整合各部门的力量和资源,进行统一规划,统一实施,避免产生利益冲突,同时利用集中管理的模式,增强公共档案馆事业的透明度,便于社会公众的监督。[①] 局馆只有认

---

① 吴加琪:《公共档案馆改革与发展战略:从服务政府到普惠全民》,《档案学研究》2012年第4期。

清了各自职责，公共档案馆才能在公共文化服务体系中找到精准的定位，从而做出应有的贡献。

（1）理顺公共档案馆与档案局之间的关系。"一个机构、两块牌子、履行两种职能"，这种体制安排是1993年根据党中央、国务院有关机构改革的文件精神建立的档案工作领导体制。即在中央，国家档案局和中共中央档案馆合并，一个机构（一套人马）、两块牌子，履行全国档案事业行政管理和中央档案保管、利用两种职能，为党中央和国务院的直属机构，由中共中央办公厅管理。在地方，省（自治区、直辖市）、地（市、州、盟）、县（区、旗、市）实行档案局和档案馆合并，负责本行政区域内档案事业的行政管理和本级档案的保管利用。[①] 档案局与档案馆之间的这种管理体制最初是响应当时国家政治体制改革的总目标，遵循"精简、统一、高效"的基本原则而建立的一种档案事业管理模式。在当时，这种档案事业管理体制被认为是前所未有的模式，这种"一个机构两块牌子，行使两种职能的模式，绝不仅仅是形式上的组织，而从本质上讲是一种制度创新"，[②] 是"具有中国特色的档案工作领导体制"。这种"局馆合一"的档案管理体制在当时具有一定的实践意义，符合了当时我国档案事业发展的需求，与当时的社会发展环境是相协调的。但在社会不断发展以及档案事业不断深化、专业化、服务化的情况下，新的政府管理理念对公共档案馆工作提出了全新的要求，特别是服务型政策理念的提出，更是将公共档案馆推到了社会公共文化服务部门的重要位置上，公共档案馆的公共服务职能被不断强化，其服务功能也在不断被要求提升。因此，运用了20多年的"局馆合一"档案管理体制在当前的社会环境之下出现了一些不适应的状况，因为这种管理体制容易在客观上造成对档案局行政管理职能和对公共档案馆文化事业机构属性定位的错误认识，模糊档案行政管理部门的法律地位，加重公共档案馆的行政化倾向，影响公

[①] 丁华东、窦晓光：《改革开放以来我国档案管理体制改革发展的实践成就》，《档案学通讯》2003年第1期。

[②] 鲍平原：《建设面向21世纪有中国特色的档案事业》，《档案学研究》1999年第1期。

共档案馆事业的发展。[①]

要想充分发挥公共档案馆的公共文化服务功能，使其真正成为名副其实的社会公共文化服务机构，就必须理顺档案局与公共档案馆之间的体制关系。充分认识到档案局是我国各级档案事业的管理者，负责对各级档案事业进行管理，是统筹协调公共档案馆事业发展的主体，行使的是社会管理职能。而公共档案馆则是作为一个法定的社会文化机构而存在的，它是一个服务者，是公共文化服务体系建设的主要力量之一，其主要职责是服务社会，并充分发挥其文化功能，为社会公共文化的建设贡献其相应的力量。这种社会服务职能与社会管理职能之间的关系必须理顺，只有这样才能使它们各司其职，各尽其能，管理好社会并服务好社会。

（2）理顺公共档案馆、档案学会与档案协会之间的关系。档案学会、档案协会作为中观层面的公共档案馆制度设计，其存在的主要目的是为公共档案馆行业的发展而成立相应组织及制定相应的行业规则、规范及工作指南等。由于我国公共档案馆的垂直体制和条块管理，公共档案馆之间的协作与档案信息资源的共享存在很大难度，因此加强公共档案馆中观层面的制度设计非常有必要。但从我国当前的实际情况来看，我国公共档案馆领域还没有档案协会这种中观层面的制度设计，只有档案学会这个中观制度设计。事实上成立公共档案馆协会很有必要，它具有为公共档案馆行业提供行业保障的作用，并且公共档案馆协会（或档案协会）能够起到承上启下的作用，在处理公共档案馆与社会环境的各种关系，特别是在处理有关公众事件时更显得身份得体，如在对公共档案馆工作人员是否违反职业道德标准的认定、档案利用者在利用档案时对档案造成损毁的责任认定、工作人员服务态度好坏的评价以及各种档案事故的认定等方面，它都可以发挥独特的作用。从国内外情况来看，各行各业成立协会已是趋势所在，正是这些协会的存在为相关行业发展提供了必要的保障与支持。因此，这种协会性质的中观层面制度安排是

---

① 罗军：《我国档案管理体制改革研究》，《档案学通讯》2009年第5期。

应该的，也是必需的。

虽然我国目前有档案学会这个中观制度设计，但档案学会与档案协会是两个不同性质的组织。在工作任务方面，档案学会主要负责科研、学术交流活动，宗旨是促进档案事业及档案学科发展，挖掘、培养、推荐档案人才，促进档案科研成果转化，反映档案科研工作者的心声与诉求，维护其权利与利益；而档案协会主要负责统计公共档案馆信息以及处理公共档案馆与政府、社会组织、公众等之间的关系，了解并掌握那些为其提供装备设施、提供数字化处理方案、提供档案管理软件服务的各类企业的状况。在会员组成方面，档案学会会员主要由公共档案馆等实践部门的工作人员、高校档案学者等组成，其活力与创造力取决于学科发展的水平与地位，以及档案学科带头人的学术造诣和社会名望；而档案协会会员主要是公共档案馆、为其提供服务的生产与经营企业以及相关人员，其活力取决于公共档案馆与相关企业之间关系的融洽程度。当然，随着科技与经济结合的日益紧密，科技活动与经济活动常常相伴随，不可分割，学会与协会在组织、职能上常有交叉。① 因此，正确处理好这两种中观层面的制度安排对我国公共档案馆事业的发展是非常重要的。

另外，也必须正确处理好公共档案馆与档案学会或档案协会之间的关系。从当前我国实际情况来看，部分档案学会与公共档案馆的关系还未能理顺，没有充分发挥学会在人员培训、学术发展以及行业自律等方面应有的作用。在这方面深圳市档案学会与公共档案馆之间的关系处理得比较理想，即档案学会作为一个独立的法人存在，与公共档案馆、档案局之间没有隶属关系，是一个自负盈亏的社会组织机构，其主要社会职能是负责为深圳档案事业的发展进行业务培训、职称评定等。这样一来，就使"政事"之职能得以区分，各自在各自的社会职能范畴之内行使相关的社会管理、社会服务职能，对于公共档案馆的发展必将起到积极的推动作用。

---

① 周林兴：《公共档案馆的制度视域研究》，《档案》2011年第4期。

8.1.3 用人体制的理顺

在特殊的社会背景下我国产生了事业单位这一特殊组织，包括公益性、非公益性的社会组织，它们的职能主要是由政府来授权的。而"参公"就是按照《公务员法》的相关规定，对部分满足一定条件的事业单位根据政府机构标准进行对比管理，即参照公务员法管理事业单位。"参公"单位主要有两个特征：一是其公共事务管理职能，来源于相关法律规定；二是与公务员一样使用相同的人事管理制度，虽然是事业单位，使用事业编制，但工资福利和公务员一样由国家财政全部负担。据统计，在我国超过 4000 万人的事业单位员工中，大概有 90 万人属于"参公"人员。[①] 事业单位从形成之日起，实施起来就有很多问题，尤其在《公务员法》出台之后更加突出，"参公"体制也亟待理顺。"参公"事业单位是政府机构职能延伸的结果，需要为社会和公众提供法理义务范围内的公共服务，但也有人利用这个平台从事自利性活动，比如存在乱收费现象。同时事业单位的监管机制和约束机制不健全，经费供给采用财政直接拨款的方式，使用随意性大，一定程度上导致了其发展公共服务的动力不足。

我国公共档案馆自 1993 年以来也是按照"参公"用人体制来管理的，2018 年档案机构改革后的用人走向正在协调之中，还要等相关政策的进一步安排。但不管未来公共档案馆用人政策如何设计，为了公共档案馆事业的发展，对其"用人"体制进行理顺都是首先要解决的问题。首先，公共档案馆要根据法律法规明确管理职能，依法行使公共档案馆发展政策法规的研究制定、行政审批、行政监督以及公共文化服务等方面的职能；其次，要依据单位规模大小、任务轻重、服务对象及范围等重新核定人员编制，优化人员编制结构；最后，还要规范经费来源和使用，加大对公共文化服务的投入比例，在人员配备上充分考虑公共文化服务

---

① 刘太刚、邓婷婷：《参照公务员法管理事业单位将何去何从——对参公事业单位产生的原因及改革趋势分析》，《北京行政学院学报》2013 年第 2 期。

体系建设的需求。

（1）理顺职称与职务晋升的关系。1993~2018年，因为实行"局馆合一"的体制，公共档案馆实行的是"参公"的用人标准，导致工作人员走职称上升的通道基本被"堵死"，即工作人员不能通过职称评定的方式来使自己得到提升的机会。所有工作人员都只能按照职务晋升的通道来提升自己，但是，这种唯一的晋升通道所存在的不足也是非常明显的，因为随着职务的不断升级，上层的职位数在不断减少。这样一来，就出现一种"金字塔"效应，员工越到后面越难以获得晋升的机会与可能。而如果他们有通过职称通道获得上升的空间，当感觉职务晋升无望时，他们可以通过选择职称通道来获得上升的机会与可能，这对于促使他们不断前进将会有非常积极的作用。因为从助理馆员、馆员、副研究馆员到研究馆员，不同级别职称的人员呈现一种"梨"形分布，而不是"金字塔"形分布，因此，通过职称获得晋升的机会要大于通过职务晋升的机会。而且，通过职称通道的晋升是完全可能通过自己的努力得以实现的，即这是一条可以自己掌握的上升通道，而对于馆员而言通过职务晋升的通道往往存在一些不可控因素，并非通过自身努力就一定可以实现。

另外，在公共档案馆中实行职称晋升的政策不仅可以解决工作人员个人的晋升问题，使他们个人进步的想法得以实现，满足他们作为个体的社会存在感以及体现他们的社会价值，更为重要的是可以在很大程度上促使公共档案馆的工作人员重新投入学术研究的阵营中去，因为我国的职称评定需要有一定的学术成果。因此，如果允许工作人员走职称评定的通道来实现其上升的愿望，那么必然会推动与促使那些想通过职称通道来提升自己的工作人员进行学术研究。而这种学术研究对于我国档案馆事业的发展可以说将具有十分积极的作用与意义。长期以来，我国学界存在严重的理论研究与实践工作脱节的尴尬与窘境，即从事档案学术研究的理论研究者不从事档案管理实践工作，而从事档案实践工作的档案管理者又不从事档案学术理论研究，导致理论研究与实践工作存在"隔河喊话"的尴尬。而如果工作人员可以走职称上升通道的话，必然会激发很大一部分认为走职务上升通道无望或热爱档案学术研究的工作人员的学术研究热情,他们这种来源于实践的理论研究成果必将更好地促进档案学的理论研究,并指导实践工作。

因此,为了公共档案馆事业的发展,并且使其在公共文化服务体系建设中发挥出应有贡献,必须抓住此次"局馆分设"的档案机构改革机会,理顺职称晋升与职务晋升的关系,让不同的工作人员有不同的职业发展空间,做到"人尽其才,才尽其用",让每一个工作人员的价值都得到合理的实现,使公共档案馆走上健康的发展之路。

(2) 理顺专业与非专业人才的协调关系。长期以来,我国公共档案馆在人员录用过程中受到一些外在因素的影响,凡进人就必须经过"考试",而这种考试对于参与考试的人员来讲又有一定的偶然性。一些档案学专业的毕业生难以进入公共档案馆工作,而一些非档案学专业的人员却能顺利通过考试而进入公档案馆中。但这部分人由于没有档案学方面的专业知识,在进入档案行业以后,很长一段时间都难以胜任相关岗位的工作任务。根据调查,很多档案馆的负责人很明确地表示,他们希望招录到档案学专业的人才,但是档案学专业每年毕业生不多,我国每年毕业的档案学专业本科生大约有1300人,硕士研究生有300~400人,而博士研究生就更少了,也就是15个人左右。因此,那些想进人的公共档案馆在进行岗位条件设计时还不能完全限定考试对象就是档案学毕业生,因为如果这样限定的话,很有可能会因为报名人数太少,即少于3人而无法开展考试。而一旦不设置限制条件,其他专业的毕业生又会大量报考公共档案馆岗位,最后所招录到的人员往往可能是非档案学专业的人员。而公共档案馆毕竟是专业业务机构,需要工作人员具备大量的专业知识与较高的专业素养,这种非专业人员的大量存在,必然导致档案馆业务工作开展中存在问题,甚至影响到正常的业务开展能力与水平。

公共档案馆要想获得科学的发展,人才队伍的建设是至关重要的因素,必须处理好专业人才与非专业人才的关系。在招聘时,一方面,在一些关键业务岗位要限定档案学专业毕业人员才能报考,如档案业务指导岗位、档案开发利用岗位等。另一方面，对于一些非关键性业务岗位可以适当地招录一些其他专业的人员，如档案编研岗位，就可以考虑录用一些历史专业、中文专业的毕业生，而对于技术部门，则可以考虑计算机专业等相关专业的毕业生。这样一方面可以缓解公共档案馆人手不足的问题，另一方面也可以保证公共档案馆业务不受影响。当然，对于非档案学专业毕业的工作人员，公共档案馆应该在有条件的时候，允许他们以不同的方式去学习档案学专业的相关知识，如继续教育、在职教育、培训等，这样也可以在一定程度上弥补他们档案学专业知识的不足，使公共档案馆的正常业务朝着科学的方向发展。

8.2 法理保障：法律制定的系统化

8.2.1 法律法规之间的系统化

公共文化服务体系建设的有序推进有赖于健全、合理的法律法规作支撑。公共文化政策、法规是公共文化服务体系建设顺利进行的法理保障。应通过制定公共文化政策、法规，形成以专项法律和行政法规为主体，以部门性规章和地方性法规为配套的公共文化法律框架体系，管理和规范公共文化服务行为，改善文化生态环境。

（1）档案法律法规与《宪法》之间的系统化。宪法是国家的根本大法，是民主政治的产物。它规定的是国家生活中最根本、最重要的问题，体现着一个国家的政治、经济、文化、社会等方面的根本制度和方针政策，是国家的立国、治国之本。它在整个国家的法律体系中具有最高的法律地位和法律效力，是社会各领域、各机构与各部门制定其法律法规的依据与准绳。其他一切法律都必须符合其规定与精神，不能违背宪法的原则与意志，更不允许与宪法相抵触。

档案法律法规与宪法属于从属关系，因此，所有的档案法律法规在制定和施行的过程中都必须以不与宪法相抵触为原则，并且，宪法中的相关规定也是档案法律法规制定的依据。在档案立法过程中，必须认识到两者之间的关系，只有这样才能制定出符合档案工作实际的档案法律，达到促进档案工作发展的目的。在档案立法的过程中立法者应该认识到以下几个方面。

宪法是档案立法合理性的基础。宪法第二条规定："人民依照法律规定，通过各种途径和形式，管理国家事务，管理经济和文化事业，管理社会事务。"宪法第四十七条规定："中华人民共和国公民有进行科学研究、文学艺术创作和其他文化活动的自由。国家对于从事教育、科学、技术、文学、艺术和其他文化事业的公民的有益于人民的创造性工作，给以鼓励和帮助。"作为国家文化事业组成部分的档案工作，其法律制定也应当以此为基础，档案立法是有理有据的，是宪法赋予的权利。

宪法是档案立法有效性的保障。宪法第五条规定："国家维护社会主义法制的统一和尊严，一切法律、行政法规和地方性法规都不得同宪法相抵触，一切国家机关和武装力量、各政党和各社会团体、各企业事业组织都必须遵守宪法和法律。一切违反宪法和法律的行为，必须予以追究。任何组织或者个人都不得有超越宪法和法律的特权。"从这一条的内容可以看出，《档案法》要在宪法的基础上制定，全社会必须共同遵守。也正是这一要求，切实保证了档案立法的效力问题，为《档案法》的顺利实施提供了最为有力的保障。

宪法是档案立法的纲领。宪法第二十二条规定："国家发展为人民服务、为社会主义服务的文学艺术事业、新闻广播事业、出版发行事业、图书馆博物馆文化馆和其他文化事业，开展群众性的文化活动。国家保护名胜古迹、珍贵文物和其他重要历史文化遗产。"宪法为档案立法提供了一个纲领性的规定。这一点在《档案法》的第二条中得到了体现："本法所指档案是过去和现在的国家机构、社会组织以及个人从事政治、军事、经济、科学、技术、文化、宗教等活动直接形成的对国家和社会有保存价值的各种文字、图表、声像等不同形式的历史记录。"从其文字表述不难看出，它正是对宪法第二十二条中"文化事业""历史文化遗产"的具体描述与解释。

因此，在档案立法过程中，立法者必须以宪法为根本，认真领会宪法的条款与精神，并将其贯彻于档案立法中，只有这样才能使我国的档案法律法规的合理性与合法性得到保证。

（2）档案法律法规与物权法的系统化。物权一词首次用于法律上是在1811年的《奥地利民法典》中。我国《民法通则》未使用"物权"一词的称谓，仅在"财产所有权和与财产所有权有关的财产权"中规定了有关的内容，构成了我国民法中的物权制度。2007年3月16日，第十届全国人民代表大会第五次会议通过了《中华人民共和国物权法》（以下简称《物权法》），并于2007年10月1日起正式施行，"物权"一词正式出现在我国法律中，这应该是中国法制建设进程中的里程碑式的立法。它是规范财产关系的民事基本法律，适用于调整因物的归属和利用而产生的各种民事关系。它还全面准确地体现了国家的基本经济制度，起到了维护经济秩序的作用。从《物权法》第一条的规定可以看出，它的直接目的就是定纷止争与物尽其用两个方面，这对当前我国倡导的和谐社会的建设以及对权利相对人的权利保护都具有十分重大的意义。

①明确界定档案所有权类别。现行的《档案法》没有具体规定档案所有权的条款。虽然曾提到"集体所有的和个人所有的"及"国家所有的"这三种类型，但它们在《档案法》中均无先前设定作为基础，属于用词模糊。因此，难以确定不同所有制档案的所有者及其内容范围，这有悖于法的准确与规范原则。

我国没有一部统一的民法典，《物权法》是民法的重要组成部分，因此关于物的所有权的分类，就应该遵从《物权法》的规定，而且《物权法》对此也没有"其他法律有规定的，从其规定"的例外条款，因此，档案所有权的类别应该确定为国家所有、集体所有和私人所有，即做到与《物权法》协调一致。"由于私人档案本身含有创造性劳动和在维护私有财产权方面的隐性（或附属）价值，其理应属于私人财产的范畴。但现有的《档案法》中，关于私人档案的规定还很不明确。针对私人档案的所有权特征，我们既要积极介入私人档案领域，实现私人档案的规范化管理目标,并促进其适时转化为社会资源,同时又必须注意私产保护的法律底线。"①

②合理界定档案流通属性。根据法律规定可以在民事主体之间自由流转的物就是流通物,而法律对在民事主体之间的流转做出了一定限制或者禁止的物就是限制流通物。由于档案所载信息可能涉密或可能对社会或对国家有重要意义,因此,《档案法》对档案的流转做出了限制规定。例如,向国家档案馆以外的任何单位或者个人出卖集体所有的、个人所有的对国家和社会有保存价值的或者应当保密的档案,均需获得县级以上人民政府档案行政管理部门批准。《档案法》非常明确地把这两类档案规定为限制流通物。但对于归集体所有的或者个人所有的对国家和社会有保存价值或者应当保密的档案的范围却没有统一划定,即到底什么类、什么样的档案是对国家和社会有保存价值的,这些在《档案法》中的用词非常模糊,导致在实际操作过程中随意性很大,操作性不强。档案是限制流通物的属性决定其不能在市场上像其他商品一样自由出售和交换。这一规定与现行的《物权法》承认与保护私人财产的精神是有冲突的。而且,还存在一些既非国有又不对国家和社会有保存价值或者不需要保密的档案,对这类档案的出卖等转让行为法律并没有相关规定,是否因为法无限定就认为其默认允许呢?因此,随着《物权法》的落实,在私人财产权不断得到确认,档案资产属性也不断得到认可的情况下,私人档案及部分其他类型档案的流通属性应该得到更为明确的界定。

(3)档案法律法规与保密法的系统化。世界上大部分国家都没有专门的保密法,需要保密的内容都是在信息自由法的例外条款中做出相应规定的。在公开是原则、不公开是例外的立法体例下,国家秘密就成为一种例外。② 我国将保护国家秘密进行专门立法规定与我国当时的社会背景有极

---

① 饶邦安:《湖北大学覃兆刿教授谈——学习宪法修正案后的几点思考》,《中国档案报》2004年5月13日。
② 徐文星、王明生:《现行法制对〈政府信息公开条例〉的影响——以〈保密法〉与〈档案法〉为例》,《公共行政》2007年第10期。

大的关系。这种立法体例对《档案法》的制定，包括档案信息开放利用所造成的影响是巨大的，因为我国《档案法》在保密这个问题上遵守的是《中华人民共和国保守国家秘密法》（以下简称《保密法》）的精神。这在某种程度上造成了一种错觉，即保密才是原则，而公开只是例外。至今仍有很多人否认信息公开是原则，信息保密是例外。秘密往往成为掌权者滥用权力的借口，给档案信息资源的开放与利用工作带来了极大的负面影响。

①协调保密的范围。《保密法》第一条规定："为了保守国家秘密，维护国家安全和利益，保障改革开放和社会主义建设事业的顺利进行，制定本法。"可以看出它有两个最大特征，就是保密性和限制性。其第九条规定："下列涉及国家安全和利益的事项，泄露后可能损害国家在政治、经济、国防、外交等领域的安全和利益的，应当确定为国家秘密：①国家事务重大决策中的秘密事项；②国防建设和武装力量活动中的秘密事项；③外交和外事活动中的秘密事项以及对外承担保密义务的秘密事项；④国民经济和社会发展中的秘密事项；⑤科学技术中的秘密事项；⑥维护国家安全活动和追查刑事犯罪中的秘密事项；⑦经国家保密行政管理部门确定的其他秘密事项。"档案中包含着一些涉及国家秘密的文件资料、科技成果、经济数据等，根据我国《保密法》的要求，在档案立法中应该强调对这些档案的保密工作。但同时也说明，并不是所有的档案保密工作都要遵照《保密法》来开展，因为《保密法实施办法》第三十七条明确指出"不属于国家秘密的其他秘密或者机关、单位的内部事项，不适用《保密法》和本办法"。而我国档案立法者在立法过程中只是领会了《保密法》保密的一般精神，没有领会《保密法实施办法》的这种例外精神。总之，在档案立法中必须充分认识到公开与保密的精神与宗旨，必须注意使两种法律的条款协调一致，否则就容易造成在档案立法中扩大档案秘密范围的可能，从而生成不是秘密的秘密。

②协调保密的密级。《档案法》第十四条规定："保密档案的管理和利用，密级的变更和解密，必须按照国家有关保密的法律和行政法规的规定

办理。"并且,《档案法实施办法》第十六条还对这条规定进行了更为详细的说明与规定:"《档案法》第十四条所称保密档案密级的变更和解密,依照《中华人民共和国保守国家秘密法》及其实施办法的规定办理。"这种规定在实施中容易出现争议,而且也正是对这种精神领会的偏差,使我国档案密级的确定主要是"绝密""机密""秘密",不设秘的档案数量非常少。从档案工作实际出发,将此条修订为"档案的密级确定、变更和解密,以及档案保密期限、保密等级代码和标识,依照国家标准《文献保密等级代码与标识》的规定办理,并且参照《保密法》来确定档案密级",应该更加符合档案工作实际,更具有可行性。

③协调保密的制度。《档案法》第十九条规定:"国家档案馆保管的档案,一般应当自形成之日起满三十年向社会开放。经济、科学、技术、文化等类档案向社会开放的期限,可以少于三十年,涉及国家安全或者重大利益以及其他到期不宜开放的档案向社会开放的期限,可以多于三十年,具体期限由国家档案行政管理部门制定,报国务院批准施行。"《档案法》虽然明确规定经济、科学、技术、文化等类档案向社会开放的期限可以少于30年,但在实际工作中,由于我国对这几类档案的具体范围界定得不是很清楚,这项规定其实基本没有得到落实,在对待开放这个问题上,往往采用的是"一刀切"的简便方法,只有那些形成期满30年的档案才有"资格"被开放。其结果是使一些不该保密的档案信息也被保密了,不仅极大地限制了档案信息的利用,而且浪费了纳税人大量的财物,而同时,我国档案部门由于经费紧张,很多应该得到保护的档案却未能得到保护。这种状况已不能适应政务信息公开环境下广大民众对档案信息的利用需求。《保密法》第二十一条规定:"国家秘密载体的制作、收发、传递、使用、复制、保存、维修和销毁,应当符合国家保密规定。"《档案法》第二十二条规定:"属于国家所有的档案,由国家授权的档案馆或者有关机关公布;未经档案馆或者有关机关同意,任何组织和个人无权公布。集体所有的和个人所有的档案,档案的所有者有权公布,但必须遵守国家有关规定,不得损害国家安全和利益,不得侵犯他人的合法权益。"当前,档案

文件的开放工作已经呈现出开放机构多元化、开放时限缩短化、开放形式数字化的发展趋势。因此，调整《保密法》《档案法》的相关条款很有必要。应放宽对档案开放利用的时空限制，凡是被确定为"公开级"的档案都应向社会公开提供利用，"公开级"的档案虽然不可能也没必要逐一公布，但应被视为可以"公布"，即将开放、公布、利用"三合一"作为统一标准，① 解决档案利用工作中可以利用却不能公开、可以看却不能摘录、可以研究却不能发表的怪异逻辑。

当前，行政公开已是大势所趋，透明政府也是我国政府建设的方向，服务型政府更是我国政府建设的目标。而《政府信息公开条例》的法律位阶低于《保密法》和《档案法》，如果行政机关凭借现行《保密法》与《档案法》这种不科学的规定将不属于国家秘密的信息定位为秘密，将极大地影响《条例》现实作用的发挥，给我国档案的开放与利用工作带来消极影响。

(4) 档案法律法规与刑法的系统化。刑法是统治阶级为了维护其统治上、经济上的统治地位而规定的什么是犯罪、犯了什么罪以及使用何种刑罚的法律规范的总称，是国家的基本法律之一。《中华人民共和国刑法》是为了惩罚犯罪，保护人民，结合我国同犯罪作斗争的具体经验及实际情况，根据宪法制定和颁布的法律。它的主要任务是同一切犯罪行为作斗争，保卫国家安全，保卫人民民主专政的政权和社会主义制度，保护国有财产和劳动群众集体所有的财产，保护公民私人所有的财产，保护公民的人身权利、民主权利和其他权利，维护社会秩序、经济秩序，保障社会主义建设事业的顺利进行。

档案是重要的社会财富，具有十分重要的凭证作用和参考作用，不允许任何违法犯罪行为对档案进行破坏。《档案法》第二十四条明确提出了八种不利于档案保护的行为将会被追究刑事责任。第二十五条也规定违反

---

① 晋平：《关于档案密级问题的再思考——兼谈〈档案法〉相关条款修订》，《中国档案》2008年第1期。

规定携运禁止出境的档案或者其复制件出境的，也要依法追究其刑事责任。《刑法》第三百二十九条规定："抢夺、窃取国家所有的档案的，处五年以下有期徒刑或者拘役。违反档案法的规定，擅自出卖、转让国家所有的档案，情节严重的，处三年以下有期徒刑或者拘役。"第三百九十七条规定："国家机关工作人员滥用职权或者玩忽职守，致使公共财产、国家和人民利益遭受重大损失的，处三年以下有期徒刑或者拘役；情节特别严重的，处三年以上七年以下有期徒刑。""国家机关工作人员徇私舞弊，犯前款罪的，处五年以下有期徒刑或者拘役；情节特别严重的，处五年以上十年以下有期徒刑。"第三百九十八条规定："国家机关工作人员违反保守国家秘密法的规定，故意或者过失泄露国家秘密，情节严重的，处三年以下有期徒刑或者拘役；情节特别严重的，处三年以上七年以下有期徒刑。非国家机关工作人员犯前款罪的，依照前款的规定酌情处罚。"《刑法》第三百二十九条与第三百九十八条是针对档案工作及相关工作中出现的违法现象所做的具体规定，为保护国家档案、打击犯罪行为提供了最为有力的法律依据。《刑法》第三百九十七条虽然不是针对保护档案的专门规定，但对于档案工作中的滥用职权等同样有效。

虽然《档案法》与《刑法》都有针对档案犯罪的条款，但是不得不承认这些保护是零散的、非系统的，而且《档案法》中的条款与《刑法》中的相关条款有不一致的地方，甚至有的表述存在矛盾，所以应该对二者不一致的地方进行协调，使其共同担负起保护档案的责任。

①保护对象认定的协调。《刑法》第三百二十九条规定的两大档案犯罪罪名侵犯的对象都是国有档案，集体档案、个人档案在《刑法》中没有具体体现。而《档案法》相关条款规定如有侵犯国有档案、集体档案和个人档案行为，并构成犯罪的，依法追究刑事责任。在当前私人财产得到《宪法》保护的背景下，《档案法》中体现对集体档案与个人档案保护的表述是理所应当的。因此，在《刑法》的条款中突出保护国家的和具有社会价值的档案，而非仅仅指国家档案应该是更理想的表述方式。

②档案犯罪认定的协调。《档案法》第二十四条规定所列举的八类档

案违法行为构成犯罪，应依法追究刑事责任。可以推定这八类档案违法行为都有可能"构成犯罪"，但达到何种程度及在何种条件下才构成犯罪并承担相应的刑事责任，《档案法》及《实施办法》中却没有进一步的细化。《档案法》中所规定的违法行为除了个别在《刑法》中有明文规定外，其他大部分行为只能牵强地对应起来。这种法律之间的不一致，导致在实践工作中经常出现矛盾。为此，协调两者的相关条款非常有必要，如可以在《档案法》中增加"本法有规定的以本法为依据进行处理，本法未有规定的可以依据《刑法》的相关条款来追究其刑事责任"的条款。

（5）档案法律法规与行政许可法的系统化。2003年8月27日我国第十届全国人民代表大会常务委员会第四次会议审议通过了《中华人民共和国行政许可法》（以下简称《行政许可法》），并于2004年7月1日起正式实施。它的生效是继《行政诉讼法》、《国家赔偿法》和《行政复议法》之后，我国行政管理法制化进程的又一个里程碑，对于实现"依法行政"具有十分重要的意义。《行政许可法》注重用严密的程序对公民、法人和其他组织的权利予以充分保障，对行政机关的行为予以最大程度的约束和规范，是一部极其重视程序规范的法律。然而，在我国的档案立法中，《档案法》及其配套法规与《行政许可法》的要求还有不小差距。主要原因是《档案法》及《档案法实施办法》的颁布时间比《行政许可法》早十几年，虽然《档案法》在1996年、2016年分别进行了一些微调，但对行政许可的程序、期限、条件等还是没有做出相应的规定。因此，应该加强档案法律法规与《行政许可法》之间的协调。

①行政许可条件的协调。《行政许可法》第十八条规定："设定行政许可，应当规定行政许可的实施机关、条件、程序、期限。"《行政许可法》规定地方性法规和规章有权做出具体规定，但是，《档案法》等法律、法规并没有相应规定行政许可的条件，导致地方档案行政管理部门的规定是无效的。因此，在档案立法中，必须根据《行政许可法》的规定，详细规定各种行政许可的实现条件，做到与《行政许可法》协调一致。

②行政许可机关的协调。从《档案法》和《档案法实施办法》两部全

国性的档案法律法规来看，涉及行政许可权的规定主要有 3 项：①出卖、转让、赠送集体所有、个人所有以及其他不属于国家所有的对国家和社会具有保存价值的或者应当保密的档案的审批；②向国内外的单位或者个人赠送、交换、出卖国家所有档案的复制件的审批；③携带、运输、邮寄档案出境的审批。它们虽然对实施机关做出了规定，但内容比较笼统，表述很模糊，有地域管辖不明与级别管辖不明两个方面的问题。如《档案法》和《档案法实施办法》规定"出卖、转让、赠送非国有档案"由县级以上人民政府档案行政管理部门批准，但到底是由出卖、转让、赠送者所在地还是由接受者所在地的档案行政管理部门批准，或者由其他地方的档案行政管理部门批准，却并没有具体的规定。同时，"县级以上人民政府档案行政管理部门批准"，最终应由哪一级档案行政管理部门批准也没有明确规定。这种条款表述的不明确性，给相关人员在规避相关规定时留下了空子。在"携带、运输、邮寄档案出境"这一项目中，虽然对二级档案出境的批准机关有规定，但对复制件的出境没有规定，而且对一级档案的复制件是否可出境也缺乏相应规定。① 这种模糊的法律用语，会使法律在实践中无法执行，流于形式。因此，在档案立法过程中必须根据《行政许可法》的要求，协调好《档案法》和《档案法实施办法》等法律法规的条款。

③行政许可程序的协调。《行政许可法》第三十条规定："行政机关应当将法律、法规、规章规定的有关行政许可的事项、依据、条件、数量、程序、期限以及需要提交的全部材料的目录和申请书示范文本等在办公场所公示。"第七十二条也规定："不在办公场所公示依法应当公示的材料的，由其上级机关或者监察机关责令改正，情节严重的要给予行政处分。"相关材料必须在办公场所公示是《行政许可法》规定的必须遵照执行的条款。《档案法》和《档案法实施办法》等法律法规中都没有相关程序方面的规定，只是《档案行政许可程序规定》第六条规定："档案行政管理部门应当在办公场所或网站公示办理行政许可需要提交的申请书示范文本和

---

① 罗文刚：《〈档案法〉设定的行政许可初探》，《中国档案》2008 年第 2 期。

全部申请材料目录。"根据这一规定,可以看出不在办公场所公示,而在网站公示也是可以的,这与我国的《行政许可法》是不一致的,所以,行政许可程序在档案法律法规(立法)中必须得到协调。

④行政许可期限的协调。《档案法》及《档案法实施办法》等法律法规在行政许可期限上没有做出明确的规定,在2005年5月17日,国家档案局发布的《档案行政许可程序规定》第九条规定:"受理部门接到申请材料后,应当根据下列情形分别作出处理:①申请材料符合标准的,必须即时受理,并填写档案行政许可申请材料接收凭证和档案行政许可受理通知书;②申请事项依法不需要取得行政许可或者申请事项依法不属于档案行政管理部门职权范围的,应当即时告知申请人不予受理,并出具档案行政许可不予受理通知书;③申请材料存在可以当场更正的错误的,应当允许申请人当场更正;④申请材料不齐全或者不符合法定形式的,应当填写档案行政许可补正材料通知书,将需要补齐补正材料的全部内容、要求当场或者在五日内告知申请人。以信函等方式提交申请材料的,受理部门应当自接到申请材料之日起五日内作出相应处理。"《行政许可法》第四十二条规定:"除可以当场作出行政许可决定的外,行政机关应当自受理行政许可申请之日起二十日内作出行政许可决定。二十日内不能作出决定的,经本行政机关负责人批准,可以延长十日,并应当将延长期限的理由告知申请人。但是,法律、法规另有规定的,依照其规定。"从中可以看出《档案行政许可程序规定》在期限这个问题上要求更加严格,从而对申请人更为有利。但这种更严格的规定应该考虑与《行政许可法》协调,因为,当碰到类似事件时,事件当事人可能会以有利于自己的规定来对抗对自己不利的规定,从而造成矛盾。

总之,《宪法》是我国的基本法,完善宪法对公共档案馆参与公共文化服务体系的保障主要体现在对公民权利的尊重、对政府责任和公共档案馆行为的规定、对公共档案馆职责的确认等方面。要明确公民的文化权利和义务,从法律层面保护公民的文化权利,防止文化权益被侵犯。另外,在条件成熟的情况下,可以考虑探索制定《公共档案馆法》和《公共文化服务保障法》，并将公共档案馆的发展纳入公共文化服务体系立法条款甚至整部文化发展法律中去。① 立法工程庞大，涉及非常多的子系统，而各子系统之间的立法又相对独立，法律法规的效力参差不齐，无法发挥各子系统之间的协同效应。因此，《公共档案馆法》与《公共文化服务保障法》两部全国性、专一性法律的制定，将不仅对公共档案馆的发展提供法理保障，而且有利于使文化服务各个方面、各个环节相统一，也有利于两者互相促进、共同发展。

8.2.2 档案法律法规与《条例》之间的系统化

要结束条块分割、各自为政的管理现状，除拥有高效力和约束力的法律法规之外，还需要相关配套的政策条例来支撑，还要在政策条例方面开展自上而下的顶层设计，位阶相对较低的政策条例虽然效力不够大，覆盖范围有限，但在相关细节和侧重点上有明显的优点，配合法律法规的实施，能够更加完善。同时法律法规制定和修改的过程一般较长，而社会在随时发生变化，此时政策条例的出现将会大大发挥作用。因此，公共文化服务体系建设中公共档案馆发展保障机制的建设，除了需要明确相关的法律法规位阶之外，还要加强政策扶持力度，为公共档案馆发展公共文化服务提供政策支撑和指导，引导公共档案馆积极参与到公共文化服务体系建设中来。如加大文化经济政策的支持力度，对基础设施建设和重点文化建设项目在土地供应方面给予充分的保障，在财政扶持、土地征收、项目审批、人员职称评定等方面给予同其他文化单位（如图书馆、文化馆、博物馆等）相同的待遇。将公共档案馆纳入文化部发展规划之中，为其与图书馆、博物馆、文化馆等文化机构竞争公共文化空间主体地位提供平等的平台，公共档案馆自身也要出台有效的长期发展规划与之配套。

（1）档案法律法规与《政府信息公开条例》的系统化。随着市场经济

---

① 张波：《论完善公共文化服务体系保障机制的战略意义及其路径》，《学习与探索》2013年第4期。

体制的完善和政府行政体制的改革，政府的行政理念开始从传统管制行政理念向现代服务行政理念转变。《中华人民共和国政府信息公开条例》（以下简称《条例》）的出台对于理顺行政体制改革、加快阳光政府建设的步伐、提高政府透明度、保障公民知情权都将具有里程碑式的意义，它彰显着现代政府行政的透明、人本、高效、责任。《条例》明确规定公共档案馆具有政府信息公开的行为主体地位，档案部门必将成为政府信息公开服务工作中的重要一员。如果档案部门仍以现行《档案法》的条款行事，必然会使该项工作难以达到预期效果，因此在政府信息公开环境下尽快对《档案法》进行相关条款的修改和完善就显得非常迫切。新的《档案法》和《档案法实施办法》应该尽量做到与《条例》相协调。①

①协调立法理念。从前面的章节分析可知，档案立法理念相对来讲显得保守，重管理功能而轻服务功能，如《档案法》第一条规定："为了加强对档案的管理和收集、整理工作，有效地保护和利用档案，为社会主义现代化建设服务制定本法。"这一条很明显是在强调《档案法》的首要作用是对档案的保护和管理，而不是加强档案的利用。纵观《档案法》全文，关于档案利用与开放的法律条款内容远远少于关于档案管理的条款内容，这种不平衡的条款设计背后反映出的就是保守的立法理念。而《条例》的立法理念就显得开明得多，处处体现的是一种积极的公开姿态。因此，要想真正使政府信息公开工作顺利开展并卓有成效，档案立法理念就必须向《条例》的立法理念靠近，应该秉承档案立法的目的是使档案信息资源更好地服务社会、服务公众，而不仅仅是管理的理念。

②协调公开制度。《条例》的公开制度不管是设计还是条款表述，都比较具有可操作性，而《档案法》中的公开制度就显得不尽如人意，部分条款内容与《条例》存在"断层现象"。《档案法》规定，常态是满 30 年开放，提前开放是例外，一般不开放，开放是例外；制度设计未充分考虑

---

① 黄南凤、蒋卫荣：《从〈条例〉的立法理念看〈档案法〉修改》，《档案学通讯》2009 年第 2 期。

利用者的权利，对于利用者权利的救济条款欠缺，忽略了公民对"未到开放期限档案"的申请开放权、自由利用权等情况。虽然《档案法实施办法》中有部分救济条款，但在操作层面存在一些限制，导致其效果不佳。这其实是公众权利缺乏保障的一种表现，或者说是对公众权利的一种漠视，与《条例》相比，《档案法》中的监督条款和保障措施也显得过于粗放或处于缺失状态。两者在公开制度上存在的差异如果不能得到协调与解决，公开就难以顺利开展。因此，协调公开制度，使两者尽量做到一致是目前不得不开展的一项工作。

③协调公开期限。《条例》明确规定："原则上应当在其形成或者变更之日起20个工作日内予以公开。"而《档案法》中却规定："国家档案馆保管的档案，一般应当自形成之日起满三十年向社会开放。"两者在公开期限上存在如此大的差异，如果不协调好就会使两者在政府信息公开和档案开放的衔接上出现严重的撕裂。如何来协调呢？让《档案法》规定的期限向《条例》规定的期限靠近是必然的选择，也是正确的方向。可以通过不设置30年的封闭期，使应该开放的档案开放，应该自由利用的档案自由利用，做到尽量缩短档案开放期限，尽量拓宽档案随时开放的范围。该保密的当然要保密，但是不需保密的也就没必要再强调保密了。

④协调公开主体。在《条例》实施以前，公共档案馆虽然开展了现行文件服务工作，但仅仅是简单的目录检索，而且文件的滞后性相当严重，致使该项服务工作流于形式。《条例》颁布以后，大部分公共档案馆与部分公共图书馆虽然参与到了政府信息公开服务中来，但由于受工作惯性与传统思维模式的影响，它们在政府信息公开服务中的主体地位并没有得到确认。现在我国的政府信息公开工作出现了"政出多门，多头共管"的现象，不仅公共档案馆、公共图书馆在开展该项工作，一些政府部门自己也在开展该项工作，还有一些独立的现行文件中心也在开展该项工作，繁荣的背后是没有一家能做好，出现了"三个和尚"没水吃的窘境。要想解决这个问题，除政府及其工作部门之外，要专人专管，确立唯一的其他行为主体。《条例》中规定多主体开展政府信息公开工作的条款应该修正，必

须明确唯一其他主体,这个其他主体就是公共档案馆。只有这样才能使受《档案法》限制的公共档案馆得到大力开展政府信息公开工作的空间与可能。

总之,档案立法应该及时对《条例》的立法理念做出积极的回应,当然,《条例》也应该充分考虑到我国档案工作的实际情况,尽量做到两者协调发展,互为补充。

(2) 档案法律法规与《城市建设档案管理规定》的系统化。由于长期以来形成的管理体制问题,我国公共档案馆与城建档案馆之间存在不少的冲突与矛盾。笔者曾经参与过一次《城市建设档案管理条例》的制定研讨会,当时参与的人员当中就有公共档案馆的人员,他们就非常反对该条例的出台,认为这个条例有违相关档案法律法规条款的规定。当然,他们的理由也的确有道理,因为我国有关档案的法律法规与《城建档案管理条例》之间的确存在一些争议,没有形成一个系统化的法律体系,在一定意义上影响了档案系统与城建系统之间的职权边界界定。从当前情况来看,档案法律法规与《城建档案管理条例》之间的系统化问题主要是对城市建设档案验收组织权限的明确。2001年修订的《城市建设档案管理规定》第三条规定:"国务院建设行政主管部门负责全国城建档案管理工作,业务上受国家档案部门的监督、指导。县级以上地方人民政府建设行政主管部门负责本行政区域内的城建档案管理工作,业务上受同级档案部门的监督、指导。城市的建设行政主管部门应当设置城建档案工作管理机构或者配备城建档案管理人员,负责全市城建档案工作。城市的建设行政主管部门也可以委托城建档案馆负责城建档案工作的日常管理工作。"第八条规定:"列入城建档案馆档案接收范围的工程,建设单位在组织竣工验收前,应当提请城建档案管理机构对工程档案进行预验收。预验收合格后,由城建档案管理机构出具工程档案认可文件。"第九条规定:"建设单位在取得工程档案认可文件后,方可组织工程竣工验收。建设行政主管部门在办理竣工验收备案时,应当查验工程档案认可文件。"《城市建设档案管理规定》把城建档案管理机构,即城建档案馆列为合法的城建档案验收机构。

由于城建档案馆是一个事业性的档案管理机构,这种规定有待商榷,因为它并不是一个行政机构,没有行政管理的权力。因此,这种规定必须不断修订并且做到与档案法律法规之间的系统化及协调化。从当前情况来看,我国一些地方省份已在开始理顺这种关系,如浙江省档案局出台的《浙江省重点建设项目档案验收办法》(浙档发〔2016〕25号)第六条规定:"项目档案验收组织单位根据项目竣工(综合)验收的组织权限确定,由项目竣工(综合)验收组织单位的同级档案行政主管部门组织项目档案验收。属于城市建设工程的重点建设项目,由档案行政管理部门会同项目所在地城建档案管理机构组织项目档案验收。"凡在城市规划区范围内建设的市重点工程,项目档案验收组成员应包括项目所在地的城建档案接收单位,该类档案经市档案局组织验收合格后,由所在地城建档案管理机构按归档规范予以接收,项目档案全过程由市档案局负责监管。对于城市规划区范围内的非重点工程项目,档案经所在地城建档案管理机构验收合格后办理移交手续。城市规划区域外及不属于城建档案范围的行业、产业等重点建设项目、中央预算资金投资项目的档案,由市档案局按相关规定组织验收。

总之,档案法律法规与《城市建设档案管理规定》之间必须从国家层面理顺关系,实现规范化、系统化、协调化与一致化。这不仅有利于协调与理顺公共档案馆与城建档案馆等专门档案馆之间的关系,也可以实现档案事业的整体化发展。

(3)档案法律法规与《文化发展条例》的系统化。我国《档案法》第八条规定:"中央和县级以上地方各级各类档案馆,是集中管理档案的文化事业机构,负责接收、收集、整理、保管和提供利用各分管范围内的档案。"《档案法实施办法》第十条规定:"中央和地方各级国家档案馆,是集中保存、管理档案的文化事业机构。"因此,我国各级各类档案馆都属于法定的文化事业机构,应该受到相关文化发展条例及各种文化发展纲要重视并被接纳。然而,这些条例及纲要等在实际的文本表述中却并没有"领会"或体现《档案法》的精神,不管是我国《国家"十二五"时期文化改革发展规划纲要》,还是《国家"十三五"时期文化改革发展规划纲要》,以及《中共中央关于深化文化体制改革、推动社会主义文化大发展大繁荣若干重大问题的决定》和《中华人民共和国国民经济和社会发展第十二个五年规划纲要》等文化发展条例及纲要,都在有意或无意中把公共档案馆排除在了社会文化事业机构的范畴之外。

因此,必须清醒地认识到档案法律法规与这些《文化发展条例》及相关政策制度之间的不协调问题,尽量让它们之间做到系统化,即在进行相关条例、政策及制度的制定过程中充分考虑到公共档案馆的文化属性。这样不仅有利于从法律法规层面规范公共档案馆的文化属性,也能在一定意义上推动社会公众对公共档案馆文化属性的认同,为公共档案馆以文化主体身份参与公共文化服务体系建设赢得相应的空间与条件。

8.3 制度保障:问责机制的科学化

8.3.1 问责方式的主体化

以公共档案馆为主体的档案管理部门作为一种公益性服务机构,在其开展档案信息资源建设及服务的过程中主要涉及三方主体:档案信息资源建设及服务的提供者、档案信息资源建设及服务的生产者以及档案信息资源建设及服务的利用者。对应关系就是政府即提供者、档案部门即生产者、社会公众即利用者。政府作为提供者主要负责制度安排、法规制定、政策制定、资金保障等,以此来规范档案信息资源建设及服务的质量和数量,监管生产者并规范利用者的行为等;档案管理机构作为生产者主要负责建设丰富、科学的档案信息资源及提供让社会各主体都满意的档案信息资源服务,以多种类型服务产品的形式提供给利用者;而档案信息资源的利用者则通过付费、参与付费或免费等不同方式来利用各档案管理机构提供的档案信息资源服务,如图8-1所示。公共档案馆在进行发展战略规划制定与实施的过程中,其问责体系的构建主要围绕提供者、生产者及使用者这三方主体来开展并进行相应的责任划定与追究。根据这三方主体之间的关系可以构建四种问责机制,即社会公众与政府之间的表达、政府与生产者之间的契约、社会公众与生产者之间的客户权利关系、生产者内部自身的管理。这样一来就构成了"短途"问责机制与"长途"问责机制两种类型,社会公众通过客户权利对档案信息资源生产者(档案管理机构)的问责,属于"短途"问责机制,社会公众通过表达对政府问责,再由政府通过契约对档案信息资源(档案管理机构)生产者问责称为"长途"问责机制,具体关系如图8-2所示。

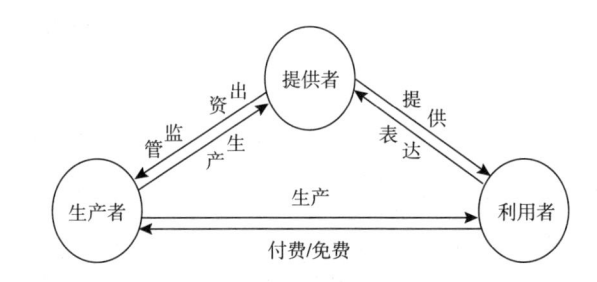

图8-1 公共档案馆案信息资源建设及服务过程中的三方主体

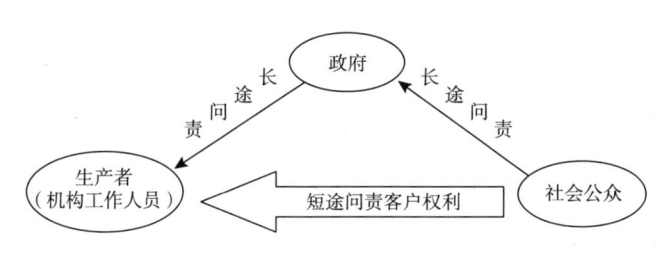

图8-2 三方主体间的问责机制

根据图8-2所示,在当前公共文化服务体系建设的大背景之下,针对公共档案馆在发展中可能出现的问题,可以从以下两个层面来开展问责制度的建构,即主体间的问责方式与主体内部的问责方式。

(1)主体间的问责方式。根据图8-2所示,主体间的问责包括短途问责方式与长途问责方式,短途问责方式主要是指社会公众直接监督、评价、使用、接受以各级公共档案馆为主体的档案管理机构所开展的面向社会的档案信息资源规划建设及服务,直接向生产者(各级公共档案馆)问责的方式。各级公共档案馆在开展档案信息资源规划建设的过程中,如果其建设理念、规划宗旨等没有真正做到面向社会,没有以全面保存社会历史事实为基本出发点，社会公众就可以向他们进行相应问责，因为历史是人民创造的，档案信息资源存在的意义不仅是反映上层建筑、政治话语及政治生态，也要体现社会其他主体的社会存在与社会意义。因此，档案信息资源服务的生产者如果没有真正做到面向社会开展档案信息资源建设工作，那么它就不可能真正做好档案信息资源服务工作，更不可能全面满足社会公众对档案信息资源利用的需求。社会公众在这个时候就可以启动问责程序，否则等到公共档案馆在开展不合格的档案信息资源服务时再来启动问责程序，其问责的价值就大打折扣了。当然，公共档案馆在开展档案信息资源服务过程中的问责也是必要的，因为真正有了这个环节问责制度的存在，才会促使档案管理机构在进行档案信息资源建设规划时更加注意面向社会的每一个社会主体，关注每一个社会主体在社会活动中所形成的各种档案信息资源。这两个层面上的问责是一个相互促进与相互完善的局部问责体系。

　　长途问责方式主要是指社会公众先向政府表达相应诉求及问责，再由政府根据契约精神向生产者（各级公共档案馆）问责的方式。主体间的长途问责方式不仅涉及社会公众对政府的问责，同时也涉及政府对生产者（各级公共档案馆）的问责，即包含政府对社会公众的责任与生产者（各级公共档案馆）对政府的责任两个层面。社会公众对政府的问责是一种必然的问责方式，并且社会公众对政府的合理诉求也是政府必须着重考虑的工作，因为，政府是人民的政府，其权力来自人民，理应回应人民的诉求并接受人民的问责。而各级公共档案馆作为由政府出资设立的一种档案信息资源管理机构，其公共性、公益性及服务性是其本质属性所在，因此，政府按照社会公众的意愿对其进行问责也就再正当不过了。

　　当然，不管是主体间的短途问责方式还是长途问责方式，由于涉及社会各个主体，而且面比较宽，再加上在问责的过程中可能会涉及很多程序性问题，以及一些制度、法律及规范方面的冲突与协调，可以说牵一发而动全身，必然会使问责的成本加大。考虑到社会成本效益的核算，这种主体间的问责方式不宜作为一种常态性问责制度，更适合作为一种偶态性问责制度存在，即当其他社会主体觉得有必要时可以启动该问责方式，来对各级公共档案馆开展问责，对其所开展的档案信息资源规划建设的科学性及其所开展的档案信息资源服务的合理性进行评估，并提出质疑。这种偶态性的问责方式更适合对公共档案馆工作中的一些方针性、方向性及趋势性问题进行问责，而对于公共档案馆中的一些日常管理工作的问责则可以通过主体内部问责方式来开展。

（2）主体内部的问责制度。主体内部的问责包括政府内部问责和生产者内部问责两个方面。政府内部问责又包括三个层面，即上级政府对下级政府、政府对同级行政主管部门以及上级政府和同级行政主管部门对下级行政主管部门的问责。生产者内部的问责主要是指管理层对工作人员的问责。

针对不同的社会问题、不同的社会事件以及不同的社会主体，进行问责的过程必然有所区别，因为不是每个问责中都会涉及每一个层面。因此，问责的边界需要首先得到明确，否则问责就有过分扩大化的可能。公共档案馆档案信息资源建设及服务的主体内部问责，范畴可以限定在政府对同级行政主管部门（档案局）以及上级政府和同级行政主管部门（档案局）对下级行政主管部门（档案局）的问责，以及作为生产者的各级公共档案馆内的管理层对一线工作人员的问责。

因为政府是公共档案馆事业发展的提供者，它们之间就存在一种委托与代理的关系，而政府对公共档案馆事业发展的管理是通过相应的行政主管部门来实现的，即各级档案局代表政府行使管理各级公共档案馆的权力，公共档案馆作为开展档案信息资源建设与服务的主体，它所负责的工作是否合格，作为主管部门的档案局负有不可推卸的责任，当然也就有对其问责的权利与义务。这种问责可以从两个层面来开展，一个层面是政府对同级档案局进行问责，如省政府对省级档案局所管辖的工作进行相应问责，另一层面就是政府与同级档案局对下级档案局进行问责，如省政府与省档案局对市档案局所管辖的工作进行问责。这种问责的主要目的是督促各级行政主管部门促使各级公共档案馆按照合理的程序与科学的方法做好相应的档案信息资源建设与服务工作。

作为档案信息资源建设与档案信息资源服务生产者的各级公共档案馆内部的问责机制，即公共档案馆内部管理层对一线工作人员的问责，又可以从两个层面来开展，即高层（馆长）对各科室中层（处长）的问责；中层（处长）对其所在科室一般工作人员的问责。通过这种层层问责，可以把责任具体细化到每一个工作岗位，使问责时有具体的主体指向，不会由于责任主体不明而使问责流于形式。

同时，公共档案馆也要积极参考国外实践经验，完善公共文化服务体系评估机制，监督服务提供主体是否有效履行了职责，尤其要通过机构之间的评估对比，激励各参与主体改善服务水平和质量。如果说上级对下级进行的是制度性监督，那么完善主体间的问责制度还需要社会，特别是强大的新闻媒体所表现出来的社会民意作为强力后盾，所以利用媒体对公共档案馆进行监督将是制度性问责的有效补充，要积极引导和利用以社会媒体为代表的社会舆论对公共档案馆工作的监督。因此，政府在推进简政放权工作的同时，需要明确规定公共档案馆对社会公众的义务，增强其责任意识，充分发挥其积极性与创造性，形成自内而外的评估体系，建立一个由上而下、由公民到政府的"双向"问责制度，并使其常态化，真正维护人民的切身利益。

8.3.2 问责内容的具体化

公共档案馆发展中问责体系必须落实到具体的测评对象或测评内容上，即在构建问责制度的过程中必须考虑将要规范的内容包括哪些层面，确定主要问责内容。笔者认为可以考虑从以下几个方面来构建问责体系，即从单纯追究"有过"向既追究"有过"又追究"无为"转变；从单纯追求"为党管档"向既追求"为党管档"又追求"为民管档"转变；从单纯追求"保管好"向既追求"保管好"又追求"利用好"转变。

（1）既追究"有过"又追究"无为"。长期以来，由于受计划经济时代思想的影响，大家在印象之中，一提到问责就可能立马与过错联系在一起，总是认为只有当事人在工作中犯了错误才会也才应该被进行问责并受到惩罚。而只要老老实实、按部就班地工作着，并在工作中不出现任何差错就不可能被问责甚至受到惩罚，因此大家在按部就班的工作中，总是习惯性地沿着前人的做法来开展工作，从来不去思考任何创新，所以也就基本不会出现错误。因为这些按部就班的工作方式与工作程序已经重复了千百遍，可以说是四平八稳的。而如果在工作中不断进行创新性活动，或者采用创新性的工作方法或工作方式，或者开创一种全新的工作内容，则都可能要承担失误或失败带来的后果。因为创新从一定意义上讲都是千百次"试错"的结果，创新性的工作可能带来工作方法、工作内容、工作对象以及工作程序的革新与突破，但也有可能带来预想不到的可怕后果，或者让创新者们付出沉重的代价。也正是这种结果的不确定性，导致包括档案工作人员在内的很多人不愿进行这种创新性的尝试而宁愿按部就班地重复前人的步伐。如随着信息技术的发展，以纸质载体为主的档案信息资源正在逐步被各种电子形式的档案信息资源所取代，但这种"不做不出错"思想的存在，导致档案管理机构宁愿按照前人习惯去收集与保管纸质档案，也不愿把更多的精力放在尝试管理好电子档案信息资源上来，而当前对网络档案信息资源的漠视直接导致大量的网络档案信息资源丢失，这种丢失不仅是一份档案信息资源的丢失这么简单，它丢失的是一种社会生活方式、一段社会发展历程、一份社会发展记忆以及一种社会存在。因此，应该认识到这种"无为"的工作态度甚至比有些"有过"的工作业绩更为可怕，因为它所带来的消极影响将可能给我们的社会带来更大的危害，对于这种"无为"的工作态度在必要的时候也应该追究相应的责任并进行问责处理。所以说，在进行问责内容的考量时不能把精力与眼光仅仅限定在那些犯了过错的工作人员身上，还要考虑在工作岗位上的无所作为。对过错的问责，首先要对过错进行科学且合理的分析，对主观恶意的过错当然要进行相应的问责并使责任人受到惩罚，但如果其出发点是为了更好地做好工作却产生了客观性错误并在可容忍范围之内的话，这种过错应该是被允许的也是可以被接受的。总之，问责体系要考量的问题不能再仅仅限于"有过"，而应该向既追究"有过"又追究"无为"转变，使问责体系变得科学且合理。

（2）既追求"为党管档"又追求"为民管档"。《档案法》第一条明确规定："为了加强对档案的管理和收集、整理工作，有效地保护和利用档案，为社会主义现代化建设服务，制定本法。"然而，现实状况却与《档案法》的明文规定相差太远，就如有学者所言，以各级公共档案馆为代表的档案管理机构在进行档案信息资源建设的过程中，馆藏档案信息资源内容方面存在严重的"三多三少"现象，即"秘书部门形成的文件材料多，职能部门形成的少；有编号发文登记的文件多，而无编号发文登记的文件材料少；（20世纪）80年代中期以来的多，80年代以前的少"。[①] 现实状况虽然与这种描述不能完全吻合，但也的确存在与这种"三多三少"现象非常相似的情况。如各级公共档案馆中反映政府管理职能的各类文书档案占据了其档案信息资源的主要部分，而反映社会发展、经济发展以及文化发展与城市建设发展等方面的内容却非常少。而且，社会公众作为社会的主要活动主体之一，其在社会活动中所形成的各类档案信息资源在公共档案馆中的数量非常少；不管是反映地方文化、地方风俗、社会民俗的档案信息资源还是反映社会个体的家谱、谱牒等档案信息资源，以及一些具有区域特色的档案信息资源，如反映红色革命历史记忆的红色档案等，都保存不多。为什么会造成当前档案信息资源建设中这种本不应该存在的问题呢？答案就是在过去的岁月中，特别是在计划经济年代，在各个领域中"政治"的色彩都被过分强调，导致各种社会工作都存在以"政治"为中心与重点的价值取向。虽然后来有所修正，但几十年来形成的思维惯性一直还在左右着当前的档案信息资源建设价值取向。当然，要维护好党和国家的历史，这是没有任何问题的，问题在于在维护好党和国家的档案信息资源的同时，也应该强调维护好社会其他主体的档案存在，毕竟社会是

---

① 崔志忠：《进馆档案材料"三多三少"不容忽视》，《档案与建设》1995年第1期。

由多层次的主体构成的,要立体地反映整个社会事实与社会现象,而不能在强调部分社会主体的过程中弱化另外一部分社会主体的存在。因此,在对档案信息资源建设的过程进行问责时,不仅要考虑到其是否建设好了党与国家这个层面的档案信息资源,也要测评其是否建设好了社会其他主体层面的档案信息资源,要多管齐下,才能使档案信息资源建设工作完整且全面地反映社会真实的历史事实。

(3)既追求"保管好"又追求"利用好"。"保管好"馆藏档案信息资源一直是我国档案界所贯彻的宗旨。这一点从我国《档案法》的内容就可看出,《档案法》中有关档案管理的条款多达9条,而有关档案利用的条款仅有5条。并且,《档案法》第十九条还规定:"国家档案馆保管的档案,一般应当自形成之日起满三十年向社会开放。经济、科学、技术、文化等类档案向社会开放的期限,可以少于三十年,涉及国家安全或者重大利益以及其他到期不宜开放的档案向社会开放的期限,可以多于三十年。"可以看到,《档案法》的这种"重"管理"轻"利用的思想体现得非常明显。法律条款的如此规定,使档案管理实践部门的工作人员即使想改变这种局面也会显得无奈与尴尬,导致我国档案管理机构在具体实践操作环节也基本奉行这种"重"管理"轻"利用的管理理念,即尽最大努力去保管好档案,使所保管的档案信息资源不泄密、不丢失,严防损毁档案信息资源内容与档案信息资源载体的事件发生。这也说明了为什么各级公共档案馆门口普遍把守森严,要想进出必被进行严格的盘问与检查,使人有一种进入军政要地的错觉,使档案管理机构给社会公众的印象不是太好。现代档案管理机构再也不是封建社会统治阶级手中的统治工具,它们保管好档案信息资源的目的不再仅仅是服务好政府行政机构,而应该是服务好全社会不同层次的社会主体。因此,在对它们进行问责的过程中,不能仅仅把问责内容限定在它们是否保管好了馆藏的档案信息资源,还应要求它们最大限度地做好服务工作,使不同的社会主体真正"利用好"档案信息资源。如果仅仅保管好了档案信息资源,只能说他们做好了事情的一半,而没有做好另一半。所以说,问责体系必须从"保管好"与"利用好"两个层面双管齐下来进行评价与考核。

8.3.3 问责策略的操作化

特殊的历史原因与管理体制导致我国各级各类公共档案馆在发展过程中很难进行问责，或者根本就无法开展问责。即使拥有完美的问责方式、问责内容以及问责原则，也必须有相应的具体可操作的问责策略，才能把问责制度落到实处，使问责制度发挥其相应的作用。问责制度可以从法律、机制以及配套制度等几个方面来进行落实，如形成良好的问责氛围、构建科学化的问责法律制度、构建多元化的异体问责机制以及形成多样化的问责配套制度等。

（1）形成良好的问责氛围。不管是对档案行政管理机构还是对档案管理机构进行问责，不能仅仅依靠"运动式"的问责"风暴"，这种问责制度存在很大的不确定性且不具有持续的可操作性，而且，在规范化方面也存在很大问题，有明显的"人治"思想。因此，要想让问责体系科学且合理，就应该通过法律法规的途径来对责任进行落实，使问责实现法律化、制度化，做到"问责"有"制"，惩罚有"度"。

①培育问责法律文化。责任意识及问责理念的培育及形成离不开浓厚的问责文化氛围，文化作为一种"软"性约束力量，对主体具有很大的潜移默化的影响，发挥着内在的指引作用。长期以来，受封建专制文化的影响，我国形成了"人治""权大于法"等不可问责的文化氛围。一方面，行政管理人员以及社会公共事务管理人员形成了对上级负责的"仰视"文化与对下级及社会公众的"俯视"文化，另一方面，社会公众则普遍形成了一种服从及对政治冷漠的心态，这成为问责的一种文化障碍，使人不敢问责或根本就没有问责意识与问责理想。这样一来，问责就完全依赖外部的强制力量（如法律的强制执行），而缺少内在的推动力量（如发自内心的推动或接受），这种问责必然是一种消极的问责，很难触及深度责任。因此，为了构建科学且合理的问责法律制度，必须培育浓厚的问责法律文化。首先要构建"民主型"文化。政府的权力来自人民，它们之间是一种

"委托－代理"关系,"但政府权力一旦从人民权利中分离出来,它就具有了相对独立性和很大程度的自主性,如果不能正确行使,完全可能成为凌驾于人民之上的统治权力或控制权力"。① 因此,必须大力宣扬民主精神,形成一种政府要对社会公众负责的文化意识,使民主、公平、平等的文化信念深深植根于行政管理人员及社会公共事务管理人员的内心深处,形成一种对人民负责、为人民服务的文化氛围。其次,要构建"法治型"文化。不管是行政管理机构如档案局,还是社会公共事务管理机构如各级公共档案馆,它们的行为与规范都要在法律的框架内进行,绝对不能有"权大于法""以权代法""以权压法",甚至漠视法律存在的"非法用法"行为的出现,它们应该自觉地遵守法律法规,主动且积极地维护法律的权威与尊严,在全社会倡导一种法治的文化氛围。再次,要形成"参与型"文化,要想办法让全社会不同层面的社会主体都积极地参与到对社会事务的问责体系中来,并且,为社会公众的参与提供各种程序、制度及措施方面的便利。最后,要形成"自律型"文化,长盛不衰的行业及兴旺发达的公司必定有适合其发展的"自律型"文化相伴,这种文化能够引导其发展有度、行为适度。公共档案馆要想开展好档案信息资源建设及服务工作,必定离不开"自律型"文化的存在,它是一根内在的指挥棒或一只无形的手,在自觉或无知觉的状态下促使各社会主体去努力做好公共档案馆档案信息资源建设及服务工作,并对其形成一种无形的约束与规范。

②界定问责主客体及范围。公共档案馆档案信息资源建设及服务工作涉及社会的很多领域及社会各个层面的社会主体,对相应的责任主体进行追责,必须建立在责任主体明确的基础之上。公共档案馆档案信息资源建设及服务问责体系主要包括同体问责及异体问责两个层面的责任主客体。异体问责即主体间问责,主要包括人大问责、司法机关问责、社会公众问责、其他社会组织问责以及各种新闻媒体问责等。公共档案馆档案信息资

---

① 曹淑芹:《公共性、社会公平、责任意识与服务理念——重塑公共行政的精神》,《内蒙古大学学报》(人文社会科学版),2006年第7期。

源建设与服务问责的客体是指主要负责档案信息资源建设及提供服务的相关责任人或相关部门，或者说是承担相应义务的人或部门。如负责管理全国档案事业的领导机构及领导人、具体管理档案事务的领导人及责任人以及具体工作人员都属于问责客体的范畴，不论其职位高低或是权力大小，只要其所管辖的领域出现了问题都应该成为被问责的对象，任何机构或个人都不能享受特权而免于被问责。而且，在问责范围确定方面也要进行相应的科学化界定，不能把问责的范围仅仅定位在"过错"这个层面，而应该扩大到由能力不足、履职不力等造成的工作"失误"，或者态度消极而导致的对工作拖延、扯皮、推诿等"不作为"行为。即不管是谁的责任，也不管是什么责任，只要是影响到了档案信息资源建设及服务，使档案信息资源不能全面且完整地反映社会历史事实，就应该追究相关责任人的责任。

③规范问责程序及结果。公共档案馆档案信息资源建设及服务问责的高效性、合理性、合法性等在很大程度上依赖问责程序在科学性、公平性、公正性以及规范性与可操作性等方面的完善。在进行档案信息资源建设及服务的过程中，所要问责的内容或对象不应仅仅限于"有过错"的行为，也应包括"不作为"等行为，因此，问责必须涵盖这些行为的内容，做到规范问责程序，以公平、公正且有序的方式问责各种不利于档案信息资源建设及服务工作的行为。一方面，各个层面都要建立健全专门的问责受理机构，让问责主体有表达意见的去处，并且，这种意见的表达途径必须是方便的、有效的；另一方面，要实施问责过程的动态监督制，在保证问责程序正义性的同时保证问责程序的透明性及公正性，即问责必须有责可问、有责必问，而绝不允许有责无人问或者是无责乱问的情况发生。针对问责内容也要确定适当的问责结果，针对不同的问责方式或不同的问责主客体，根据不同的相关当事人，其问责结果可以是通报批评、取消评比先进的资格、物质惩罚以及告诫、引咎辞职、免职等。

（2）健全的问责法律制度。健全的问责法律制度对于问责的顺利开展起着至关重要的作用，公共档案馆档案信息资源建设及服务的问责是一个非常复杂的系统，涉及诸多社会主体之间的关系，既会涉及"短途"问责又会涉及"长途"问责，既会涉及机构之间的问责也会涉及机构内部的问责，因此，针对不同的情况要采用不同的方法来建构问责法律制度。

①健全"短途"问责法律制度。从图 8-2 可以看到，短途问责主要涉及档案管理机构（以各级公共档案馆为主）与社会主体（以各类档案信息资源形成者及利用者为主）之间的问责。因此，需要维护、增加与扩大社会各主体的权利来督促档案管理机构完善相关工作。

首先，要让各社会主体有更多选择的权利。当前，不管在对档案信息资源的收集、保管及开发方面，还是在档案信息资源的社会服务方面，基本是各级公共档案馆一统天下的格局。国家应该鼓励民间资本进入档案信息资源管理及服务的行业中来，特别是那些有实力的非营利性组织，它们一方面可以与公共档案馆形成一种竞争关系，让其意识到有些领域的档案信息资源建设、服务工作如果不加紧开展就有可能被其他相关机构替代，另一方面也可以与公共档案馆之间形成一种对档案信息资源建设及服务的互补关系，如一些公共档案馆不适合或不方便开展档案信息资源建设及服务的领域，可以由其他相关机构来开展。这种客户选择权利的扩大，将会给相关档案管理机构施加一种无形的改善工作的压力与外在的推动力。

其次，要让社会各主体有参与机会。社会主体的积极参与将有利于实现对档案行政管理机构、档案管理机构及相关单位的问责。因此，要科学地引导社会主体参与到档案信息资源建设与服务工作中来，特别是参与到问责工作中来。一方面可以通过一些组织团体或机构，向档案管理机构等建言献策并对他们进行问责，另一方面，也可以通过个体化途径，如档案管理机构或档案行政管理机构通过设立专门机构或专人负责处理社会其他主体对其的问责，接受社会主体的监督。当然，社会主体在参与问责的过程中要遵守法律、法规等，做到理性参与。

最后，要增加信息发布量。不管档案行政管理机构（档案局）还是档案管理机构（公共档案馆），对于社会而言都属于比较内敛及保守的社会机构，普通的社会主体对他们的情况一般都不是太了解，特别是对于他们的工作范围、工作职责以及历史使命、社会理想等，可以说知之甚少。因此，要想让社会其他主体对档案管理机构进行科学且合理的问责，它们必须增加信息的发布量，如通过公告、指南、公示、宣传栏、发放宣传单等形式告知社会主体其相关职能，以及他们的工作进展情况、办事流程与主要政策安排等，并且定期发布各种考核信息。

②健全"长途"问责法律制度。公共档案馆档案信息资源建设及服务的长途问责途径存在社会公众对政府的"表达"以及政府通过"合约"向档案管理机构问责两个环节。从现实来看，这两个环节都存在一些问题，如前一个环节由于我国特殊的政府治理环境，存在渠道不畅、表达效果不理想的问题，民意较难到达政府决策者的面前，更别提影响政府决策的出台了。后一个环节则存在政府对档案管理机构或档案行政管理机构约束力不足、问责力度缺乏的问题，导致问责形式大于内容，考核与测评往往停留在表面的数据汇总和工作汇报层面，只要档案管理部门不出现档案内容泄密及重大档案事故，就很少对档案行政管理机构及档案管理机构进行严格意义上的服务质量及绩效的科学且合理的评价与考核。正是科学评价与考核的缺失导致档案行政管理机构及档案管理机构是否履约并不太会影响到其利益的获得。因此，要让长途问责效果明显就必须得在"表达"与"合约"两个层面进行完善。

首先，要积极地引导公众参与。当前社会环境下，我国社会公众长期以来接受的是服从教育，缺乏主动表达诉求及愿望的勇气与信心，导致我国社会公众的参与能力、参与决心严重不足。因此，一方面，政府要积极地引导社会公众敢于表达其诉求与愿望，让相关责任部门知晓，并作为他们开展工作的依据与基础，另一方面，相关部门也要根据社会公众所表达的需求来调整其工作方向，及时回应社会公众的问责。

其次，要科学地建立疏通渠道。社会公众即使有了表达诉求的勇气与信心也远远无法使其问责得到合理的实现，必要的疏通渠道必须科学地建立。一方面，可以构建协商对话制度，档案管理机构可以通过座谈会、研讨会、恳谈会等形式定期或不定期地召集有关社会公众，真诚地听取他们对档案信息资源建设及服务的评价与建议。另一方面，可以构建合理的信息反馈制度，档案行政管理机构及档案管理机构应该专门收集社会公众对档案信息资源建设及服务的期望，以及他们的主观感受、客观描述等，由专职人员对这些数据进行分析与汇总，并以此作为改进工作的依据。

最后，要完善合约内容设计。在长途问责过程中，合约是政府与档案管理机构之间的约定，而政府作为人民的政府必须代表人民的利益。因此，合约内容的设计必须体现社会公众对政府及档案管理机构的角色期待、责任期待，并真正做到以维护与实现社会公众的利益为最终目的，处处体现社会公众的需求与诉求，及时、准确地关注社会公众的需求变化及其需求满足的程度。同时，更要注意合约的执行力度，要使合约不仅具有形式上的约束力，更有实质内容上的约束力。

总之，长途问责是一个涉及多环节的问责路线，每个过程都必须得到合理的设计与规范，否则难以取得科学的问责效果。

③健全档案管理机构内部问责制度。政府与档案管理机构之间的问责要得到科学的贯彻与落实，还必须加强档案管理机构内部问责制度的建设，因为政府不可能直接对档案管理机构内部的一线工作人员进行问责，这个层面的问责应该是由档案管理机构管理层来实现的，即政府对管理层的问责必须转化为管理层向一线工作人员的问责。因为，对于档案管理机构而言，责任与声誉一样，都是一种公共资源，只不过在现实工作中，工作人员往往愿意享用依附于机构的声誉而不愿意承担社会赋予机构的责任。这样一来，两者可能都面临枯竭的风险，只不过声誉会由于过度使用而枯竭，而责任会由于过度推卸而枯竭。① 因此，如果不加强对工作人员的管理与问责，政府和档案管理机构的合约中所约定的社会责任就无法完成，这样一来，社会公众权利的维护也就不可能实现，所以档案管理机构内部问责制度的健全与完善也是非常重要的。

---

① 贾博：《健全公共服务问责制度研究》，《长春市委党校学报》2012年第5期。

首先，完善制度建设，借助客观责任威力。与其他公共管理机构的问责一样，对档案管理机构的问责也必须强调客观责任的承担。首先是政治责任的承担，档案管理机构对于政治责任的承担应该得到重点强调，因为档案信息资源中可能涉及一些国家机密、社会秘密以及社会公众的个人隐私。因此，对于档案管理机构的工作人员必须强调高度的政治责任感，并且要让这种政治责任落实到具体制度的执行层面。其次是法律责任的承担，遵纪守法并依法行事是工作人员在工作中应坚持的基本原则之一，如档案管理人员必须在严格遵守《档案法》的同时，也遵守《物权法》《政府信息公开条例》《保密法》等法律的相关规定，不能使依照法定程序行使的法定权力存在瑕疵。最后是经济责任的承担，档案工作人员一方面要严格遵守相关规定，对该实行免费服务的项目必须免费提供，对该优惠的项目一定要优惠，另一方面就是要注意节约成本，避免不必要的浪费。对由"过错"造成经济损失的要追究相关人员的责任，并做出相应的经济处罚或赔偿决定。

其次，强化伦理建设，挖掘主观责任意识。档案工作人员对社会责任的承担要依赖法律法规及制度等硬性规定的完善，实现其对客观责任的承担，但如果对于一线工作人员的问责仅仅把目光停留在技术层面，而忽视了对一线工作人员伦理层面的建设与培育，问责的效果及效率都不可能会非常理想。如果说在长途问责与短途问责等主体间问责中客观责任还占主体部分的话，那么在档案管理机构内部的问责中，主观责任就显得非常重要，成为问责的主体部分。因此，要不断督促工作人员加强伦理层面的知识学习，更新他们的服务观念，提升他们的价值观以及伦理准则、职业道德，使其通过建立内在的行为准则来约束自身行为，并使他们的行为与他们的社会责任承担契合起来，使其在工作中更加注重对社会公平、正义的维护。

总之，要想让问责制度得到合理且科学的推进，就必须改革档案管理机构的内部治理结构，明确其责任范畴，严格规范管理层对一线工作人员的客观责任与主观责任的问责制度建设。

（3）构建多元化的问责机制。从我国当前情况来看，问责更多体现在单一的"行政"问责的范畴，其具体体现就是行政机关充当了问责的单一主体，档案管理机构长期实行的是"局馆合一"的管理体制，公共档案馆单位性质定位不清、政事不分、机制僵化，工作质量和效率都较低，特别是创新性与开拓性的工作开展缺乏动力与激励机制，并且，在这种"管办合一"的体制之下，档案行政管理机构与档案管理机构之间难以分清责任归属，这种含混的责任划分导致在档案管理机构中无法把责任由管理层再细化至具体工作人员。这种制度环境缺乏问责的可行性，往往使主体间的问责明显无效，导致在问责过程中出现"无责可问"或"不可问责"的情况。经过2018年的档案体制改革，"局馆分设"后这种情况应该能够得到改善。另外，为了弥补同体问责的这种局限，在档案信息资源建设及服务的过程中也可以多采用异体问责机制，它与同体问责相比，具有更加鲜明的效率优势且更加符合民主政治的要求。当然，双管齐下的问责机制将更加有利于公共档案馆的档案信息资源建设和服务。

①增强人大问责的权威性。不管是档案行政管理机构，还是档案管理机构，其权力均来自人民的授予，当然，也就得接受人民的监督与问责，而人民向他们问责的途径最为权威的方式就是通过人民代表大会，因为它是人民参政议政、表达诉求和实现监督的主要途径。因此，对于公共档案馆的档案信息资源建设及服务，要充分发挥"人大"的权威性，通过"人大"制度来进行问责，如要求档案行政管理部门或档案管理机构定期向"人大"提交相关工作报告，同时接受"人大"质询，使档案信息资源建设及服务真正做到面向社会所有主体，全面地反映社会历史事实。

②重视媒体问责的独立性。媒体在西方国家被认为是除了行政权力、立法权力与司法权力之外的"第四种权力"，已成为促进社会健康发展的最为主要的监督力量。而且，由于社会媒体深入社会的各个层面，特别是随着网络技术的发展，电子媒体更成为社会影响最为广泛、最为有效的一种监督方式。因此，在档案信息资源建设及服务工作中，必须发

挥好社会媒体这种监督力量的作用,并且要充分保证其问责的独立性。一方面,要让社会媒体有充分的信息获取权,相关部门在开展档案信息资源建设及服务工作中要保证科学的透明度,让社会公众可以通过各种社会媒体知晓档案信息资源建设及服务的相关情况,使其能够及时做出反应并及时表达其相关诉求。另一方面,社会公众可以通过社会媒体来表达其诉求,在必要的时候可以借助社会媒体的力量在档案信息资源建设与服务过程中给予相关部门一定的压力与影响,使它们在开展相关工作的过程中有所顾忌。

③激发公众问责的积极性。俗话说"群众的眼睛是雪亮的",在公共档案馆的档案信息资源建设及服务过程中,必须激发社会公众的问责积极性,并且要科学地引导社会公众的这种积极性。只有社会公众积极地参与到档案信息资源建设及服务的问责中来,问责才有可能最大限度地发挥作用。因此,一方面,要通过大力宣传,制造舆论氛围来培育社会公众参与问责的积极性,让社会公众了解到参与问责既是其作为社会成员应尽的义务,更是作为社会主体应有的权利,使其产生一种问责的主人翁意识,因为公共档案馆的档案信息资源建设及服务本身就是一件涉及社会所有主体的社会活动。另一方面,也要为社会公众参与问责提供条件,如为社会公众提供健全的信访制度,以此来保证表达诉求渠道的畅通;强化民意调查力度与频率,尽量了解更多的民意;完善档案信息资源建设及服务的听证会制度,甚至可以设立建言奖励措施。通过激发社会公众问责的热情与积极性,不仅可以提升社会公众的主体意识,也可以使问责变得更加有效。

当然,除了完善上述问责机制外,还可以通过完善司法体系来开展问责,如发现档案信息资源建设及服务中的一些违法行为或违法活动,运用司法的力量去追究相关责任人的违法责任。另外,也可以借鉴国外的经验,通过一些非政府组织来进行问责,如慈善性捐献团体的问责以及通过第三方评估机构等来进行问责。

(4)多样化的问责配套制度。健全的问责体系建设仅有问责制度本身是不够的，还必须为问责制度构建相关的配套制度，如问责的反馈制度、问责的救济制度等。

①形成有效的问责反馈制度。档案信息资源建设及服务中问责的反馈制度对于问责体系作用的发挥有着十分积极的意义。一方面，可以通过反馈制度，向社会问责主体传递其问责的效果，表明问责客体积极改正错误的决心与态度，这有利于维护社会问责主体的积极性以及其不断关注的信心与愿望。另一方面，有了这种问责主体与问责客体之间的良性互动，可使问责实现可持续发展，使档案信息资源建设及服务在不断问责之后不断进行完善，使档案信息建设及服务更加科学且合理。

②形成有效的问责救济制度。构建公共档案馆的档案信息资源建设及服务的问责体系并不是一方打倒另一方的游戏，其存在的最终目的是促进公共档案馆把档案信息资源体系建设得尽量科学且符合社会历史事实，使档案信息资源更加有效地服务于社会公众及社会经济建设。因此，科学且有效的问责体系，不仅要保证问责主体问责权利的实现，同时，也要保证问责客体的权利得到合理的保障。因此，在档案信息资源建设及服务中对于那些犯了错误或不作为的工作人员，问责是理所应当的，但在问责的过程中也要合理合法地保障他们的合法申诉权利等正当权益，如被问责者对问责事由有申辩的权利，对问责结果有申诉的权利等。科学且有效的问责救济制度不仅不会有损问责体系的有效性及权威性，反而会使问责体系建设朝着更加科学且合理的方向发展。

总之，公共档案馆问责体系的构建是一个非常复杂的系统，不仅涉及问责理念与问责观念的形成、问责氛围的培育，更涉及问责主体的确认、问责客体责任的追究、问责程序的科学性、问责制度的合理性以及问责机制的安排等。科学的问责体系的构建是一个长期的过程，需要各个方面的积极配合与协助，为了促进公共档案馆的档案信息资源建设及服务，必须在问责体系的构建中尽量做到科学、合理，使问责体系能够对面向社会的档案信息资源建设及服务起到适当的、积极的推进作用。

8.4 资金保障：经费来源的多元化

8.4.1 增加大量的财政投入

建立并完善公共文化服务体系的重要前提是对公共资源进行合理配置、妥善使用。① 良好的资金保障是公共文化服务的血脉，如果公共管理者只重视经济数字上的攀升而忽视了公共服务的提供，那么他们作为公共事业管理的主体是不合格的，也是不负责任的。文化是一个国家的历史沉淀，经济的发展并不代表全部，各级政府部门在国家财政预算的制定和财政资金的分配上可以充分考虑向公共文化事业部分倾斜。如果投入文化事业的财政资金在总体财政支出中占比不高，则不能满足公众对各种公共文化服务的需求，政府在促进公共事业发展上可以积极改善这种状况。

（1）地方政府有义务加大对社会文化主体的财政投入。针对公共文化服务体系建设，地方政府有义务加大对其投入，实现中央两办〔2015〕2 号文件提出的 2015～2020 年基本公共文化服务体系建设标准。从当前我国地方政府的财力现状来看，地方政府完全有能力加大对公共档案馆等文化机构的经费投入。

然而，尽管这些年我国地方政府的财政收入有了大幅增长，档案事业经费从绝对数量来看却增长不大，如 2015 年，江西省各级档案局（馆）档案事业费共 2636 万元，较上年度增加 257 万元。再往前推几年，如以 2011 年、2010 年为例，可以清楚地发现，我国大部分地区的档案事业经费是在不断增长的，如表 8-1②所示，但是由于基数太小，其绝对值增长量还是不大，甚至可以说各地投入档案事业的经费微不足道。

---

① 毛少莹：《发达国家的公共文化管理与服务》，《特区实践与理论》2007 年第 2 期。
② 由于《中国档案年鉴》的出版有一定滞后性，当前能查找到的最新《中国档案年鉴》是 2012 年的，其反映的数据是 2011 年的。数据可能有一定的滞后性，但在投入比率基本稳定的情况下，该数据不影响对事实本质的描述。

表8-1 2010~2011年各省区市档案事业经费及增速

序号	地区	2011年档案事业经费（万元）	2010年档案事业经费（万元）	增速（%）
1	广东	14643.82	13547.01	8.10
2	江苏	9554.46	8380.42	14.01
3	山东	10051	5583.98	80.00
4	浙江	22206.63	14202.64	56.36
5	河南	4680.67	5312.95	-11.90
6	四川	7470.98	7460.21	0.14
7	河北	10925.48	6159.77	77.37
8	湖北	5290.66	3992	32.53
9	辽宁	7295.24	5614.48	29.94
10	湖南	6930.85	5974.96	16.00
11	福建	3819.18	2550.48	49.74
12	上海	13448.02	11435.91	17.64
13	北京	6029.72	6128.87	-1.62
14	安徽	6050.71	4409.41	37.22
15	陕西	5290.57	6016.05	-12.00
16	内蒙古	3033	2750.91	10.25
17	广西	3449.23	2649.86	30.17
18	江西	1657.33	1395.50	18.76
19	天津	2737.71	2607.20	5.01
20	重庆	3909.50	3370.31	16.00
21	黑龙江	444714.11	3002.19	14713.00
22	吉林	2289.33	3844.59	-40.45
23	云南	5077.49	4002.73	26.85
24	山西	82977.17	7933.40	946.00
25	贵州	3252.93	3172.85	2.52
26	新疆	141	117	20.51
27	甘肃	2872.82	2411.38	19.14
28	海南	1355.57	1057.49	28.19
29	宁夏	19	95	-80.00
30	青海	978.52	799.17	22.44
31	西藏	128	129	-0.78
合计		692280.70	146107.72	374

从表 8-1 可以看到，在 2011 年，我国（大陆地区）31 个省、自治区及直辖市中，居然有 6 个地区呈现负增长的态势，占到 19.35%。虽然从总体情况来看，增长了 374%，但这主要是因为山西省、黑龙江省两地区在这一年中档案事业经费的大幅增加所致，这种突然的大幅增加不具有可持续性，是一个偶然的结果。而且，尽管我国大部分地区的档案事业经费基本处于增长的态势之中，但其存在的问题也非常突出，即由于历史的原因，我国在进行财政收入二次分配时，往往更多地考虑经济效益问题，而没有太关注对社会效益带来的影响。因此，公共档案馆等这种无法直接产生经济效益的事业一直得不到各级政府的重视，导致长期以来我国档案事业经费的基数比较小，如在宁夏、西藏、新疆、海南、江西等地区，其总量可谓微不足道，再加上增长速度慢，致使我国公共档案馆长期以来都处于经费紧张的状态之中，维持日常开销都捉襟见肘，更别谈拿出额外的经费来开展文化服务项目以及创新性地促进社会文化发展的问题了。因此，在当前公共文化服务体系建设的大环境、大背景之下，为了建设尽善尽美的公共文化服务体系，必须充分发挥公共档案馆的文化功能，而要发挥公共档案馆的文化功能与文化价值，就必须有相应的经费支持，支持公共档案馆建立相应的服务平台以及开展相应的服务项目。

（2）中央政府有能力加大对社会文化主体的财政投入。2011 年，我国的 GDP 总量为 48.41 万亿元，全国的档案事业经费是 69.228 亿元，两者的比率是 0.0143%。从纵向看，其增长的速度尚可；从绝对值来看，其数量也已不少。但是，从两者之间的比例关系可以看出，档案事业经费支出可以说微不足道。按这个比例，一个年收入 20 万元人民币的家庭，每年大约只需拿出 2.78~7.7 元人民币来用于其家庭档案的开销。因此，现在要做的不是"削足适履"，以"有多少钱办多少事"的态度去考量公共档案馆事业发展的问题，而应本着科学的职业精神，以公共档案馆事业的发展需要多少经费来支撑作为依据敦促政府投入档案事业经费。从 2011 年我国取得的 GDP 总量来看，国家层面完全有能力投入更多的财政资金给公共档案馆等文化事业机构，中央政府可以通过以下几个方面的措施来对公共档案馆等社会文化主体加大财政投入。

①增加常规经费的投入。当前我国国家层面对档案事业常规经费的投入还有待大幅提升，并且，中央政府当前有大幅提升档案事业常规经费的能力。同时，中央政府在进行档案事业常规经费投入中，要充分考虑到各地经济发展差异，特别要加强对中西部地区的政策倾斜，因为对这些地区已经欠下了太多的"旧债"，再不补上将进一步拉大以后发展的差距。另外，还要注意城乡之间经济发展水平的参差不齐之处，有针对性地向这些文化发展薄弱地区倾斜，以使所有人都能享受到同样质量和数量的公共文化服务。

②增加项目经费的投入。在常规经费投入形成一种长效机制后，中央政府可以根据各地不同的实际情况，采取一些其他形式的经费投入措施，其中以"项目带动"就是一种非常有效的助推档案事业发展的举措。"2006年，'国家重点档案保护和抢救'项目实施，使各地重点档案保护和抢救工作驶入快车道，极大地推动了国家重点档案的开发利用。2010年，国家启动实施了'中西部地区县级国家档案馆建设'项目，以此迎来了县级档案事业加速发展的春天。实践告诉我们，档案工作要获得大发展、大跨越，实施'项目带动'战略是一条有效途径。大项目大发展，小项目小发展，没项目难发展。近几年，江西省新干县档案局牢牢把握'抓项目，促发展'的工作思路，实施'项目带动'战略，推动全县档案工作水平迈向新高度。"① "项目带动"战略的实施，不仅在很大程度上拓展了档案的服务范畴，也在很大程度上提升了档案部门的文化服务能力，并向社会展示了档案文化的无穷魅力。

中央政府在加大财政投入的过程当中，也要优化公共财政支出结构，并且要积极严控"钱袋子"，② 对各项文化事业经费的使用做到物尽其用，使经费开支公开透明并接受公众的监督，使投入文化事业机构的财政投入

---

① 郑剑平：《"项目带动"助推档案事业发展》，《中国档案》2014年第9期。
② 陈立诚、刘剑文：《财税制度反腐：一种源头治理的新进路》，《政治学研究》2015年第1期。

尽量发挥出应有的社会效益。

8.4.2 吸引多样化的社会投入

公共档案馆在积极争取国家和地方政府财政投入的同时，还应该积极吸纳社会资本，改变原有政府"大包大揽"的做法，采取政府引导、市场运作、群众参与的工作方针，争取实现以政府财政投入为主、社会力量广泛参与的公共档案馆发展经费保障机制。① 同时政府应加大对公共档案馆争取社会援助的支持，运用多种融资工具以及制定多种形式的税收优惠、信贷调控等方面政策积极促进社会资金和产业资本的进入。而公共档案馆可以通过建立投资基金会、档案学会，争取企业赞助、社会捐赠、网络募捐等方式吸引资金、设备，适当地引入市场经济中常用的调节和平衡手段，让更多的社会主体参与到档案文化产品的供应链中，满足公众多样化的公共文化需求。如在加拿大、澳大利亚等国家就有很多类似的政策，企业和私人的捐赠常常能达到公共文化服务经费的30%甚至更高的水平。公共档案馆在吸引社会化投入中可以采取以下几种方式。

（1）建立公共档案馆投资基金会。通过投资基金募集社会资金，是公共档案馆吸收民间资本的一种最为有效的手段，能起到扶持公共档案馆发展的作用。根据一些发达国家的经验，产业投资基金的介入有助于产业结构的调整、新兴产业的发展及传统产业的改造与进步。如印度的公共基金是众多公共部门的主要资金来源，有力地支持了社会公益部门的发展。当前，公共档案馆可以注册成立一项基金，然后选择特定的看涨项目作为融资项目向社会募集资金，这种融资方式不但可以缓解公共档案馆建设中特大项目投入不足的窘境，还可以通过引入民间资本力量使公共档案馆的管理水平得到改善。

（2）争取社会营利性主体的赞助。企业愿意为公共部门提供赞助，当然他们也可以借此机会来宣传自己，或谋求一定的商业利益。于公共档案

---

① 周林兴：《公共档案馆管理研究》，世界图书出版公司，2012，第276页。

馆而言，只要这种赞助无损公共档案馆的公益性原则，无损公共档案馆各项社会职能的发挥，就完全可以接受。比如，公共档案馆举办展览、竞赛、联谊、讲座等各种社会文化活动，就可以积极寻求企业的资金赞助。在进行档案原件展览的活动中，可以与企业联合，在展览会的冠名中加上企业的名称，而让企业资助一定的经费，这样既能解决公共档案馆的经费问题，又无损其职能与作用的发挥。

（3）鼓励社会公众的无偿捐赠。社会捐赠是社会团体、企业或个人完全出于公益目的对公共档案馆无偿的资金或物质捐赠，这是社会支持公共档案馆事业最为普遍的形式之一。在国外，社会富裕阶层很热衷于对公益事业的捐赠，使公益部门的发展得到了极好的物质支持，解决了其发展过程中资金相对紧张的难题。在我国也有一批热衷于公益事业的捐助者，如邵逸夫、包玉刚等，他们出资捐赠、兴办了很多图书馆。既然他们能出资捐建图书馆，那么同属公共部门的公共档案馆也可以积极争取他们的支持，以解决公共档案馆事业发展中的资金紧张难题。

（4）其他方式。公共档案馆可以充分利用其作为公共部门的优势地位，考虑通过在馆内做一些企业宣传广告、帮助塑造企业形象等有效措施争取民间资本的赞助，当然这些做法的重要前提是公共档案馆必须有相应的社会形象作保证。

另外，公共档案馆在争取社会资本投入的过程中，还应该尽量争取社会舆论的支持。在现代信息社会，以媒介为代表的社会舆论有着异乎寻常的力量，它可以聚焦公众视线，引导社会思潮，甚至影响政府决策。通过媒体对公共档案馆的广泛宣传报道，民间人士的呼吁、倡议、提案等各种形式，可以营造出有利的舆论氛围，增强社会对公共档案馆价值的认识、对公共档案馆现状的了解，为公共档案馆赢得更多的关注，这种支持的意义与效果绝对不容小觑。

8.4.3 寻求社会资金支持的策略

从当前我国现实情况来看，虽然各种公益捐赠很多，但是专门针对公共档案馆的很少，因此，公共档案馆必须主动出击，采取切实可行的策略与方法来吸引社会公众对公共档案馆事业的关注与关心。

（1）政府：公共档案馆获得社会援助的坚实后盾。公共档案馆的社会援助是政府投资之外的一种主要支持形式，许多国家都以法律条文和章程制度的形式明确表示倡导和鼓励。当然，政府对公共档案馆社会援助的支持，除了制定有关政策与法规，包括由政府进行调控的税收、信贷政策，激励与引导个人、团体向公共档案馆进行捐助外，还可以在组织社会活动、强化全民公共档案馆意识等方面给予引导和支持。而且，政府一方面应该在鼓励公共档案馆向社会募集资金的同时保证不会因为公共档案馆募集到资金而减少对公共档案馆的投入，使公共档案馆工作人员能放开手脚积极主动地向社会募集资金；另一方面也应该在政策、法律法规上对公共档案馆给予相应的优惠措施。并且，还应该让公共档案馆基金会或其他类似组织享受免税资格，规定只要其收入是用于公共档案馆发展，而不是在公共档案馆内部用作利润分配，政府就应确认其免税的地位，并以法律的形式予以保障。[①]

（2）学（协）会：公共档案馆获得社会援助的忠实同盟。作为行业组织的中国档案学（协）会应该成为公共档案馆获得社会援助的最为忠实的同盟，并且在这个过程中为公共档案馆提供应有的指导与必要的帮助。中国档案学（协）会可以在其网站上专门将一些与公共档案馆募集资金所需要的资料汇集在一起供公共档案馆参考与利用，如各类与公共档案馆有重要关联的基金会列表，指导公共档案馆募集资金的网站、书籍、期刊论文等。同时，中国档案学（协）会及各地方档案学（协）会也应该加强与理论界的沟通，引进国外成功的募集经验以及相关行业（如图书馆界）的募集实践经验，结合我国国情，发挥它作为全国性组织的优势，集中优势资源，采用由点带面、由上而下、以纵带横的方式来促进公共档案馆获得社会援助，找到一条适合中国国情的寻求社会援助的切实可行的方法策略。

[①] 周林兴等：《注意力经济对我国档案事业发展的启示》，《档案时空》2003年第6期。

(3) 工作人员：公共档案馆获得社会援助的中坚力量。公共档案馆中不管是未直接参与还是直接参与寻求社会援助的工作人员，每一位都是募集资金的一分子。前者做好本职工作，为利用者提供优质的服务，是培育潜在捐赠者的重要手段与必要的前期准备，而后者更是身兼重任，除了对公共档案馆提供的服务了如指掌外，还必须了解相关的投资策略、市场动态以及非营利性机构的运营管理等相关问题，他们必须采取各种方式吸引捐赠者的注意，将捐赠者的投资兴趣与公共档案馆的发展目标有机地结合起来。更为重要的是，在这个过程中，领导的个人魅力、交际能力等在很大程度上对能否募集到资金起着很关键的作用。在整个活动中，领导必须给予大力的支持和必要的帮助。

(4) 媒体：公共档案馆获得社会援助的得力手段。公共档案馆除了要充分地利用政府效应、名人效应，以便扩大人们对公共档案馆的关注，为公共档案馆募集资金创造良好的社会舆论外，还应该充分利用大众媒体，加强对公共档案馆的报道和宣传，借助大众传媒的力量制造舆论，增强社会关注度，公开向社会号召，鼓励人们积极向公共档案馆捐助，并强调公共档案馆的重要性及其社会作用。公共档案馆要抓住机会，结合社会的热点问题，找到公共档案馆与社会发展需求的"结合点"，如曾经有段时间社会上兴起"寻根问祖"的热潮，不少人开始对自己的宗族姓氏追根溯源，这时公共档案馆就可以通过提供谱牒档案利用来加强宣传，并且争取多出现在主流媒体上，如电视新闻等节目中。而且公共档案馆应该拥有统一的行业标志，就如同样是政府职能部门的海关，"中国海关"几个大字总是被置于非常显眼的地方，具有强烈的视觉冲击力和影响力。同时，公共档案馆还要设计出一套适合自己特点的与众不同的视觉应用系统，包括档案馆的办公环境、办公用品、证件系列、交通运输工具、对外广告及宣传等，这一系列工作将会强烈突出公共档案馆的形象，起到很好的广告强化效果。在眼球经济时代，谁赢得了公众的注意力谁就赢得了机会与未来。①

---

① 周林兴：《CIS 理念在档案馆形象设计中的应用研究》，《兰台世界》2005 年第 1 期。

(5) 自身：公共档案馆获得社会援助的根本保证。外因是条件，内因才是根本保证。因此公共档案馆要想获得社会援助，最主要的还是要立足本职工作，让社会认同公共档案馆的价值。

①完善用户服务。对公共档案馆的社会支持是来自民间的自发行为，其规模和力度关键取决于社会对公共档案馆事业价值的理解和认同。公共档案馆是社会记忆的保障体系，承担着人类历史记忆的收集、整理、传播和爱国主义教育等重要职能，必须通过自己的努力使上述社会职能得以最大限度地发挥，才能得到社会公众的理解和认同。因而，公共档案馆要以大力完善用户服务工作为中心，顺应时代发展的要求，从服务理念到具体的服务内容、手段都应实现质的飞跃，使用户在公共档案馆能够感受到充满现代意识、丰富多彩又切实有效的档案信息服务，高兴而来，满意而归。

②调整内部形象。其一，建立健全组织管理制度，如包括《职工行为规范》等在内的管理制度。要从严治馆，用严格的规章制度管馆、管人，激发全馆职工的责任感、荣誉感，做到有法可依，有法必依。其二，要提高工作人员综合素质，培养工作人员的敬业精神，加强其职业道德教育，加强其仪表艺术修养，使其能传达文明之风，加强文化技能、知识修养，树立"文化人"的形象。其三，加强内部沟通。美好的组织形象是建立在良好的内部关系基础上的，要增强工作人员之间、馆长与工作人员之间的关系，塑造一个领导与职工彼此理解、相互信任、相互依赖、相互支持的共鸣氛围，增强公共档案馆的内部向心力，创造一种和谐的工作气氛与工作环境。[①]

③坚持公益性原则。公共档案馆是公益性的文化事业机构，是一种公众可自由利用的社会信息资源。公益性原则意味着公民有合法使用公共档案馆的权利，换言之，必须保证公共档案馆的一切信息资源在合法的前提下都能够自由、平等、无偿地为社会所用。它是公共档案馆赖以生存发展

---

① 吴加琪：《民间资本介入档案馆建设的思考》，《档案时空》2004年第12期。

的命脉，也是其寻求社会援助与支持的基础和依据。

④实行馆务公开。馆务公开就是公共档案馆将自己的运行、管理情况向社会公开，接受公众的监督、质询与建议。因为，公共档案馆是用"纳税人"的钱建立起来的，并靠"纳税人"的钱维持着运行。因此，公众有权利使用它，也有权利监督它。通过馆务公开，增加公共档案馆工作的透明度，使公众对公共档案馆的经费使用、工作开展状况、面临的困难和问题都有很清楚的了解，将会有助于加深他们对公共档案馆的理解和信任，促成公众与公共档案馆之间的良性互动，为赢得社会支持创造更有利的环境。

8.5 意识保障：主体地位的明确化

8.5.1 公共文化空间的主体性地位

作为城市公共文化空间之一的公共档案馆，既是档案文献保存的重要场所，也是公民的休闲场所，从广义上讲，更是公众的公共空间。[①] 时间强调历史与现在，空间则侧重四面八方、无所不包的方位，档案是一个综合体，横轴是天南地北的广阔人间，纵轴从古至今时间的流逝，记录着从远古到现代的社会转变。文化既来源于实物、古物，同样在档案中也有迹可循，而且拥有独特的魅力。公共档案馆不再仅仅是保存那些历史古迹的场所，而是拥有了更深层次的意义，那就是成为重要的公共文化空间。要实现这一目标有许多途径，从实体层面来说，可以通过提升馆内基础设施营造人文化、人性化氛围，提供休息空间，如设立沙发供群众休息、设立咖啡厅或餐厅为需要持续利用档案的公众提供饮食服务等；从文化意义层面来看，可定期举办一些文化展览，进入社区开展档案知识普及活动，开展各式各样的文化讲座和文化论坛等，利用多种方式拉近与公众的距离，

---

① 张芳霖、王辉：《公共档案馆文化空间的构筑——基于休闲学和公共空间论的思考》，《档案学通讯》2009年第1期。

消除公众心中公共档案馆"宫锁深闺"的固有思想,让他们感觉到如在文化馆、博物馆、图书馆一样自由和轻松,将自己打造成为公众提升文化修养的场所,将公共档案馆文化空间从馆内向社会延伸,在公众心中占据重要的地位。

另外,公众有权利用档案、查询档案,那么公共档案馆就应该为这种行为提供保障,抓住机遇充分显现其重要性和不可或缺性。公共档案馆应该致力于成为用户交流和合作的场所,从多方面进行改善和改进。例如,现在几乎每个人都拥有一部智能手机,微信、微博、QQ、网站、论坛等都成为档案信息提供的有效方式,并且拥有许多传统媒体所没有的特点,如不受时空地域的限制、使用成本低等特点,将其融入档案收集、开发、利用、宣传等环节中,可以创造一个从线上到线下公众与公共档案馆文化交流的独特空间。在服务形式上,利用公益活动现场,借助电视、广播等传媒能有效吸引社会公众,提高公众的档案意识,使其更好地利用档案。事实上,公开讲座、座谈、档案专业沙龙等活动已在部分省区市开展,并受到了欢迎。另外,还可以用比较专业化的如建立网络讨论小组、问卷调查分析等方式向需求层次更高的群众提供公共文化服务。在服务环境上,建筑外形要凸显档案馆库的特色,体现独特的建筑风格,形成良好的形式美感,尽量给公众带来感官上的舒服和愉悦,满足公众精神上和心理上的需求。

8.5.2 公共文化空间主体性地位的构建

传统认知中,社会公众对公共档案馆空间的印象停留在固定形状建筑的物理实体层面,再加上其内敛的性格特征,[1] 致使其呈现给社会公众的是一个被动的、刻板的以及静止的"容器"形象,其向社会传递的角色定位是一个默默无闻的守卷人而非文化与信息的传播者。最近几年,随着"第三空间"理论的兴起,国内档案界已开启了新的空间思考模式,"社会

---

[1] 张晓玲:《基于文化建设的城市档案空间组织优化》,《浙江档案》2015 年第 10 期。

公共空间"①"公共文化空间"②"信息共享空间"③"休闲娱乐空间"④ 等多视角、多元化的阐释，正在赋予公共档案馆以新的内涵与活力。这种空间转向不仅是公共档案馆空间概念的转变，更是公共档案馆空间认知论的升华，它将打破公共档案馆的传统定位，使其不仅是一个获取档案信息资源的地方，更成为一个融合人文精神、历史文化与生活艺术的平台。它体现了社会公众在物质生活水平不断提高的前提下，开始了对文化生活、精神生活及社会存在感的深层次追求，赋予了公共档案馆全新的使命，对其提出了更高的要求，使公共档案馆必须冲破传统认知的束缚，以满足社会公众多元化的文化信息需求。

公共档案馆不仅承担着保存人类历史记忆并提供利用的责任，它还承担着人际交往、思想交流和文化传承、文化传播、文化熏陶的重要使命。随着其公共性、公益性属性的不断凸显，公共档案馆作为前者的公共空间的物理意义已越来越得到社会的认可与关注，但作为后者的公共文化空间的意义还没有被深刻地认识到，导致人们在阐释公共档案馆核心价值时还是更多地从其传统职能的角度去论述，如从"资政""编撰"⑤ "存史""利用"等⑥角度来探讨公共档案馆的职能。作为公共文化服务体系的重要组成部分，公共档案馆对社会公众具有十分重要的心灵根植与作为精神家园的文化价值。

（1）空间理论的兴起及与公共档案馆的关系

①空间理论的兴起。空间理论主要由美国当代著名后现代地理学家爱德华·索亚（Edward W. Sawyer）与美国佛罗里达大学社会学家雷·奥登

---

① 郭红解：《档案馆的公共空间》，《中国档案》2002年第5期。
② 周林兴等：《档案馆公共文化空间的SWOT分析及优化策略》，《档案学通讯》2014年第5期。
③ 王梦：《基于信息共享空间理论视角的公共档案馆建设》，《兰台世界》2009年第3期。
④ 张芳霖等：《公共档案馆文化空间的构筑——基于休闲学和公共空间论的思考》，《档案学通讯》2009年第1期。
⑤ 马仁杰、张胜春：《论我国档案利用理论的形成与发展》，《档案学通讯》2002年第5期。
⑥ 张强：《存史与利用的博弈——关于档案馆核心职能的辩证思考》，《档案管理》2008年第5期。

伯格（Ray Oldenburg）两位学者提出，有学者认为爱德华·索亚最早提出第三空间的概念并做出了系统的理论构建，[①] 有学者认为该理论是雷·奥登伯格在1989年出版的 *The Great Good Place* 一书中首先提出。[②] 爱德华·索亚认为"第一空间"的认知侧重于形式科学，认知对象主要是可感知的、物质的空间，即物质化的实践性空间，是自然事件展开的场所和舞台；"第二空间"则主要是指构想的空间，表现为反思、内省等思维活动，即精神意义上的构想性空间，是思想和观念活动的领域；"第三空间"是指不拘泥于任何物理空间的一种空间形态，一个让社会公众能够感受到自由、公平、平等、舒适的空间形态，即社会学意义上的空间形态。爱德华·索亚所阐释的第三空间不仅是能触摸到的物理空间中的"真实世界"，也可能是无形的虚拟世界，不仅是一种物质的社会存在空间，也是一种文化的"场域"存在空间。而雷·奥登伯格则认为社会空间包括"第一空间"（First place），即家庭生活场所，"第二空间"（Second place），即工作场所，"第三空间"（Third place），即除了家与工作场所之外的其他场所，[③] 在这个场所中不仅没有职场的等级意识，也不会有家庭的角色束缚，有的只是自由、宽松、自在的环境及氛围，人们展现与释放的是一个完全的自我。虽然，爱德华·索亚与雷·奥登伯格在关于空间认知的表述上有着完全不同的逻辑边界，但是他们在人与城市空间的关系上有着基本一致的理解，即认为：人是城市空间的创造者，但城市空间也是有"生命的"、有"灵气的"、有"思想的"社会存在，"它决定着我们在干什么，在想什么，以及和谁在一起"。[④]

②空间理论与公共档案馆的关系。从空间理论所论述的范畴来看，第三空间不仅包括咖啡店、酒吧、城市公园等这些公众休闲场所，也包括公共图书馆、公共档案馆、文化馆、体育馆、影剧院、博物馆、美术

[①] 段小虎等：《重构图书馆空间的认知体系》，《图书与情报》2013年第5期。
[②] 周芸熠：《基于"第三空间"的图书馆范式转换》，《情报资料工作》2013年第3期。
[③] Ray. Oldenburg. *The Great Good Place* [M]. New York：Paragon House，1989.
[④] 陆扬：《分析索亚"第三空间"理论》，《天津社会科学》2005年第2期。

馆、音乐厅、戏剧院等这些具有浓厚文化属性的公共文化场所与平台，而且，也包括一些虚拟世界，如网络世界。这些社会空间都包含着诸多用于满足社会公众多样化物质需求、精神需求、文化需求以及情感需求的空间场所。如果把第三空间作为一个"全集"来看待，那么公共档案馆空间场所就是这个"全集"中的一个重要文化"子集"。首先，公共档案馆具有第三空间的一般属性，即公共档案馆能够给社会公众一个宽松、自由、便利的空间场所，利用者在这个空间中既可以享受档案信息资源所带来的阅读感，慢慢品味厚重的历史，又可以体会到无职场压力与家庭束缚的轻松与愉悦，使疲惫的心灵得到短暂的安宁，使漂泊的心灵得以适度根植。其次，公共档案馆作为一种社会空间拥有自己独特的文化形态与文化魅力，其特殊的社会职能赋予了其精神家园的场域属性，这种场域属性又使其拥有了"聚人而成家，聚家而成国"的凝聚力。当然，要想让公共档案馆的这些属性与功能得到充分的发挥，使其成为名副其实的第三空间并为社会公众所向往与接受，成为社会公众的精神驿站，公共档案馆必须在各个方面不断完善自己，通过以"服务文化"为基点，以"服务资源"为根本，以"服务质量"为导向，使其所拥有的第三空间属性得以释放与展现。

（2）公共档案馆作为社会第三空间的 SWOT 分析

社会生活空间是由私人空间与公共空间构成的，而公共文化空间又是公共空间的核心组成部分，它承载着公共空间的永恒意义、价值表现及文化传承。公共档案馆文化是一种独特的文化存在，公共档案馆所具备的公共文化空间功能对于社会发展、人类进步以及人与自然的和谐相处都有着十分积极的意义，而且它有着其他第三空间形式如学校、图书馆或博物馆、戏剧院、纪念馆等所不具备的特质。但从目前状况来看，虽然公共档案馆现在也提供一些关怀性服务措施，对馆舍等实施人性化的建设与管理，并倡导服务行为的完善，但公共档案馆作为公共文化空间的功能在实践领域并未得到理想的发挥，它更多地停留在"管理工具"的层面，离其应然的第三空间还有很大的差距。在此将利用 SWOT 法对公共档案馆作为

第三空间的内部要素及其所面临的外部环境进行分析。

①内部要素分析。从现状来看，公共档案馆作为第三空间所拥有的内部要素优势（S）与劣势（W）都是非常明显的。其优势（S）主要体现在作为一个法定的文化机构，公共档案馆本身就是文化的一种具体形态，是一种文化存在，是一种社会文化现象，它具有文化传承、文化启蒙与文化沉淀的价值。"它的产生本身就意味着一种新文化的萌生与发展，它汇集了具有重要文化内容的档案，珍藏着国家与民族的历史，反映了人类科学文化发展的历程，是社会文化的宝库与集聚地。"[①] 而且，公共档案馆作为文化机构，其公共性、公益性属性已成了一个"自明性"问题，它所存在的物理场域早已不是"皇家禁地"，尤其是上海、江苏、浙江、广东等发达地区的公共档案馆正在以各种人性化的服务方式吸引社会公众的到来，欢迎"闲人"进入正在逐渐成为其"潜台词"。因此，不管是作为物理空间的公共空间，还是作为社会学意义上的空间范畴，公共档案馆都具有构筑第三空间的天然优势。当然，在看到公共档案馆作为公共文化空间所具备的优势内部要素的同时，也不得不承认，公共档案馆作为第三空间也还存在不少劣势（W）。如前文所述，当前公共档案馆在社会角色的扮演中，更多是充当"管理工具"或扮演着"管理者"的角色，而其作为公共文化空间所应具备的属性如开放性、平等性、人文性等价值特征在实践中并未得到良好的体现，如公共档案馆在对待国民与外宾利用档案时所设置的条件就没有体现平等性的价值特征，甚至存在公共档案馆由于偶然事件的影响而拒绝服务社会公众的案例。另外那些体现社会民主进程的社会民主精神、信息公正自由、公众信息利用权利等民主社会的基本人文意识成果，虽然在一些发达地区公共档案馆的形式上得到了一些表现，但其精神实质还是没有得到真正的凸显。正是这些理念的缺失或在执行中的偏差导致公共档案馆作为第三空间的价值发挥受到了很大的影响。

---

① 周林兴:《论档案馆的文化自觉》,《山西档案》2010年第6期。

②外部要素分析。从当前外部社会环境来看，公共档案馆作为第三空间所面临的外部环境也是机遇（O）与威胁（T）并存。其机遇（O）主要体现在随着公共文化服务体系建设的不断深化，国家层面的各种文化发展政策中都对发展公共文化服务体系有了大量的着墨，如2005年《中共中央关于制定国民经济和社会发展第十一个五年规划的建议》、2006年颁布的《国家"十一五"时期文化发展规划纲要》、2011年发布的《公共服务蓝皮书》、2012年2月15日颁布的《国家"十二五"文化改革发展规划纲要》以及《文化部"十二五"时期文化改革发展规划》等，这些国家层面的文化政策都明确提出要大力发展我国公共文化服务体系，强化公共文化建设。另外，《中共中央关于深化文化体制改革、推动社会主义文化大发展大繁荣若干重大问题的决定》的出台，标志着我国正式进入"文化强国"的政府治理理念时期。而且，随着社会公众物质生活水平的不断提高，在温饱解决了之后，人们精神层面的追求就变得尤其重要，社会公众一方面对文化的需求总量呈现井喷式增长，另一方面对文化产品品种、形式及文化服务质量提出了更高层次的需求，文化需求的多样性及个性化变得更加突出。公共档案馆作为文化机构，有历史文化资源，有从事公共服务的经验与知识，更有从事公共服务的场所。因此，当前社会环境对于公共档案馆事业的发展及公共档案馆社会影响力的提升提供了非常难得的机遇，既是体现公共档案馆社会价值的机遇，更是促进公共档案馆事业实现质的飞跃的机遇。

社会环境虽然充分给予了公共档案馆作为公共文化空间的发展机遇，但同时，也把公共档案馆置于各种外部威胁（T）之中。社会环境在给公共档案馆机遇的同时，也给了其他相关文化单位或准文化单位机遇，即公共档案馆作为公共文化空间在实践中会面临其他"公共文化空间"或"准公共文化空间"的同业竞争，如图书馆、戏剧院、纪念馆、文化馆、博物馆，甚至一些科技馆、文化公园与广场音乐会等。这些文化机构或准文化机构正在利用当前大好机遇，不断吸引社会公众的眼球，提升自己的社会知名度，争取在将来的发展中占据更为有利的位置。这种来自四面八方的威胁必须引起公共档案馆界的重视，不进则退，"温水煮青蛙"的后果必须避免。另外一个威胁来自公共档案馆工作人员与其他行业工作人员收入的差距导致的公共档案馆很难吸引到社会最优秀的人才，特别是信息技术类人才，导致我国公共档案馆界在当前信息技术大潮中总是落后于其他相关部门，一个简单的"电子文件"管理问题到现在都还没有得到很好的解决就是对当前这种窘境的尴尬注脚，导致我国数字档案信息资源不管在行业之间还是在系统之间，都呈现出一种不应该出现的"信息孤岛"现象。

（3）公共档案馆作为社会第三空间的价值阐释

①具有弥补社会交流平台缺失的社会价值。传统社会文化中，社会群体之间的关系更显亲密与和谐。传统城市中的四合院及胡同文化，使家庭邻里之间的关系可谓"你中有我，我中有你"，那种空间构建所产生的人与人之间的关系氛围，足以让社会公众形成美好的人生记忆。然而，这一切随着城市化进程以及高楼大厦的拔地而起不断地被消解，邻里关系日趋淡化，点头之交已实属难得，小家庭封闭正取代大家庭开放，每个家庭都被封闭在一个狭小空间里。人心的寂寞已使社会公众对手机、互联网等电子产品产生了严重的心理依赖，而这种严重的依赖又进一步加速了人际隔离，使人际关系变得越发淡漠与隔阂，世间冷暖唯有"自知"，人们彼此之间缺乏信任，道德舆论的约束力正在不断下降，社会凝聚力逐渐消失。而把公共档案馆作为社会第三空间来进行建设与规划，将有利于弥补当前社会转型时期社会交流平台严重缺失的尴尬，有利于促进人际关系的良性循环与互动发展，推动城市社会人际关系的和谐发展，消解邻里之间的隔阂，更为关键的是这个社会交流平台将进一步促进社会公众之间的思想交流，推动城市社区文化的传承与发展。

人类本性深处蕴藏着一种激情，即"情绪共鸣"，它需要激发，需要宣泄，只有这样才能使人处于一种正常的"情绪场域"之中并保持健康的心态，而这种激发必须借助一定的场域/空间并有一特定的社会群体。这就解释了为什么在当前信息技术、传播技术如此发达的信息时代，还是有那么多的社会公众宁愿花不菲成本去影院看电影、去现场看球赛、去图书馆看纸质版图书，而这些他们本可以一个人安静地在家里通过电视、计算机等实现。为什么？就是因为影院、球场、图书馆等不仅是具有物理空间的社会意义存在，更是人际交往与思想交流的场域空间。在这样的空间中，你不仅是"你"，你是一个"社会存在"，你不是一个心灵孤独的物理存在，而是这个场域中"情绪共鸣"的一个组成部分，你在这种空间中可以与他人产生心灵的交流和情感的碰撞。公共档案馆作为第三空间"场域"存在的社会价值就体现在它可以营造出一种气氛，激发人们对美好事物的感受和对美好生活的向往。

②具有促进城市公共文化建设的社会价值。国家档案局档发〔2013〕3号《国家档案局关于严格执行财政部、发展改革委关于取消利用档案收费规定的通知》提出："全国各级档案部门（含各级各类档案馆）必须严格按照《通知》要求，立即停止所有利用档案收费，不得以任何理由拖延或者拒绝执行。"这个措施的出台正是对《关于推进全国美术馆、公共图书馆、文化馆（站）免费开放工作的意见》的回应或补充，不仅为公共档案馆成为第三空间提供了更好的制度依据，也为公共档案馆向第三空间转向提供了良好契机。倡导全面建设城市公共文化服务体系绝不是一种"口号式"行为，必须有具体可行的落实方案，公共档案馆作为城市公共文化的重要组成要素，具有彰显城市文化的性格特征与社会元素，具有提升城市文化品位、文化形象的能力。因此，可以相信，随着公共档案馆免费利用政策的实施，将会有更多的社会公众走进公共档案馆，去品味档案中所隐藏的历史故事，去寻求心灵根植的源泉。社会公众在这个过程中不仅可以学习知识，了解过去，提升自己的文化修养，也可以通过这种方式来了解城市文化，适应城市文化，并形成相应的生活方式和价值观念，使自己以一种恰当的方式融入这个不断变化与发展的社会中去。

社会公众在走进公共档案馆第三空间的过程中，会使其文化修养、文化自觉与文化能力得到提升，其实这也是提升城市公共文化的一种方式、一种途径。因为"人是社会的人，社会是人的社会"，作为个体的人的文化修养与文化能力的提升，将促进社会整体的文化修养与文化能力的提升。因此，把公共档案馆建设成为社会第三空间，对于促进城市公共文化建设将具有十分重要的社会价值。

③具有凸显公共档案馆社会存在的社会价值。公共档案馆作为一个社会存在，其社会影响力与社会功能能否得到凸显，除了政策、制度对其的重视与认可程度外，其自身的能力与特性有没有得到凸显更是一个至关重要的因素。从当前来看，公共档案馆作为一个公益性的文化机构，其独特的文化功能与文化属性并没有很好地得到凸显。作为城市公共文化的一个重要组成部分，公共档案馆与生俱来的与政治相关联等原因，造成其文化属性的削弱与政治敏感性的强化，导致其文化服务功能日渐被忽视，其文化机构属性正面临被边缘化的危险。将公共档案馆作为第三空间来进行考量，一方面能使其继续行使传统使命，即保存人类文化遗产、提供阅览利用、进行爱国主义教育以及发挥资政功能等，另一方面，在当前公众权利得到全面保护的社会大背景之下，其将能通过优化资源配置，提高工作人员的职业修养，提升自身的公共服务能力，为社会公众提供一个丰富、多元、自由、便捷与平等的文化空间，这必将使公共档案馆作为一种社会存在的价值得到更好的凸显。

而且，借助第三空间理念把公共档案馆打造成一个公共文化平台，必定会使公共档案馆形成一种全新的社会形象。因为如果把公共档案馆看作一种"商品"，那么其存在本身就是一个独一无二的"名牌"，每个"名牌"的背后必定有一个精彩的故事，而公共档案馆天生就是一个形形色色故事聚集的地方。因此，公共档案馆完全可以借助其独特的文化背景与历史故事带领社会公众穿越历史，感受共鸣，形成一个合格的第三空间平台。当然，公共档案馆也可以借助这种第三空间平台的"场域"功能，使自己感受到社会公众的关注与依赖，从而正视自身的社会价值，努力完成自己的社会使命。

(4) 公共档案馆作为社会第三空间的策略选择

①以城市发展规划为依托，打造公共档案馆第三空间的建筑品牌。

当前，我国处于城市化建设的重要时期，大部分城市都在进行新城区的建设规划以及对旧城区的改造建设，这种城市化建设对于公共档案馆作为第三空间的建设而言可谓一个千载难逢的大好良机。首先，公共档案馆要主动出击，明确自身的发展定位、发展方向以及发展目标，依托城市发展规划理念、规划战略来制定公共档案馆的发展规划战略。不同的城市由于受到外部环境因素、城市传统文化因素以及领导意志因素等方面的影响，在规划建设中都会形成自己独特的城市布局、城市空间与城市文化。因此，公共档案馆在作为第三空间的建设过程中必须与城市规划的总体布局协调一致，使公共档案馆不管在建筑外形还是在建设风格等层面都要与整个城市规划建设融为一体。其次，公共档案馆要积极建言献策，促进公共文化部门其他相关建筑实现集群化布局。在当前城市化建设的大好形势下，公共档案馆应该把握机会，联合其他相关部门积极地向当地城市规划建设部门建言献策，使其在进行城市建设规划的过程中把这些相关的建筑尽量集中安排，形成一种集群化的布局，以整体的优势、整体的形象呈现给社会。一方面，一个城市各类型的公共档案馆建筑应该形成集群化布局，不仅各级公共档案馆，也应该包括专门档案馆甚至部门档案馆、行业档案馆等。另一方面，也可以建议在城市建设规划中考虑把其他的相关单位纳入这个集群中来，如图书馆、美术馆、剧院、博物馆、表演艺术中心、文化馆、纪念馆等。这样一来，公共档案馆不仅作为社会第三空间的角色扮演好了，而且，也与其他社会第三空间形成了协调发展态势，在扩大自己社会影响力的同时也受惠于其他社会第三空间的发展所带来的协同效应。

②以文化发展战略为依托，培育公共档案馆第三空间的文化品牌。自从2001年我国正式批准《经济、社会及文化权利国际公约》在我国生效以来，以公共文化服务体系建设为主题的文化发展战略就成为我国文化领域的主旋律，特别是2006年9月13日发布的《国家"十一五"时期文化发展规划纲要》以及2011年公布的《公共服务蓝皮书》，更是将文化发展上升到了国家战略的高度。公共档案馆作为第三空间全集下的一个子集，

要与其他子集之间实现无缝连接，成为一个文化品牌，就必须在建设过程中做到联横合纵。不同的公共文化服务机构有不同的资源与空间优势，如公共档案馆带给社会公众的是一种历史的厚重与难以言说的神秘，图书馆带给社会公众的是一种知识的力量，美术馆、剧院、艺术中心等带给社会公众的则是一种陶冶情操的轻松与愉悦。公共档案馆要通过与这些部门之间的合作，实现资源共享，并且在条件成熟的情况下，可以将这些部门的某些空间引入公共档案馆空间中，以此来提升公共档案馆空间的公众认知度和影响力，提升档案用户获取资源和使用空间的便捷性，形成独特的城市文化品牌。总之，公共档案馆空间是一个历史文化交流中心，但它不仅是一个静态历史文化的交流空间，更重要的是一个动态历史文化的交流空间，即通过人与人之间的交流实现历史与现实的碰撞，在这种交流与碰撞中形成一种独特的第三空间文化品牌，实现文化化人、文化开智、文化养心以及文化励志的社会价值。

③以社交媒体技术为支撑，构建公共档案馆第三空间的网络品牌。社交媒体技术不仅为公共档案馆馆藏资源利用效率的提升提供了保障，而且，为社会公众利用公共档案馆馆藏资源提供了更多的途径。公共档案馆拥有独一无二的资源优势，再加上社交媒体技术的支撑，必将能够构建起一个别样的空间范围，形成公共档案馆第三空间的一个独特的网络品牌。从国外来看，美国、英国、加拿大等国公共档案馆对社交媒体技术的运用值得我们学习，一方面，他们充分运用了 Facebook、Blog、Google+、Vlog、Wikipedia、Podcast、Twitter、网络论坛等社交媒体，使社会公众可以通过任何一种社交媒体来联系或使用他们的各种相关资源。另一方面，这些国家的公共档案馆也借助这些社交媒体技术构建了各种平台，进行一些专业项目的推广，如根据 *National Archives and Social Media*，① 截至 2013 年 5 月，美国国家档案与文件管理署（The U. S. National Archives and Records Administration, NARA）已经在 13 种社交媒体平台上开设了各种项目至少

---

① 美国国家档案与文化管理署署博客，2015 年 10 月 26 日，http://blogs.archives.gov/aotus/。

145个，而且，还在不断地增加。另外，美国国家档案与文件管理署还开设了两个更能体现其社交媒体战略核心理念的社会媒体应用平台/板块，即 Our Archives Wiki（Our Voices Our History Our National Archives）以及 Citizen Archivist Dashboard。[①] 加拿大的档案馆也开始了对社交媒体的大量运用，截至2012年1月，在调查的648个档案馆中，有178个档案馆使用了Facebook，140个档案馆使用了Twitter，79个档案馆使用了YouTube，39个档案馆使用了Flickr，34个档案馆使用了Blog等。[②] 英国的Online Social Media Archive（OSMA）项目，也是社交媒体运用的一个典范，非常值得我们学习与借鉴。社会公众通过这些网络空间，一方面积极参与到档案信息资源的利用与开发中来，另一方面，也有了对公共档案馆开展的各种会议、活动以及工作发表意见与看法的机会与空间。借助社交媒体技术，档案网站空间向社交媒体空间的转向，不仅可以使公共档案馆作为第三空间的存在意义及其影响力大大提升，使公共档案馆的核心竞争力得到极大提高，而且，可以使关注公共档案馆的人群有在瞬间急速增加的机会与可能。另外，社交媒体空间具有发表看法、建议以及增加各种注释说明的功能，这将不断激发公众对档案信息资源的开发与利用热情并活跃空间氛围，促使公共档案馆成为第三空间的一个网络品牌。

总之，公共档案馆作为一个非功利性的社会公益性机构，具有自由、平等、便捷的性格特征以及积聚资源、沉淀文化的社会功能，是一个名副其实的社会第三空间载体。它不但具有优化社会管理秩序的元素，更具有文化化人、文化开智、文化养心与文化励志等文化服务与文化交流等元素。它使社会公众感受到，这里不仅没有职场地位的等级差别，也没有家庭角色的束缚与生活的烦琐，有的只是一种自我的释放与心灵的放松，享受的是片刻的和谐与宁静。

[①] Social Media Strategy, NARA 网站，2015年10月20日，http://www.archives.gov/social-media/strategies/。

[②] 沈春会、刘彩云、蔡娜编译《加拿大档案馆社交媒体利用研究》，《档案》2014年第3期。

8.6 人才保障：继续教育的深入化

8.6.1 提供终生教育制度

人才是保证公共档案馆发展公共文化服务的关键，包括专业技术人员、管理人员和服务人员等，其专业素质和科技文化水平的高低都直接决定了档案文化服务的文化品位与科技含量。一方面，档案工作稳定，长时间从事一成不变的工作容易产生职业疲劳，人员调动频率较低导致组织管理工作变化不大，人员流动缓慢阻塞了他们获取新知识的渠道。[①] 另一方面，档案工作人员作为单独的社会职业人，他（她）们也有各自的职业发展规划，除了基本物质需求之外，也有个人事业上的追求。一旦现有的工作满足不了他（她）们的职业期望，使他（她）们出现"心理契约上的违背和对制度认同的偏差"，他（她）们就有可能选择离开现有岗位。从管理学的角度来讲，包括档案职业在内的职业领域都应该设计完善的职业生涯模式，这对组织来说也是十分有益的，不仅能够使组织充满活力，同时也使从业人员的自我价值得到提升。因此，公共档案馆应当对工作人员进行必要的职业生涯规划，制订高端紧缺文化人才培养计划，通过与高等院校共建培养基地，利用岗前培训、在职培训、进修深造等方式，为档案工作人员搭建终生学习平台，提供终身教育，为工作人员的个人职业发展预留空间。

（1）形成科学的校馆培训教育制度。随着市场经济一体化的到来，特别是学习型社会的发展，各个国家非常重视终生教育和继续教育，现代技术发展实现了产教相互结合的双轨运行发展模式，教育和培训密切结合起来。不断进行终身教育，采用多种实训、培训模式，这种校馆之间的教育培训有利于实现公共档案馆工作人员理论知识水平的提升，而且也有利于高校档案学专业教育和公共档案馆培训制度的结合，使高等教育的理论知识与实践部门的实践性操作进行有机的融合。这样一来，不仅在很大程度上促进了公共档

[①] 胡鸿杰：《维度与境界——管理随想录》，辽宁大学出版社，2015，第289页。

案馆工作人员理论水平的不断提升，同时也进一步使公共档案馆的实践工作更加科学与合理，可促使公共档案馆的实践工作真正走上科学管理之路。而且，理论与实践相结合是当今教育的普遍规律，这是人才培养的最本质特点，如果不能好好合作的话，不利于公共档案馆培养更好的人才，所以公共档案馆需要培养具有高素质的人才，必定离不开来自高校的理论支持。

（2）构建技术技能人才成长的类型体系。由于科学技术不断进步，许多学科开始交叉起来，技术在生产中具有了重要的意义和作用。而且人才的发展越来越多样化，渐渐形成了一个人才链条，这个人才链条包括技能型、技术型、工程型以及科学型人才。技术技能人才的成长需要经过后天的不断学习和努力。由于知识经济发展的速度加快，各种操作技能不断减少，这要求我们不断强化心智技能，才有利于技术人才不断学习，所以终身教育体系的发展必须符合人才体系的需要。公共档案馆中很多工作人员成长于传统环境之中，其所掌握的技术技能基本是与纸质等传统载体有关的，如纸张的修复技术、裱糊技术，以及对纸质档案的分类、整理、保管等。而在当前信息化社会中，纸质档案越来越少，无纸化办公已成为趋势，因此，必须加强对公共档案馆工作人员相关技术技能的培训工作，让他们尽量掌握电子文件管理的相关技术。

总之，社会在不断发展与进步，各种新情况、新环境、新技术、新技能必然会不断出现与更新，而公共档案馆中的工作人员所掌握的知识技能必然会遇到一个落后的问题。因此，公共档案馆为他们提供学习的平台与机会是必须做到的制度安排。

8.6.2 拓展专项技能教育

据有关学者统计，在我国现有被列入统计范围的档案部门中，专职档案人员受过正规档案专业教育（大专）的仅占总人数的18.4%，在已评定专业技术职务的人员中具有中高级专业技术职务的占12.61%。[①] 这说明在

---

① 胡鸿杰：《维度与境界——管理随想录》，辽宁大学出版社，2015，第289页。

我国现有的档案管理人员中有很大一部分是通过入职后的在职培训和积累工作经验等方式获得专业技能的，而且目前档案职业领域缺乏职业准入制度，对专业技能没有严格的要求。而公共文化产品的生产需要公共档案馆工作人员拥有丰富的文化知识，较强的档案信息处理能力，才能创造出高品位、高质量的公共文化产品，他们在提供文化产品和开放互动服务时才能游刃有余。因此，要积极改善档案职业领域公共档案馆工作人员的专项技能水平，一方面，必须加强对在职人员的档案职业专项技能教育，如信息处理技能、数据分析技能，让他们的自身素养跟随时代发展提升。特别是随着"互联网＋"、云计算、大数据等新兴概念的出现，在职人员档案信息处理技能的拓展尤为重要，因此应吸收专项技能人才，为在职人员进行专项技能培训，培养他们良好的沟通能力和良好的道德修养，使他们遵循职业道德和信息伦理。另一方面，要从源头上解决公共档案馆工作人员专项技能不高的问题，即采用档案工作人员职业准入制度，实现职业准入的规范化。

（1）加强新型服务技能的教育。在当前信息技术不断发展的大环境之下，特别是随着"互联网＋"、云计算、大数据分析与处理等技术的不断发展，公共档案馆工作人员必须掌握一些相关的专项服务技能，否则就很难满足其工作职责的需求，如当前以QQ、微信等为代表的即时通信工具的广泛应用，为公共档案馆的社会文化服务提供了更加方便、快捷、高效的服务方式与服务平台。但是由于历史原因，我国公共档案馆中大部分工作人员年纪偏大，对于这些全新的服务手段与服务平台存在一定的陌生感与不适应性，还有可能在一定程度上带有很大的恐惧感。因此，为了改变对新服务方式的不适应，公共档案馆必须强化对工作人员的相关培训，有针对性地开展专项技能教育，让他们一项一项地掌握相关技能，不断适应新情况。

（2）加强相关服务技能的教育。公共档案馆工作人员的工作职能不仅仅是对档案进行采集、分类、整理与鉴定等传统工作，也不只是负责提供实体档案的借阅、实体档案的展览以及出具档案证明等简单服务，还要包括不断深入档案内容层面去挖掘档案内容所隐藏的历史故事、历史文化，并在这种挖掘中发现文化、形成文化并传播文化。只有这样，才能使公共档案馆的社会文化属性以及文化功能得到真正意义上的体现与发挥。而要做到这一点离不开对公共档案馆工作人员的相关技能教育，如不断提升工作人员的文学修养以及文化认知素养等，只有这样，才能不断提升他们的文化发现能力、文化形成能力以及文化传播能力。因此，公共档案馆的培训教育不仅要提升工作人员的专业技能，还应该不断提升其综合素养。

参考文献

图书

[1]〔德〕哈拉尔德·韦尔策. 社会记忆：历史、回忆、传承［M］. 季斌等译. 北京：北京大学出版社, 2007

[2]〔美〕凡勃伦. 有闲阶级论——关于制度的经济研究［M］, 蔡受白译. 北京：商务印书馆, 1983

[3] Barnard Chester I. *The Functions of the Executive*［M］. Cambridge：Harvard University Press, 1964

[4]〔美〕D. C. 科多瓦, 卡罗尔·戴萨特, 林伟贤. 创业者的赚钱系统［M］. 北京：北京大学出版社, 2009

[5] Florence Rockwood. Kluckhohn. *Variations in Value Orientation*［M］. Evanston, Ill.：Row, Peterson, 1961

[6] G. . Baron, Memoire Vivante Vie et Oeuvre de Marcel Jousse, 1981. 转引自〔英〕帕特里夏·法拉、卡拉琳·帕特森编, 记忆（剑桥年度主题报告）［M］, 卢晓辉译, 华夏出版社, 2006

[7] Jean L. Cohen and Andrew Arato, *Civil Society and Political Theory*［M］. Massachusetts The MIT Press, 1992

[8] Milton Rokeach. *The nature of human values*［M］. New York：Free Press, 1973：87

[9] Paul F Lazarsfeld, Bernard Berelason, Hazel Gaudet. The People's Choice：*How the Voter Makes Up His Mind in a Presidential Election*［M］, NewYork：Columbia University Press, 1948. p151.

[10] Polo L., et al. Forms and Identities：On the Structure of Organizational

Forms. Paper Presented at EGOS 14th Colloquium, *Stretching the Boundaries of Organization Studies into the Next Millennium* [M]. Maastricht: Maastricht University, Faculty of Economics and Business Administration, 1998: 167

[11] Ray. Oldenburg. *The great good place* [M]. New York: Paragon House, 1989

[12] 〔美〕Y·巴泽尔. 产权经济分析 [M], 费方域、段毅才译. 上海: 上海三联书店, 上海人民出版社, 1997

[13] 〔美〕埃莉诺·奥斯特罗姆. 公共事务的治理之道 [M], 余逊达、陈旭东译. 上海: 上海译文出版社, 2000

[14] 〔美〕艾尔弗雷德·D. 钱德勒. 北京天则经济研究所等译. 结构与战略 [M]. 昆明: 云南人民出版社, 2002

[15] 〔法〕莱昂·狄骥. 公法的变迁: 法律与国家 [M], 郑戈译. 辽宁出版社, 1999

[16] 曹爱军, 杨平. 公共文化服务的理论与实 [M]. 北京: 科学出版社, 2011

[17] 陈昌盛, 蔡跃洲. 中国政府公共服务: 体制变迁与地区综合评估 [M]. 北京: 中国社会科学出版社, 2007

[18] 陈威. 公共文化服务体系研究 [M]. 深圳: 深圳报业集团出版社, 2006

[19] 陈兆祦, 和宝荣, 王英玮. 档案管理学基础 [M]. 北京: 中国人民大学出版社, 2005

[20] 丁华东. 档案与社会记忆研究 [M]. 北京: 人民出版社, 2016

[21] 〔美〕C. 恩伯, M. 恩伯. 文化的变异——现代文化人类学通论 [M]. 杜杉杉译. 沈阳: 辽宁人民出版社, 1988

[22] 冯惠玲, 张辑哲. 档案学概论 (第二版) [M]. 北京: 中国人民大学出版社, 2011

[23] 〔英〕格里·约翰逊, 凯万·斯科尔斯. 战略管理 [M], 王军等译.

北京：人民邮电出版社，2004

[24] 韩玉梅，黄霄羽. 外国档案管理 [M]. 北京：中国人民大学出版社，1998

[25] 〔荷〕汉斯·范登·德尔，本·范·韦尔瑟芬. 民主与福利经济学 [M]，陈刚等译. 中国社会科学出版社，1999

[26] 何振. 档案馆学新探 [M]. 北京：中国档案出版社，2003

[27] 胡鸿杰. 维度与境界——管理随想录 [M]. 辽宁：辽宁大学出版社，2015

[28] 金波，丁华东，倪代川. 数字档案馆生态系统研究 [M]. 北京：学习出版社，2014

[29] 李国庆. 公共档案馆社会功能的定位及其实现途径. 新时期公共档案馆建设 [M]. 北京：中央文献出版社，2004

[30] 卢映川，万鹏飞. 创新公共服务的组织与管理 [M]. 北京：人民出版社，2007

[31] 〔美〕迈克尔·波特. 竞争战略 [M]，陈小悦译. 北京：华夏出版社，2004

[32] 欧阳光伟. 现代哲学人类学 [M]. 沈阳：辽宁人民出版社，1986

[33] 齐勇峰，王家新. 构建公共文化服务体系的探索 [M]. 北京：社会科学文献出版社，2006

[34] 金波，丁华东，倪代川. 数字档案馆生态系统研究 [M]. 学习出版社，2014

[35] 上海世博会事务协调局，上海市城乡建设和交通委员会. 上海世博会建筑 [M]. 上海：上海科学技术出版社，2010

[36] 上海市档案局. 新时期公共档案馆建设 [M]. 中央文献出版社，2004

[37] 孙德忠. 社会记忆论 [M]. 武汉：湖北人民出版社，2007

[38] 谭希培，高帆. 超越现存——制度创新论 [M]. 长沙：湖南大学出版社，2002

[39]〔美〕谢伦伯格. 现代档案——原则与技术［M］,黄坤坊等译. 北京：中国档案出版社,1983

[40] 薛匡勇. 档案馆论.［M］第二军医大学出版社,2002

[41] 杨文士,焦叔斌,张雁,李晓光. 管理学（第三版）［M］. 北京：人民大学出版社,2010.

[42]〔美〕詹姆斯·弗·穆尔. 竞争的衰亡［M］,梁骏译. 北京：北京出版社,1999

[43] 周三多,邹统钎. 战备管理思想史［M］. 上海：复旦大学出版社,2003

[44]〔德〕恩斯特·卡西尔. 人论［M］. 甘阳译. 上海：上海译文出版社,2003

[45] 周林兴. 公共档案馆管理研究［M］. 上海：上海世界图书出版公司,2012.

[46] 王明珂. 华夏边缘：历史记忆与族群认同［M］. 台北：允晨文化实业股份有限公司,1997

[47] 吴建中. 战略思考——图书馆管理的10个热门话题［M］. 上海：上海科学技术文献出版社,2005

期刊

[1] Brian O. 欧文斯. 档案馆：记忆的中心和传承者［J］,李音译,中国档案,2011（4）

[2] James M. Buchanan. An Economic Theory of Clubs ［J］. *Economica* 32（February 1965）：1 -14

[3] Lina Bountouri, Georgios Giannakopoulos. The Use of Social Media in Archives ［J］. *Social and Behavioral Sciences*, 147（2014）：510 -517

[4] Paul A. Grout, Margaret Stevens. The Assessment：Financing and Managing Public Services ［J］. *Oxford Review of Economic Policy*, 2003（2）：215 -234

[5] Porter Michael E. Towards a Dynamic Theory of Strategy ［J］. *Strategic*

Management Journal, 1991 (12): 95-117

[6] SAMUELSON P A. Theory of Public Expenditure [J]. *The Review of Economics Statistics*, 1954, 36 (4): 387-389

[7] 包海峰. 高校档案馆组织结构优化研究 [J]. 黑龙江档案, 2013 (04)

[8] 鲍平原. 建设面向21世纪有中国特色的档案事业 [J]. 档案学研究, 1999 (1)

[9] 曾萍. 论现代企业的管理沟通技巧 [J]. 企业经济, 2008 (10)

[10] 常宗虎. 公民社会理论及其对政府社会管理工作的意义 [J]. 中国民政, 2002 (7)

[11] 陈福集, 胡改丽. 网络舆情热点话题传播模式研究 [J]. 情报杂志, 2014 (1)

[12] 陈辉. 基于市民社会视角的社会档案信息资源建设对策思考 [J]. 档案学研究, 2010 (5)

[13] 陈永生, 傅薇. 简论档案提供利用的准公共产品性质 [J]. 档案与建设, 2004 (8)

[14] 陈忠海, 陈洁. 1990-2011年我国档案馆文化建设研究述评 [J]. 档案学通讯, 2012 (4)

[15] 程结晶, 彭小芹. 以公民文化权利为基础的档案馆服务体系研究 [J]. 档案学通讯, 2011 (03)

[16] 崔建卫. 如何突出档案馆的文化品位 [J]. 档案管理, 2006 (1)

[17] 崔林. 政府公共服务理念创新的路径选择 [J]. 中国行政管理, 2009 (8)

[18] 崔卫华. 城市公共物品的界定与政府职能的转变 [J]. 城市, 2003 (4)

[19] 邓攀. 充分发挥图书馆在公共文化服务中的公益教育职能——以武汉图书馆为例 [J]. 图书馆工作研究, 2010 (18)

[20] 迪莉娅. 云环境下数字档案馆资源的管理过程研究 [J]. 档案学研

究，2014（5）

[21] 丁华东，窦晓光．改革开放以来我国档案管理体制改革发展的实践成就［J］．档案学通讯，2003（1）

[22] 丁华东．在社会记忆中思考档案——档案学界之外有关档案与社会记忆关系的学术考察［J］．浙江档案，2010（3）

[23] 段小虎等．重构图书馆空间的认知体系［J］．图书与情报，2013（5）

[24] 段溢波．新公共服务理论：缘起、内涵及启迪［J］．湖北财经高等专科学校学报，2009（2）

[25] 冯惠玲．论档案馆的"亲民"战略［J］．档案学研究，2005（1）

[26] 高萍．社会记忆理论研究综述［J］．西北民族大学学报（哲学社会科学版），2011（3）

[27] 葛霞，蔡和．省档案局与《扬子晚报》社签订《档案穿越》专版合作框协议［J］．档案与建设，2012（4）：封二

[28] 郭红解．论我国公共档案馆建设的实践基础和理论准备［J］．档案学通讯，2008（05）

[29] 郭红解．档案馆的公共空间［J］．中国档案，2002（5）

[30] 何振，易臣何，杨文．档案公共服务的理念创新与功能拓展［J］．档案学研究，2015（3）

[31] 贺冰．英国公共档案馆：公众休闲的好去处［J］．档案，2001（1）

[32] 胡冰．档案馆组织文化构筑之我见［J］．机电兵船档案，2006（1）

[33] 胡珀．强化档案馆文化休闲功能服务和谐社会——以哈尔滨市档案馆为例［J］．中国档案，2011（3）

[34] 胡琴鸣．局馆合一体制的弊端［J］．贵州档案，1989（1）

[35] 胡翔，李燕萍，李泓锦．新生代女性员工的人际和谐需求与工作满意度［J］．武汉大学学报（哲学社会科学版），2015（03）

[36] 黄二卫．现代城市文化需求与档案馆文化品牌建设［J］．重庆行政（公共论坛），2010（06）

[37] 黄凤平．实施档案数字化战略提升云南档案服务能力服务富民强滇

云南梦 [J]. 云南档案, 2013 (12)

[38] 黄南凤, 蒋卫荣. 从《条例》的立法理念看《档案法》修改 [J]. 档案学通讯, 2009 (2)

[39] 黄项飞. 论现代档案馆的文化性及其保障体系 [J]. 档案与建设, 2002 (4)

[40] 黄振原, 姚红叶. 关于公共档案馆保障公民文化权利的思考 [J]. 北京档案, 2011 (2)

[41] 蒋冠. 国家综合档案馆馆藏资源建设策略探析 [J]. 档案学研究, 2011 (5)

[42] 蒋永福. 文化权利、公共文化服务体系与公共图书馆事业 [J]. 国家图书馆学刊, 2007 (4)

[43] 晋平. 关于档案密级问题的再思考——兼谈《档案法》相关条款修订 [J]. 中国档案, 2008 (1)

[44] 靳永翥. 公共服务及相关概念辨析 [J]. 中共贵州省委党校学报, 2007 (1)

[45] 李灵凤. 从权力到权利——国家档案馆公共服务基本价值取向研究 [J], 山西档案, 2011 (3)

[46] 李灵凤. 公民文化权利与档案馆公共文化服务 [J]. 山西档案, 2010 (2)

[47] 李晓东. "数字鸿沟"与公共文化服务体系的构建 [J]. 图书馆学刊, 2011 (1)

[48] 李雅梅. 基于公益性探讨公共档案馆的建设原则 [J]. 兰台世界, 2009 (18)

[49] 李艳. 档案文化自觉在档案文化建设中的重要性 [J]. 黑龙江档案, 2012 (2)

[50] 李阳. 公共产品概念和本质研究综述 [J]. 生产力研究, 2010 (4)

[51] 美国国家档案与文件局 2014-2018 财政年度战略计划 [J], 李音译. 浙江档案, 2014 (5)

[52] 李筑宁. 试论"组织文化"与档案馆文化建设 [J]. 贵州档案, 2003 (3)

[53] 凌均安. 档案局/馆合一的体制必然改革 [J]. 上海档案, 1986 (12)

[54] 刘国能. "以人为本"在档案馆的落实——上海市公共档案馆建设感议 [J]. 新上海档案, 2005 (1))

[55] 刘家真. 实现档案馆向公共档案馆的转化 [J]. 档案学研究, 2007 (1)

[56] 刘敬鲁. 论公民社会价值理念对我国社会管理创新的有限意义——以"社会整体三分法"模型为分析对象 [J]. 教学与研究, 2013 (4)

[57] 刘社欣、王仕民. 文化认同视域下的国家认同 [J]. 学术研究, 2015 (2)

[58] 刘太刚, 邓婷婷. 参照公务员法管理事业单位将何去何从——对参公事业单位产生的原因及改革趋势分析 [J]. 北京行政学院学报, 2013 (2)

[59] 刘有全, 安聪娥, 霍慧敏. 档案馆四位一体功能定位与构建. 陕西档案, 2008 (1)

[60] 龙娟, 何斌. 对公共产品概念的重新界定 [J]. 西安建筑科技大学学报（社会科学版）, 2010 (6)

[61] 卢林春. 浅谈公共图书馆在公共文化服务中的地位与作用 [J]. 图书情报工作, 2010 (1)

[62] 陆扬. 分析索亚"第三空间"理论 [J]. 天津社会科学, 2005 (2)

[63] 罗军. 还档案馆"文化事业机构"本来面目——对"局馆合一"档案管理体制的反思 [J]. 档案学通讯, 2007 (1)

[64] 罗军. 我国档案管理体制改革研究 [J]. 档案学通讯, 2009 (5)

[65] 罗文刚. 《档案法》设定的行政许可初探 [J]. 中国档案, 2008 (2)

[66] 骆小平. 文化权利大众化的哲学解读 [J]. 职教论坛, 2009 (6)

[67] 吕元智. 档案信息资源区域共享服务研究 [J]. 档案学研究, 2012 (5)

[68] 马仁杰，张胜春．论我国档案利用理论的形成与发展［J］．档案学通讯，2002（5）

[69] 马庆钰．关于"公共服务"的解读［J］．中国行政管理，2005（2）

[70] 马仁杰，张胜春．论我国档案利用理论的形成与发展［J］．档案学通讯，2002（5）

[71] 马拥军．"市民社会"，"公民社会"，还是"城市社会"？——生活哲学视野中的"城市社会"？［J］．东岳论丛，2010（11）

[72] 倪政华．市档案馆与光明中学举行馆校共建活动［J］．新上海档案，2006（1）

[73] 牛华，安俊美．我国公共文化服务的内涵及其社会价值探析［J］．北方经济，2009（8）

[74] 潘玉民．档案信息资源开发应实施品牌战略［J］．北京档案，2006（6）

[75] 潘玉民．公共档案馆，你到哪里去［J］，浙江档案．2005（6）

[76] 任汉中．档案馆社会化服务的理论探讨［J］．档案管理，2009（3）

[77] 任汉中．试论档案馆社会化服务与功能拓展［J］．档案学通讯，2011（1）

[78] 阮青．价值取向：概念、形成与社会功能［J］．中共天津市委党校学报，2010（5）

[79] 沈春会、刘彩云、蔡娜编译．加拿大档案馆社交媒体利用研究［J］．档案，2014（3）

[80] 苏君华．公共文化服务体系建设中公共档案馆的功能定位研究［J］．档案与建设，2013（05）

[81] 苏君华．基于公民文化权益实现的公共档案馆发展研究［J］．档案学研究，2015（5）

[82] 苏君华．公共档案馆是否真的公共［J］．兰台世界，2008（10）

[83] 苏君华．公共文化服务体系建设中公共档案馆的功能定位研究［J］．档案与建设，2013（5）

[84] 苏君华. 论公共档案馆融入公共文化服务体系建设 [J]. 浙江档案, 2014 (2)

[85] 苏君华. 档案信息资源规划实然价值取向及应然价值取向的培育途径 [J]. 档案学通讯, 2014 (5)

[86] 孙大东. 档案鉴定的历史和现实视域考量——与周林兴、邓晋芝二位作者商榷 [J]. 档案学通讯, 2015 (5)

[87] 孙观清. 档案工作者的社会责任 [J]. 档案学通讯, 2007 (5)

[88] 台州市档案局. 实施电子文件和数字档案登记备份战略的实践与探索 [J]. 浙江档案, 2010 (11)

[89] 王改娇. 我国国家档案馆公共性的先天不足 [J]. 山西档案, 2008 (1)

[90] 王磊. 当前我国公共文化服务的理论基础、概念界定与价值取向 [J]. 河南教育学院学报（哲学社会科学版）, 2014 (1)

[91] 王立萍. 档案馆文化：档案馆可持续发展的秘诀——由《基业长青》所引发的思考 [J]. 山西档案, 2008 (05)

[92] 王良城. 档案信息资源共享服务机制的战略构建 [J]. 中国档案, 2013 (01)

[93] 王梦. 基于信息共享空间理论视角的公共档案馆建设 [J]. 兰台世界, 2009 (3)

[94] 王明珂. 历史事实、历史记忆与历史心性 [J]. 历史研究, 2001 (5)

[95] 王培三. 档案馆构建公共文化空间的有效方式 [J]. 北京档案, 2013 (1)

[96] 王曦阳, 胡去非. 新公共服务理论述评 [J]. 科教文汇, 2006 (4)

[97] 王霞. 论公共文化服务体系的构建 [J]. 南阳师范学院学报, 2007 (11) 7

[98] 王宇. 探索公益性服务新思路——南京市档案馆"看民国户籍卡片，寻祖辈南京印迹"活动纪实 [J]. 中国档案, 2015 (09)

[99] 吴加琪. 民间资本介入档案馆建设的思考 [J]. 档案时空, 2004 (12)

[100] 吴品才，储蕾．非物质文化遗产档案化保护的理论基础 [J]．档案学通讯，2012（5）

[101] 项保华，李庆华．企业战略理论综述 [J]．经济学动态，2000（7）

[102] 徐文星、王明生．现行法制对《政府信息公开条例》的影响——以《保密法》与《档案法》为例 [J]．公共行政，2007（10）

[103] 徐欣云，黄建年．档案平民化的理论基石——市民社会理论 [J]．浙江理工大学学报，2006（3）

[104] 闫平．文化产品和服务的公共性与公益性文化事业建设 [J]．山东社会科学，2008（12）．

[105] 杨安莲．档案工作的新发展——谈社会记忆观 [J]．档案与建设，2013（6）

[106] 杨团．推进社区公共服务的经验研究——导入新制度因素的两种方式 [J]．管理世界，2001（4）

[107] 马海群．英国国家档案馆信息公开项目对我国档案信息公开与服务的启示 [J]．档案学研究．2010（2）

[108] 叶澜．试论当代中国教育价值取向之偏差 [J]．教育研究．1989（8）

[109] 于良芝．战略规划作为公共图书馆管理的工具：应用、价值及其与我国公共图书馆的相关性 [J]．图书馆建设，2008（4）

[110] 于学蕴．公共档案馆：我们离你还有多远 [J]．中国档案，2007（01）

[111] 于学蕴．公共档案馆：我们离你还有多远 [J]．中国档案，2007（1）

[112] 詹锐．如何实施档案文化建设战略 [J]．浙江档案，2011（09）

[113] 张春华．公共服务均等化的问题分析及政策建议 [J]．黑龙江对外经贸，2009（1）

[114] 张芳霖等．公共档案馆文化空间的构筑——基于休闲学和公共空间论的思考 [J]．档案学通讯，2009（1）

[115] 张红兵，和金生．战略管理理论的演进和展望 [J]．电子科技大学

学报（社会科学版），2007（4）

[116] 张洪武. 公共产品的界定标准及制度安排 [J]. 中共福建省委党校学报，2008（3）

[117] 张姬雯. "档案强国"战略实现路径的几点思考 [J]. 档案与建设，2014（03）

[118] 张晋生. "基本文化权益"的内涵与意义 [J]. 党史博采（理论），2012（1）

[119] 张强. 存史与利用的博弈——关于档案馆核心职能的辩证思考 [J]. 档案管理，2008（5）

[120] 张晓玲. 基于文化建设的城市档案空间组织优化 [J]. 浙江档案，2015（10）

[121] 张新，倪政华. "档案里的故事"巡讲走进社区 [J]. 上海档案，2013（10）

[122] 张馨. 公共产品论之发展沿革 [J]. 财政研究，1995（3）

[123] 张序. 与"公共服务"相关概念的辨析 [J]. 管理学刊，2010（2）

[124] 张照余. 档案馆"资治"、"存史"和"文化传承"功能辩证 [J]. 档案学研究，2004（5）

[125] 章燕华，冯越男. 外国国家档案馆战略规划比较研究及启示 [J]. 浙江档案，2015（8）

[126] 章燕华. 从国家"十一五"文化纲要看档案文化事业的发展 [J]. 档案管理，2007（4）

[127] 章燕华. 外国国家档案馆战略规划比较研究及启示 [J]. 浙江档案，2015（8）

[128] 赵建功. 公共档案馆琐议 [J]. 山西档案，2003（4）

[129] 赵驹. 社会公平视域下构建农民工公共文化权益保障机制探析 [J]. 华东理工大学学报（社会科学版），2013（3）

[130] 浙江省档案局评估调研组. 以高标准引领规划实施——浙江省档案事业发展"十二五"规划实施情况中期评估分析 [J]. 浙江档案，

2013（10）

[131] 郑剑平."项目带动"助推档案事业发展［J］.中国档案，2014（9）

[132] 周林兴，苏君华.注意力经济对我国档案事业发展的启示［J］.档案时空，2003（6）

[133] 周林兴，苏君华.论档案馆竞争力的脆弱及其提升的对策［J］.湖北档案，2005（5）

[134] 周林兴，陈勇.公共档案馆的社会援助：可行性、策略、方式［J］.档案管理，2006（4）

[135] 周林兴，周振国.面向社会的档案信息资源规划实现机制研究［J］.档案学通讯，2013（5）

[136] 周林兴.论档案馆的文化自觉［J］.山西档案，2010（6）

[137] 周林兴.CIS理念在档案馆形象设计中的应用研究［J］.兰台世界，2005（1）

[138] 周林兴.公共档案馆的制度视域研究［J］.档案，2011（4）

[139] 周林兴.公共文化服务体系建设进程中的公共档案馆职责研究［J］.档案学研究，2011（5）

[140] 周林兴.公共文化服务体系建设中公共档案馆发展战略研究分析框架［J］.档案，2013（3）

[141] 周林兴.政府责任与信息公平——公共档案馆服务的一种制度性规范分析［J］.档案学通讯，2007（1）

[142] 周林兴等.档案馆公共文化空间的SWOT分析及优化策略［J］.档案学通讯，2014（5）

[143] 周林兴.公共档案馆与制度公正——关于公共档案馆的制度视角研究［J］.北京档案，2005（08）

[144] 周林兴.政府责任与信息公平——公共档案馆服务的一种制度性规范分析［J］.档案学通讯，2007（1）

[145] 周林兴.重申弱化档案价值鉴定的合理性存在［J］.档案学通讯，

2016（2）

[146] 周璐. 众人拾柴火焰高——浅论公共档案馆的建设 [J]. 湖北档案，2009（7）

[147] 周晓丽，毛寿龙. 论我国公共文化服务及其模式选择 [J]. 江苏社会科学，2008（1）

[148] 周芸熠. 基于"第三空间"的图书馆范式转换 [J]. 情报资料工作，2013（3）

[149] 丁华东. 论档案记忆理论范式的研究纲领——"档案与社会记忆研究"系列论文之一 [J]. 档案学通讯，2013（5）

[150] 宗培岭. 公共档案馆，你从哪里来 [J]. 浙江档案，2004（1）

[151] 宗培岭. 公共档案馆你从哪里来——写在上海市档案馆新馆开馆之际 [J]. 浙江档案，2004（1）

[152] 宗培岭. 文化事业机构抑或公益事业机构 [J]. 浙江档案，2008（6）

[153] 宗培岭. 新时期应当强化档案馆的研究职能——兼谈档案馆的职能与功能 [J]. 档案学研究，2003（4）

[154] 〔美〕史蒂文·卢巴著，张宁译，朱晓东校. 信息文化与档案 [J]. 山西档案，2000（1）

[155] 曹淑芹. 公共性、社会公平、责任意识与服务理念——重塑公共行政的精神 [J]. 内蒙古大学学报（人文社会科学版），2006（7）

[156] 陈钧浩. 档案文化事业的可持续发展及在现代化建设中的意义 [J]. 东方企业文化，2012（22）

[157] 赵红灿，池忠军. 主体性视阈下的我国政府责任 [J]. 黑龙江教育学院学报，2006（6）

网络资料

[1] 2011－2016年中国国内生产总值及其增长速度 [EB/OL]. [2016－05－08] http://mt.sohu.com/20160729/n461696484.shtml)

[2] 2013 传媒中国百强：北京卫视、原创栏目《档案》双双获奖. [EB/OL]. [2014-05-08] http://gb.cri.cn/42071/2013/09/15/6071s4254507.htm

[3] 2015 年各省份名义 GDP 排名两省负增长（表）[EB/OL]. [2016-05-08]. http://finance.ifeng.com/a/20160217/14219946_0.shtml)

[4] CNNIC. 第37次中国互联网络发展状况统计报 [EB/OL]. [2016-03-17] http://www.Cnnic.cn/Hlwfzyj/Hlwxzbg/201601/P020160122469130059846.pdf

[5] Corporate Plan 2009 – 2012. [EB/OL]. [2015-01-26]. http://www.naa.gov.au/Images/Corporate Plan2009-10to2011-12_tcm2-28444.pdf

[6] For the Record. For Good. – Our Business Plan for 2011-15. [EB/OL]. [2015-01-26]. http://www.nationalarchives.gov.uk/how-we-are-run/our-plans.htm

[7] ICA Business Plan 2009 – 2010 [EB/OL]. [2016-04-07] http://www.ica.org/4096/reference-documents/business-plan-20082010.html

[8] ICA Strategic Direction 2008 - 2018 [EB/OL]. [2016-04-07] http://www.ica.org/3667/reference-documents/ica-strategic-direction-20082018.html

[9] Library and Archives Canada Business Plan 2008-2011. [EB/OL]. [2015-01-26] http://www.collectionscanada.gc.ca/about-us/012-300-e.html

[10] Library and Archives Canada. Business Plan 2013 – 2016. [EB/OL]. [2015-01-26]. http://www.bac-lac.gc.ca/eng/about-us/business-plans/Pages/business-plan-2013-2016.aspx

[11] Library and Archives Canada. Report on Plans and Priorities (RPP) 2015-2016. [EB/OL]. [2015-01-26]. http://www.bac-lac.gc.ca/eng/about-us/report-plans-priorities/rpp-2015-2016/Pages/rpp-2015-16.aspx

[12] National Archives of Australia. Corporate Plan 2014 – 15 to 2018-19.

[EB/OL]. [2015-01-26] http://www.naa.gov.au/about-us/organisation/accountability/corporate-plan/index.aspx.

[13] National Archives of UK. Archives for the 21st Century 2009 [EB/OL]. [2015-01-26]. http://www.nationalarchives.gov.uk/archives-sector/archives-21-century.htm.

[14] National Archives of UK. Archives for the 21st Century in action: refreshed 2012-15. [EB/OL]. [2015-01-26]. http://www.nationalarchives.gov.uk/archives-sector/archives-21-century.htm.

[15] Social Media Strategy. NARA 网站. [BE/OL]. [2015-10-20]. http://www.archives.gov/social-media/strategies/

[16] The Strategic Plan of NARA 1997-2007 [EB/OL]. [2016-04-07] The Strategic Plan of NARA 2006-2016: http://www.archives.gov/about/plans-reports/strategic-plan/

[17] U. S. National Archives and Records Administration. Fiscal Year 2014-2018 Strategic Plan [EB/OL]. [2015-01-26]. http://www.archives.gov/about/plans-reports/strategic-plan/

[18] 档案界论坛. [EB/OL]. [2016-03-17] http://www.danganj.net/bbs/stats.php

[19] 举报"房叔"岂能受处分 [EB/OL]. [2013-1-1]. http://news.163.com/12/1226/08/8JKSMFJJ00014AED.html

[20] 美国国家档案馆网站 [EB/OL]. [2015-05-27]. http://www.archives.gov/

[21] 青岛数字档案馆 [EB/OL]. [2015-05-27]. http://digital.qdda.gov.cn

[22] 上海档案馆. 学档案知识过快乐暑假 [EB/OL]. [2015-11-30]. http://www.pudong.gov.cn/website/html/shpd/pudongNews_JRPD/Info/Detail_643212.htm

[23] 习近平, 第二届世界互联网大会开幕式发言 [EB/OL]. [2016-

03 -17]. http：//www. Wicwuzhen. Cn/system/2015/12/15/020953822. shtml

[24] 徐建国. 国家档案馆"五位一体"功能定位诠释 [EB/OL]. [2014 - 05 -08] http：//old. 12371. gov. cn/n102327c723. aspx

[25] 中国科学技术协会网. 第十五届国际档案大会及其学术动态 [EB/OL]. [2012 - 07 - 02] http：//www. cast. org. cn/n35081/n35668/n35773/n36990/10220315. html

报纸资料

[1] 马璇. 我市将加大投入与力度满足民生文化福利 [N]. 深圳特区报, 2007 年 6 月 27 日

[2] 宁宇龙. 国家档案局提出与全面建成小康社会相适应的档案工作目标 [N]. 中国档案报, 2012 年 12 月 31 日

[3] 宁宇龙. "中西部县级档案馆建设"扬帆"十二五" [N]. 中国档案报, 2010 年 12 月 19 日

[4] 饶邦安. 《湖北大学覃兆刿教授谈——学习宪法修正案后的几点思考》 [N]. 中国档案报, 2004 年 5 月 13 日

[5] 阮青. 价值取向的界定及相关问题 [N]. 人民日报, 2010 年 12 月 10 日

[6] 申维辰. 构建公共文化服务体系发展社会主义先进文化 [N]. 光明日报, 2005 年 12 月 30 日

[7] 杨红. 把档案文化产品带回家 [N]. 中国档案报, 2012 年 1 月 16 日

[8] 殷俊燕. 云南：打造档案文化产品助推普洱茶产业发展 [N]. 中国档案报, 2013 年 3 月 29 日

[9] 于帆, 郭人旗, 屈菡. 文化民生的重大课题 [N]. 中国文化报, 2011 年 3 月 7 日

[10] 袁光.《档案穿越》历史文化专版荣获江苏省"2012 年度全省宣传思想文化工作创新奖提名奖" [N]. 《中国档案报》2013 年 2 月 4 日

学位论文

[1] 包雷晶. 形象关注与视觉传播——以上海世博会国家馆建筑形象为例 [D]. 上海：上海师范大学硕士学位论文，2011

[2] 常宇. 社会心理影响下的建筑形象设计 [D]. 西安：西安建筑科技大学硕士学位论文，2006

[3] 陈永生. 档案合理利用研究——从档案部门的角度 [D]. 北京：中国人民大学博士学位论文，2006

[4] 崔佳颖. 组织的管理沟通研究 [D]. 北京：首都经济贸易大学博士学位论文，2006

[5] 傅华. 国家档案资源建设研究 [D]. 北京：中国人民大学博士学位论文，2005

[6] 黄振原. 公共档案馆公共文化服务研究 [D]. 南昌：南昌大学硕士学位论文，2010

[7] 舒畅. 综合档案馆文化职能实现障碍及策略探析 [D]. 沈阳：辽宁大学硕士学位论文，2013

[8] 周武旺. 公共文化服务均等化问题研究 [D]. 湘潭：湘潭大学硕士学位论文，2012

会议文集

[1] 何塞，本尔那，里瓦斯，费尔南德斯. 档案在休闲社会中的作用 [C]. 第十四届国际档案大会论文选

[2] 张宝印. 价值界定、价值取向和价值碰撞 [C]. 中日价值哲学新探论文集，2004（06）

图书在版编目(CIP)数据

让文明得到更好的传承：公共文化服务体系中公共档案馆发展战略/苏君华著. -- 北京：社会科学文献出版社，2021.3

ISBN 978-7-5201-7988-1

Ⅰ.①让… Ⅱ.①苏… Ⅲ.①档案馆-公共服务-研究-中国 Ⅳ.①G279.2

中国版本图书馆 CIP 数据核字（2021）第 031652 号

让文明得到更好的传承
——公共文化服务体系中公共档案馆发展战略

著　　者 / 苏君华

出 版 人 / 王利民
责任编辑 / 赵慧英

出　　版 / 社会科学文献出版社·政法传媒分社（010）59367156
　　　　　地址：北京市北三环中路甲29号院华龙大厦　邮编：100029
　　　　　网址：www.ssap.com.cn
发　　行 / 市场营销中心（010）59367081　59367083
印　　装 / 三河市尚艺印装有限公司
规　　格 / 开本：787mm×1092mm　1/16
　　　　　印张：21.25　字数：309千字
版　　次 / 2021年3月第1版　2021年3月第1次印刷
书　　号 / ISBN 978-7-5201-7988-1
定　　价 / 128.00元

本书如有印装质量问题，请与读者服务中心（010-59367028）联系

版权所有 翻印必究